青铜

能人谋势

资治通鉴成事之道

冯唐 著

北京联合出版公司
Beijing United Publishing Co.,Ltd.

图书在版编目（CIP）数据

能人谋势：资治通鉴成事之道 / 冯唐著. -- 北京：北京联合出版公司, 2025. 8（2025.11重印）. -- ISBN 978-7-5596-8644-2

Ⅰ. K204.3-49

中国国家版本馆CIP数据核字第20258XJ372号

能人谋势：资治通鉴成事之道

作　　者：冯　唐

出 品 人：赵红仕

责任编辑：牛炜征

北京联合出版公司出版

（北京市西城区德外大街 83 号楼 9 层　100088）

三河市中晟雅豪印务有限公司印刷　新华书店经销

字数 195 千字　880 毫米 ×1230 毫米　1/32　印张 9.625

2025 年 8 月第 1 版　2025 年 11 月第 2 次印刷

ISBN 978-7-5596-8644-2

定价：72.00 元

序言

读透《资治通鉴》，过好在地球上的一生

资治通鉴成事之道系列是继《冯唐成事心法》《了不起》之后的第三门“冯唐成事学”的课。

我挣扎了很久，思考了很久，不知道如何用简洁、明快的语言跟大家讲。但是我深深地感到，这是我该做的。

《资治通鉴》是一本伟大的“地球人生存指南”。如果用一本书来真切地指导一个人如何在地球上过好这一生，那这本书就是《资治通鉴》。

《资治通鉴》是非常丰富的大书，不算胡三省的音注，原文近三百万字。如果你只有一点儿钱，只能买一本书，只能有那么点时间，只能通读、熟读一本书，那毫无疑问，你就仰仗《资治通鉴》，得志行天下。

如果你不得志，独善其身，消磨时间，冷眼看天下，并且想要在冷眼观察之中，能够趋利避害，在乱世里保全自己，还能有自己的坚持，能太太平平地宅在家里，也请读《资治通鉴》。

一、我们为什么要读《资治通鉴》

第一点，为了学历史。历史是大跨度的时间上人类社会发生的重要事情。学历史则是为了了解人性。大跨度时间上的人和人、人和物发生的事，反映出的规律就是人性的规律。狗改不了吃屎，人其实也改不了多少。

《资治通鉴》描述了一千三百多年的历史，这一千三百多年在亿万年生物演化史上、在几百万年人类进化史上、在几万年智人进化史上，只是弹指一挥间。但是这段历史呈现的规律，恰恰是现在人类要认真学习的。因为你的基因没变，人性没变，你遇上的困境是类似的，你需要权衡的方案也是类似的，你做出的决定可能导致的后果也是类似的。

只有把历史当成镜子，今天才会少犯点错，未来才会提高一些效率。多做点聪明事，少做点傻事。帮助周围、帮助人世间、帮助人类得到太平，产生更多的价值，这就是历史智慧的作用。

第二点，为了学管理。如果历史代表着“通鉴”，“通”，从古至今，一路通过来；“鉴”，镜子，过去的镜子提示现在，也提示未来，那管理就是“资治”。帝王将相、很多制度已经不存在了，今天为什么还要学？因为历史呈现的管理主题、管理方法对今天依旧有借鉴作用。

学《资治通鉴》不是为了去吹牛，不是为了跟别人抬杠，甚至不是为了在朋友面前表现自己学识渊博，而是为了成事。

第三点，为了看到丰富的实例。《资治通鉴》讲道理的时候非常少，司马光是一个沉默寡言的人，偶尔会表明自己的看法。但是总体来说，“臣光曰”所占的比例可能不到千分之一，更多的是一个一个的案例。我一直强调，对于“成事学”来说，亲尝大于书本，实例大于理论。

第四点，为了学好汉语。《资治通鉴》是难度中等偏上的古汉语，却是质量一等一的古汉语。如果你能够跟着本书从头到尾把《资治通鉴》读一遍，那么对于古汉语的掌握，你可能会超过百分之九十九的地球人。同时，你也对中国文化有了更好的了解。三家分晋、将相和、纸上谈兵、鸡鸣狗盗……这些历史故事知道得越多，你对中国文化越会了然于心。

总之，学好《资治通鉴》，能让你过好在地球上的一生。

二、冯唐凭什么讲《资治通鉴》

第一点，冯唐是鲜为人知但货真价实的战略管理专家，管理界的“扫地僧”——虽然我写情色小说的名声远远大于我做职业经理人的名声。二十多年的职业生涯一眨眼就过去了，但是回看这二十多年，我还是积累了很多并不容易获得的管理经验。

我学了八年医，我知道人是个什么东西；我写了二十年小说，写了七个长篇，我知道人性是个什么东西。

我学了两年 MBA（工商管理硕士），做了近十年麦肯锡（咨询顾问），做到了麦肯锡合伙人的位置。我又在华润做了五年，先做整个集团的战略管理部总经理，再做华润医疗的创始 CEO。之后又在中信资本做了五年董事总经理，做投资。所以，在管理上，我做过资深管理顾问，在企业方做过总参谋长，又在大企业平台上做了创业，同时我又做过投资。

从行业上来讲，因为麦肯锡公司早年规模较小，所以除了我最熟悉的医疗，我还接触了各种行业。在华润做战略管理部总经理时我接触了华润所涉及的所有行业，从水泥、地产、电力到啤酒、饮用水，甚至化工、纺织等。所以，我涉及行业的广度，是多数职业经理人所没有过的。

在管理上，我在2018年前后开始创建“管理学”，分别出版了《成事》《冯唐成事心法》和《了不起》。

总而言之，无论是对人的了解、人性的了解，还是对管理的理论、实践，对公司和集团运营，对创业、投资，我都有实操经验。“纸上得来终觉浅，绝知此事要躬行”，因为有经验、亲尝过，所以我认为我有资格从管理的角度讲《资治通鉴》。希望这本书能成为我们修炼管理学的一个有效的手段，成为“冯唐成事学”的一个核心构成部分。

第二点，冯唐热爱历史，在过去近四十年间一直读历史。我十四岁开始读《史记》，十七岁开始读《资治通鉴》。虽然从读MBA到做麦肯锡，全职工作非常繁忙，一周要干八九十个小时，有时候甚至一百个小时，但是枕边总有一部《二十四史》或者《资治通鉴》。

《资治通鉴》我从头到尾读过两遍，这次讲《资治通鉴》，是我从头到尾读的第三遍。另外，纪传体的《二十四史》我也大致翻过一遍，特别是“前四史”——《史记》《汉书》《后汉书》《三国志》，我都认真地翻过两遍以上。

这些都让我对历史、文化有了一定程度的了解，使我能够更好地讲《资治通鉴》。

第三点，冯老师有了把岁数。如果我现在只是二三十岁，我担心我没有资格讲。但我已经五十多岁了，“五十而知天命”，我也经历了读万卷书、行万里路的前半生。虽然“人之患在好为人师”，但是到了知天命之年，我也想把自己知道的、经历过的、体会过的那些多么痛的领悟告诉大家，想把它们变成文字留在人世间。

三、我们怎么学《资治通鉴》

如何跟冯唐一起读《资治通鉴》？除了听我讲之外，你得读原书。

第一，我选出了对今天的管理实践依旧有指导作用的案例，用现代汉语翻译出来，尽量翻译得信、达、雅，然后从管理学的角度来评论。

在冯唐选、冯唐译、冯唐评的基础上，我建议你还是读一读原文，不只是看我选的那一段，还要把整个原文读一遍。

另外，我建议你去买一本王力主编的《古汉语常用字字典》，遇上一些难字的时候查一查。《古汉语常用字字典》的附录，就是讲古汉语的基本句法、词法、语法的，也请你把这个附录好好读一读。

所以，希望各位跟着冯唐读一年《资治通鉴》，哪怕只读三十卷原文，你很有可能就初步具备了直接读古汉语原文的能力。

第二，“读书切戒在慌忙，涵泳工夫兴味长。未晓不妨权放过，切身须要急思量”。别着急，慢慢读，读到自己有感触的地方，停下来想想。读到不懂的地方，似乎又没有那么重要的，把它放过去，不必求甚解。从管理的角度去读《资治通鉴》也一样，那些想不明白的古人的事，暂时先放下。

第三，学会“六经注我”。读《资治通鉴》的时候，想想你自己的人生体验，跟自己相关的东西多体会体会，甚至用一种解题的方式，带着现代的经历去读。也就是说，你把自己设想成那个决策者，可能是一个将军，可能是一个大臣，可能是一个妃子，可能是一个皇帝……先把自己代进去，你来做决策，然后再去看看历史上这个决策者具体是怎么做的，及最后所谓的兴衰得失。历史、现实是给了他一个大嘴巴，还是给了他一颗糖果、一块点心？到底他成事了还是没成事？然后，掩卷深思。

下一个阶段，你放下《资治通鉴》。当你带团队出差，跟合作伙伴谈合作，遇事有疑问的时候，想想《资治通鉴》里有没有类似的案例，是怎么处理的，历史上发生了什么，结果是什么，可能问题就会迎刃而解。总之，读《资治通鉴》，古为今用，把学到的用到生活中去。

你如果能做到这些，那真是学活了这本书。

冯　唐

目录

公元前202年—公元前200年

汉纪三

汉纪三

公元前 202 年

公元前 200 年

垓下之围：
赢了好胜心，失了成事之道

刘邦、项羽曾经有过一次短暂的议和，项羽满意了。但是当项羽放回了刘邦的父亲和妻子吕后，刘邦却毫不犹豫地撕毁了合约，调集全部兵力猛攻项羽。

1. 项羽吞下了“失道寡助”的苦果

十二月，项王至垓下，兵少，食尽，与汉战不胜，入壁；汉军及诸侯兵围之数重。项王夜闻汉军四面皆楚歌，乃大惊曰：“汉皆已得楚乎？是何楚人之多也！”则夜起，饮帐中，悲歌慷慨，泣数行下；左右皆泣，莫能仰视。

十二月，项羽到了垓下。兵已经很少了，粮食也没了，跟汉军交战，打不胜就回到营寨里不出来了。帮着汉军一块儿来打项羽的人，把项羽的兵营围了一重又一重。

有一天晚上，项羽听到汉军的营寨里都在唱楚国的歌曲，大惊，难道汉军已经把楚国都占领了吗？为什么在汉军里有这么多的楚人啊？他晚上睡不着，起来在帐中饮酒，唱了一些很悲伤的歌，忽然有数行泪从双眼垂到面颊上。项羽一哭，周围的人也都开始哭起来，没有人敢仰脸看这时候的项羽。

“四面楚歌”是不是陈平或张良安排的计策？不知道，也不重要。但四面楚歌响起，项羽大惊失色、怀疑汉军拿下了楚国各个地方时，说明项羽已无法获知楚国的任何消息。也说明项羽“得道多助，失道寡助”，已经没有什么人帮他了。

楚汉相争这么多年，在《资治通鉴》之前的描述中，没有任何记载说项羽哭过。在项羽得到江山，又将要失去江山的时候，他流下了眼泪。

于是项王乘其骏马名骓，麾下壮士骑从者八百余人，直夜，溃围南出驰走。平明，汉军乃觉之，令骑将灌婴以五千骑追之。项王渡淮，骑能属者才百余人。至阴陵，迷失道，问一田父，田父绐曰“左”。左，乃陷大泽中，以故汉追及之。

之后，项羽牵出了他的乌骓马，带着八百壮士突围，趁着夜，从南边飞驰而走。到了早上天刚刚亮的时候，汉军才觉察到。灌婴带五千骑兵去追他，这时候，项羽已经渡过了淮河，跟着他的只剩下百余人了。

到了最后的最后，项羽垓下出逃还是逃得那么漂亮，逃得比刘邦要漂亮得多得多。刘邦只能用“仓皇逃窜”来形容，逃的过程中丢了爹，丢了老婆，把他的大儿子、大闺女踹下车三次，啥都不要了，只求一条命。

而项羽还能带着八百壮士，神不知鬼不觉地渡过淮河。可他到了阴陵，遇到一个种田的老头，项羽向他问路。有道是“得道多助，失道寡助”，这位田父骗了项羽，让项羽陷在大泽之中，再次被重重围困。

2. 满足好胜心并不能帮你成事

项王乃复引兵而东，至东城，乃有二十八骑；汉骑追者数千人。项王自度不得脱，谓其骑曰：“吾起兵至今，八岁矣；身七十余战，未尝败北，遂霸有天下。然今卒困于此，此天之亡我，非战之罪也！今日固决死，愿为诸君快战，必溃围，斩将，刈旗，三胜之，令诸君知天亡我，非战之罪也。”乃分其骑以为四队，四乡。

项羽继续往东逃窜，到了东城时，只剩了二十八个骑兵还跟着他，而追他的汉军有数千人。项羽知道可能逃不了了，但他还是跟这剩下的为数不多的二十几个人吹牛，还是在做一些无谓的只能满足他内心骄傲的事。

他跟他周围的人说，我起兵到现在已经八年了，亲自打的大仗有七十余战，从没输过，但是今天我还是困在这儿了。这是老天不帮我，不是我打仗不行。

有些男生啊，一辈子都长不大。项羽说，今天一定要决一死战，我一定能突围，能杀掉他们的将领，能夺掉他们的旗子，再次取得三次胜利。让你们知道是老天不让我活，是老天让我死，不是我打仗不行。

汉军围之数重。项王谓其骑曰：“吾为公取彼一将。”令四面骑驰下，期山东为三处。于是项王大呼驰下，汉军皆披靡，遂斩汉一将。是时，郎中骑杨喜追项王，项王瞋目而叱之，喜人马俱惊，辟易数里。项王与其骑会为三处，汉军不知项王所在，乃分军为三，复围之。项王乃驰，复斩汉一都尉，杀数十百人；复聚其骑，亡其两骑耳。乃谓其骑曰："何如？"骑皆伏曰："如大王言！"

项羽把这二十来人分为四队，冲四面。然后，对他们说，我替各位杀汉军一将，并让剩下的几个骑兵四面出击，约好在山的东边三处见面。这时候，项羽直接杀了出去，杀了一名汉将，汉军根本抵挡不住。

项羽看上去非常能打仗。但是大家想想，如果是刘邦，在这种情境下会怎么做？刘邦的选择一定不是打，而是逃吧，保命吧。兄弟们各自保命，打什么打，逞什么英雄，命要紧。在能不打的时候，刘邦总是选择不打，他知道什么最重要——命最重要。

这时候，汉军有个将领叫杨喜，在后边紧追项羽。项羽回头瞪了他一眼，吼了他一声。杨喜也是一名猛将，但被项羽一瞪一吓，人和马都惊了，躲出去数里。

项羽和他的骑士们在约定的三处会合。汉军不知道项羽躲在什么地方，于是把军队分成三部分，在三处重重围困。项羽继续骑马奔走，又杀了汉军一名将领和百八十人。他把自己的骑士又聚拢在一起，清点了一下人数，只少了两个人。项羽看看周围说，你看我怎么样？厉害不厉害？骑士都敬服地说，您太了不起了。

我只能深深叹一口气，项羽可以是传奇，但这么做只是为了自己，只逞一时之快，只为了照顾自己的心情，这样的项羽只能是传奇，不能做同事，不能做领导，不能做兄弟。

于是项王欲东渡乌江，乌江亭长檥船待，谓项王曰："江东虽小，地方千里，众数十万人，亦足王也。愿大王急渡！今独臣有船，汉军至，无以渡。”项王笑曰：“天之亡我，我何渡为！且籍与江东子弟八千人渡江而西，今无一人还；纵江东父兄怜而王我，我何面目见之！纵彼不言，籍独不愧于心乎！”乃以所乘骓马赐亭长，令骑皆下马步行，持短兵接战。

项羽想往东渡，过乌江，乌江亭长把船摆好了在等他。乌江亭长说的话也非常清楚：天下95%以上已经是汉王刘邦的了，江东虽然不大，但是地方千里，有几十万人，够重新起家的了，希望您赶快跑。如今只有我有船，汉军到了，他们也没法渡过乌江。

项羽笑着说，是老天不让我活，我渡过乌江又能怎么样？八年前我带着八千江东子弟向西渡江而战，现在除了我，没有一个人生还。即使江东父老愿意可怜我，还把我当成他们的王，我又有什么脸面见他们？即使他们不说，难道我心里就没有愧疚吗？项羽把自己的乌骓马送给亭长，说，你把这匹宝马带回去吧，这匹马就是你的了。接着，他让身边剩下的二十几个骑兵都下马步行，跟汉军短兵相接。

独籍所杀汉军数百人，身亦被十余创。顾见汉骑司马吕马童，曰：“若非吾故人乎？”马童面之，指示中郎骑王翳曰：“此项王也。”项王乃曰：“吾闻汉购我头千金，邑万户；吾为若德。”乃自刎而死。王翳取其头；余骑相蹂践争项王，相杀者数十人；最其后，杨喜、吕马童及郎中吕胜、杨武各得其一体；五人共会其体，皆是，故分其户，封五人皆为列侯。

项羽仅一人又杀了数百名汉军，负伤十余处。项羽曾经希望跟刘邦这样短兵交战，杀出个你死我活，但刘邦根本就没搭理他。我不如你又怎样？一百个我不如你又怎样？现在杀你，根本不用我。

项羽在和汉军的短兵相接中，看到吕马童，对他说，你不是我原来的手下吗？吕马童端详了他一眼，没回答，而是直接跟同伴说这个就是项羽。项羽说，我听说刘邦悬赏千金买我的头，还封赏万户侯，现在我就成全你们。于是，项羽自刎而死。在项羽看来，哪怕我只有一个人，也没有别人能杀死我，杀死我的只能是我自己。

3. 项羽至死都没明白的成事之道

真正的英雄不是屡战屡胜的人，而是笑到最后的人。真正的英雄不言败，屡败屡战。只有看上去像英雄，其实没有成事之道、成事之德的人才会只能胜，不能败。一旦出现失败，就再无东山再起的机会。

乌江边，如果刘邦是项羽，不用乌江亭长劝，刘邦一定会快跑。“不着急，不害怕，不要脸”中，“不要脸”最难做。项羽的确是个要脸之人，但是在攻城略地、杀伐占取、开疆拓土、逐鹿中原的管理战场，要脸有什么用呢？满足你的自尊心、好胜心，跟成事又有什么关系呢？

说到底，CEO 是组织里的第一人力总监。这个人不行，核心团队也好不了。这个人不行，好的核心团队也留不住。这个人行，就不在乎核心团队是否一流。只要这个人在，能把核心团队守住，形成一个坚固完整的“核”，那这个团队、这个组织很有可能不怕失败，很有可能屡败屡战，取得最后的胜利。

CEO 如果不该狠的时候狠，不该杀的时候杀；该狠的时候不狠，该杀的时候不杀，比如说该杀项伯没杀，这个团队的硬核就实现不了。如果 CEO 只想自己心里如何舒服，自我如何能够被维护，哪怕这个人“力拔山兮气盖世”，他依旧不是一个好的成事者。

只有“我我我我我”，我多了不起，但做到天下第一又能怎样？项羽就是很好的例子。老天给了他足够的机会，他当了天下第一，但又怎样呢？最后还是自刎于乌江。

到了乌江之时，项羽已经无人可用了，可想一想在汉军中正在被重用的、正在围攻自己的人里，韩信、陈平都曾经出现在他的团队里。项羽至死不明白、至死不悟的就是成事之道和成事之德。

刘项之争：学习历史和管理，是有捷径的

项羽下线了，得过江山、“力拔山兮气盖世”的西楚霸王项羽竟然下线了。项羽下线之前说过一句话，“此天之亡我，非战之罪也”，意思是我今天之所以有这样的败局是老天灭我，不是我不会打仗。

作为战略管理专家，这句话让我毛骨悚然，西楚霸王还不算老天眷顾，那老天眷顾了谁？不是老天辜负了你，反而是你辜负了老天。

1. 学习不是赶路，不要一味求快

我从一个战略管理专家的角度，给刘邦和项羽做个复盘。项羽一把好牌，为什么打得稀烂？刘邦一把烂牌，为什么能笑到最后，赢了天下？

从“成事学”的角度看，刘邦和项羽两个人太具有典型性了：一个人充满了成事之道和成事之德，另一个人严重缺乏成事之道和成事

之德，造成了完完全全不一样的开始和结果。

我们学习的时候往往有一个误区，就是拼命赶路程。事实上，学习要重复、要练习、要总结，要把自己之前读过的东西拿过来再读，要不断练习，要把从书本中、从老师身上学到的东西搁到实践中去。尤其是经典，更要多重复读，其阅读效率、收获要远远大于读一些非经典的书。读书多有时候不意味着你常识多，不意味着你智慧高。经典多重复读几遍，似乎浪费了读新书的时间，但实际上会让你增加更多的智慧。

2. 代入法：学习历史和管理的捷径

学习历史和管理，我有一个非常有效的方法——代入法。

当你读到《资治通鉴》中关于一种状态、一个情景的描述，你先捂住书不往下读，问问自己：如果你是当事人，你有什么样的感受、压力和心情？你会如何说、如何做，以及为什么。然后再看一下真实的历史是怎么发生的，比较一下真正的当事人的所说所做，和你有什么不一样。

这种代入法在现实生活中也可以应用在很多场景里，比如说在开管理会的时候，你可以假设自己就是霸道总裁，基于你所听到的，你会如何分析和做决策，以及为什么。使用这种代入法非常烧脑，这么看《资治通鉴》你会看得很慢，这么开会你会开得很累。但是我可以很负责地告诉你，你将收获很大，长进很快。

历史上，有时候两强相斗，从开始到胶着，再到结果呈现，中间会发生很多故事。这些故事对于现代商业管理仍然有重大的启示作用。所以，我发明了换位法，虽然使用不那么普遍，但是增长智慧的强度一点不低：A 做了 A1、A2、A3 事，B 做了 B1、B2、B3 事，你作为案例学习者，如果你是 A，遇上了 B 的情况，你会怎么做？如果你是 B，遇上 A 的情况，你会怎么做？

把换位法应用到刘项之争这几年的历史上，如果项羽是刘邦，项羽会怎么干？反过来，如果刘邦是项羽，刘邦又会怎么干？

3. 古人是如何看待刘项之争的？

司马迁说，项羽创造了奇迹，但缺乏自省精神。

太史公曰：羽起陇亩之中，三年，遂将五诸侯灭秦，分裂天下而封王侯，政由羽出；位虽不终，近古以来未尝有也！及羽背关怀楚，放逐义帝而自立；怨王侯叛己，难矣！自矜功伐，奋其私智而不师古，谓霸王之业，欲以力征经营天下。五年，卒亡其国，身死东城；尚不觉悟而不自责，乃引“天亡我，非用兵之罪也”，岂不谬哉！

太史公说，项羽从田头起家到庙堂爆发性增长，只用了三年就带领着五方诸侯灭掉了似乎无比强大的秦朝，分天下，王诸侯，成为天下的霸主。虽然他没得善终，最后败了，自刎而死，但是自古以来，除了项羽没有人做过这类的事，他已经是了不起中的了不起了。

但是项羽一统天下之后，开始出臭棋中的臭棋。离开关中，回到了家乡，失去了地利。放逐并杀了义帝，自立为西楚霸王，又失去了人和。还抱怨其他王侯背叛自己，最终一把好牌，打得稀烂。

项羽不仅拱手失地利、失人和，而且狂妄自大，以攻伐杀戮为荣，觉得凭自己一个人的能力、一个人的智慧就可以成就霸王之业，结果没到五年就亡国了，在死前还不觉悟、不自责。

虽然自责是一种摧毁性极强的心态，但是这时候项羽还怪老天不帮自己。你还要老天怎么帮你啊？以上，是太史公的评论。

扬雄说，项羽失败，是没有群策群力。

扬子《法言》：或问："楚败垓下，方死，曰'天也！'谅乎？"曰："汉屈群策，群策屈群力；楚憞群策而自屈其力。屈人者克，自屈者负；天曷故焉！"

《扬子法言》说，有人问，西楚霸王在垓下死之前说的"都是天命"，这话有道理吗？扬子的回答，陈述了一个管理学中的事实。他说，刘邦是用大家的集体智慧去驱动大家的力气，群策群力，大家一起干。成了事之后，大家分利。而项羽认为只有自己对，讨厌大家的意见。

群策群力，能够驱动组织中所谓的"核能"——人力资源、人的能量，激发人的潜能，这样的组织才能赢。

4. 从管理角度看，项羽为什么输给了刘邦？

如果刘邦是项羽，如果项羽是刘邦，在当时的环境里，他们会做什么？结局会不一样吗？

先说刘邦，"为人隆准而龙颜"，长得像龙，估计也没有太好看。"仁而爱人，喜施，意豁如也""常有大度"，点出刘邦的特点——善于爱人，善于让人爱，喜欢跟人分利，大度能容人，这是他的第一个明显特点。之后，刘邦又展现出他另外两个特点：爱学习和"不要脸"，把事情搁在自己的脸面之前。

接下来项羽出场。项羽，名籍，项梁是他的叔叔。《资治通鉴》里说项羽"籍少时学书，不成，去；学剑，又不成"。学书不成，学剑又不成，文武都不爱学，而且还找借口。他是这么说的：学写字，记记姓名就好了；剑，一人敌，没什么可学的，我要学万人敌。项梁又开始教项羽兵法，项羽学了个大概，又不愿意深入学好。项羽不爱学习，单“籍长八尺余，力能扛鼎，才气过人”，力气大，大高个儿，一个人能抵一万个人。

项梁跟项羽斩了当时会稽太守的头，项梁自己当了会稽太守，二十四岁的项羽为副将。这个会稽太守收留了他们俩，对他们有恩，但他们还是为了权力，滥杀恩人。

这时候，刘邦在干什么？刘邦也遭遇了一件类似陈胜、吴广遇到的事，就是违反了秦朝的律法，理应被处死。但这个时候，刘邦并没有忽悠大家，而是说“公等皆去，吾亦从此逝矣”。他说，我不为难大家，大家自谋生路，咱们彼此可能不相见了。说白了，就是大家各自保命去吧，没那么多愿景，也没那么多野心。

但有意思的是，“徒中壮士愿从者十余人”，即使是这样，还有十多个人愿意跟着他。一开始刘邦就有个核心团队，另外一些后来者也慢慢聚拢来，比如张良、萧何、曹参、夏侯婴。而项羽身边从一开始就只有一个亚父范增，一个七十多岁的老者。真正能跟他出生入死、年岁相当的人，身边则一个也没有，至少《资治通鉴》里一个也没提。

再往下说宋义之死。宋义是项羽的顶头上司，他高壁坚守，不跟秦兵正面冲突。项羽找了个碴儿，杀了宋义。这种事纵观刘邦一生，都没有发生过，他从没用过这种街头斗狠的招数。刘邦洗着脚见郦食其，被郦食其骂了一顿后，刘邦立刻就不洗了，听他好好聊，最后不仅是郦食其，连带他弟弟郦商也跟刘邦一块儿干了。这种事如果换了项羽，估计他不会洗脚，但也不会听郦食其说什么。

在刘邦入咸阳，看见那么多好东西时，他也想夺取，但是被周围樊哙、张良几个人摁住，说你不能这么做。刘邦离开咸阳城时，在霸上和咸阳父老“约法三章”，保护他们的人身安全和财产安全。项羽的做法则相反，杀降兵，抢珠宝、妇女、狗马、帷帐，烧阿房宫，把重宝都挪到了自己的家乡。

后来，鸿门宴上项伯告密，把项羽的动向告诉了刘邦，项羽在鸿门宴之后还留下了项伯。刘邦在鸿门宴时也经历了相似的事，他军中有个叫曹无伤的人把自己的动向告诉了项羽，刘邦从鸿门宴中逃出后，第一件事就是杀了曹无伤。两个人的做法截然相反。

还有很多例子，比如韩信多次给项羽建议，却不被项羽重用，但到了刘邦这里，他还没有立过功，就被拜为大将。

在楚汉之争呈胶着状态时，刘邦屡战屡败、屡败屡战，从不放弃，在过程中放下一切，只求活命，只要能活命，就还有希望。而项羽只是没粮食了，没兵了，其实他败了还能回江东，但是骄傲的项羽完全不把这当成一个选项，过不了自己那颗骄傲的心，最终死在了乌江边。

5. 最能干的人不一定最成事

项羽和刘邦的结局，大家也都知道了，基于以上分析，我来总结归纳一下。公司管理跟当时的军队管理、王朝管理有类似的地方，核心词有三个。

第一，战略管理。战略就是在何处竞争、何时竞争、如何竞争，定什么样的使命、愿景，用什么样的价值观来组织团队。如果战略清晰，项羽不会退回楚地；如果战略不清晰，刘邦不会打出汉中。

战略想清楚不容易，战略笃定地被执行下去更难。有少数聪明人，是能看清楚战略的，但更重要的是一把手能听进去这个战略。陈平、张良、韩信都跟刘邦说了天下应该如何打，刘邦听进去了。但是没有人跟项羽说这件事，项羽也没处可听，即使有人跟他讲，他也不见得能听进去。

另外，重要的是战略笃定性。根据这个战略去执行，不要因为短暂的、局部的、个别的失败而停止对整个战略的执行，失去对整个战略的信心。这也是战略管理的精髓，所以战略管理的重中之重还是“霸道总裁”这个人——他和他的团队能有多强的战略眼光、多强的战略笃定性。

第二，业绩管理。奖勤罚懒，奖优罚劣，奖功罚无功。要与人分利，要清清楚楚与人分利，该是别人的就是别人的，该是团队的就是团队的，不要什么都自己把着，不要只给人“画大饼”。“画大饼”有用，但是只“画大饼”不好使。

在业绩管理上，刘邦跟项羽又是两个极端。刘邦愿意与人分利，愿意把天下跟大家共坐，只要你听我的，只要我没有受到严重威胁。项羽则相反，我的是我的，你的也是我的，答应的事情也不会做，争取连答应都不答应。利散人聚，利聚人散，古往今来都是这个样子。

第三，人力管理。也就是人的选、用、育、留。公司和过去的王朝一样，拼的不是霸道总裁的个人能力。论长相，论个人能力，论个人魅力，刘邦远远不如项羽。但是刘邦会选人、会用人、会育人、会留住人。刘邦的核心团队从头到尾一直在，而项羽一开始就没啥核心团队。

说到底要成事、持续成事、持续成大事，拼的是群策群力，是调动整个团队的积极性，使出整个团队的力气，而不是靠一个人。刘邦作为个体，能力极其一般，但作为一个领导，领导出来的组织，能力极其彪悍。项羽作为个体，能力极其彪悍，但是作为一个领导，领导出来的组织，能力很一般。

我们如果立志当领导，而不是当一个艺术家，不是当一个明星、演员，那么要想成事、持续成事，就要跟刘邦学，别跟项羽学。不要被项羽这样的狠角色晃瞎了我们的双眼，要向刘邦这样的中年油腻猥琐男学习。

人间事，要透过现象看本质。本质就是最能干的人不一定最成事，最能干的人不一定是你值得跟的领导。甚至有时候相反，最能干的人最不成事，最聪明的人没有多大成就，跑得最快的人最后到达。而且他们很有可能不是你该跟的最好的领导。

胜利之后：隔层任命是制衡下属权力的一把“剑”

楚汉之争终于有了结果——刘邦赢了，项羽输了。摆在刘邦面前的问题就是，最大的敌人没了，最强的竞争对手没了，国家应该怎么办？公司应该怎么办？

如果你是个 CEO、是刘邦，你会怎么办？

1. 隔层任命：掌握控制权的有效方法

汉王还，至定陶；驰入齐王信壁，夺其军。

汉王刘邦回来，到了定陶，快马驰入齐王韩信的军营里，夺了他的兵权。

刘邦做的第一件事就是夺韩信的兵权，夺最厉害的人、最有可能威胁到他的人的兵权。兵权乃大权，现在天下已定，兵权不能再放在别人手里，卧榻旁边，岂能容他人鼾睡？

之前我总在想，韩信的军营是纸糊的吗？军权说被夺下就被夺下了。换一个角度，这也说明刘邦对大事儿是能安排清楚的。虽然他把最好的兵、最好的将都给了韩信，但是对韩信军权的控制一直是有把握的。刘邦最大的内部风险被自己很认真地、很好地规避了。

虽然《资治通鉴》里没有细写刘邦是怎么规避这个风险的，但从蛛丝马迹看，刘邦把最亲信的将领曹参、夏侯婴都安排在韩信营中。韩信虽然是一把手，但是他对自己的整个团队、组织机构，并没有绝对的控制权。他有指挥权，有军权，但是如果他真敢造反，军队是调不动的。主要的原因就是，向他直接汇报的那一层指挥官，包括曹参、夏侯婴，都是刘邦的亲信，这一点很重要。

在现代管理中，安排自己最信任的关键人物在业务单元 CEO 下边，依然是制衡的有效方法。在一个大集团里，董事长是最高的决策者，但是董事长不可能管理所有的业务，他下边的每个大业务单元，都有自己的一把手。他要控制这些业务单元，一个最有效的方法就是隔层任命。也就是说，业务单元一把手不能直接任命他的副手，要由集团董事长来任命向业务单元一把手直接汇报的那几个人。

虽然业务单元一把手有可能跟集团董事长不亲、不铁，但是集团董事长和业务单元一把手的下边一层非常铁、非常亲，集团董事长就可以放心地让业务单元一把手去管理。这个业务单元一把手一旦出现大的问题，那直接向他汇报的几个副总就会随时让集团董事长知道这个坏小子干了什么事。两千年前，刘邦也是用这种方式“掐死”韩信的。韩信再能干，带的部队再多，立的军功再大，如果他有反心，刘邦也能立刻把他拿下。哪怕他没有反心，在刘邦想夺他军权的时候，也能分分钟进他的军营实施。从古至今，隔层任命都是一个重要的管控手段。

刘邦宽宏大量，能容人，能用人，那为什么还要安插曹参这样的心腹在韩信周围？因为没有绝对的信任。如果你作为集团董事长，给了业务单元一把手绝对的信任，那实际上是害了他，也反过来害了你自己。比如韩信分分钟有可能反，业务单元一把手也分分钟可能干出让你瞠目结舌的事情来。是他们坏吗？不是的，因为他们也是人，他们只是做了人拿到绝对权力之后有可能会做的事而已。

从某种程度上来说，是你害了他们，因为你放纵他们做出了这样的事。进一步说，你也可能害了自己。因为你给的权太大，让权力失去了平衡。所以充分授权、充分放权并不意味着授予所有的权、放掉所有的权，你手上还要抓着一把"剑"，这把"剑"就是隔层任命。

2. 胜利后，最重要的是分配利益和防范风险

临江王共尉不降，遣卢绾、刘贾击虏之。春，正月，更立齐王信为楚王，王淮北，都下邳。封魏相国建城侯彭越为梁王，王魏故地，都定陶。

刘邦做的第二件事就是把所有不服的人都杀掉。临江王共尉不服，就往死里打。

刘邦做的第三件事是让韩信别在齐国待着。那是韩信的故地、权力基地，那个地儿的人民、军队太爱戴韩信，让人不放心。把韩信迁到楚地，让他在淮北称王，在下邳建都。封彭越为梁王，把魏国的故地给彭越，定都定陶。刘邦只封了两个王——在楚汉相争中立了大功的韩信和彭越。韩信在楚汉之争中立了汗马功劳，他挺刘邦，刘邦最后赢了，但是他在楚汉相争的过程中是伤了刘邦的心的。

首先，他让郦食其白白死了。他在郦食其已经说服了齐王之后，依旧向齐国进军，导致郦食其被当时的齐王给烹杀了。另外，韩信还

在刘邦最苦、最难的时候，要齐王之位。刘邦本来很愤怒，但是被张良、陈平劝住了，虽然刘邦在当时给了韩信齐王这个位置，但他心里是恨的。

到了天下平定，有绝对的话语权和决策力的时候，刘邦还是把韩信封了王，没有食言。不得不说，刘邦是真能忍，能够说话算数，做到这一点，当老大没问题了。

令曰："兵不得休八年，万民与苦甚。今天下事毕，其赦天下殊死以下。"

刘邦做的第四件事，是下令说，大家打了八年仗，太苦了，老百姓也跟着受苦了。现在仗打完了，除了特别该死的，所有的罪犯都可以回家，大家都能享受战争胜利后的红利。

诸侯王皆上疏请尊汉王为皇帝。二月甲午，王即皇帝位于汜水之阳。更王后曰皇后，太子曰皇太子；追尊先媪曰昭灵夫人。

刘邦做的第五件事，就是称帝。各个诸侯王都劝刘邦说，您该称帝了，您不能跟我们平起平坐，要比我们高一级。刘邦当仁不让，根本没有推却，就当了皇帝，把王后尊为皇后，把太子称为皇太子，并且让他的妈妈也当了昭灵夫人。

这件事看上去小，但实际上特别大。刘邦确认：我继承了秦朝的帝王之权，我就是皇帝，其他人都比我低，我不跟任何人平级，我就确立了名分。

帝西都洛阳。

第六件事，刘邦把洛阳定成西都，洛阳是原来周朝的首都，比较富裕，相对咸阳而言，离刘邦老家也比较近。虽然刘邦没有像项羽那么蠢，非要衣锦还乡，但是刘邦也是人，也想从某种程度上离故乡近一点，从某种程度上多点享受。

夏，五月，兵皆罢归家。

第七件事，夏天，五月的时候，刘邦让很多士兵都回家了，这样风险也小，不要有那么多军人整天在街头晃荡，万一有啥兵变，也是麻烦。

诏："民前或相聚保山泽，不书名数。今天下已定，令各归其县，复故爵、田宅；吏以文法教训辨告，勿笞辱军吏卒；爵及七大夫以上，皆令食邑，非七大夫已下，皆复其身及户，勿事。"

第八件事，过去八年战乱，有不少人都跑到山里躲藏。现在天下已定，大家都回来吧，各归各县，原来是啥官，你还做啥官；你原来有哪块田地，还是你的。现在汉朝当官的人，对待接收来的秦朝百姓、官吏，要跟人家好好讲解现在的管理制度和法律法规，不要打骂、侮辱人家。原来在秦朝是高级别大官的，还给人家原来的待遇；原来的奴隶、农户，级别不够的要给人家恢复身份，把原有的土地、房产还给人家，免除其徭役。

刘邦做的第八件事，实际上就是保证前朝这些有一定资产的官吏、人民的人身安全和财产安全。老百姓最怕的就是失去人身安全和财产，把这个安全感给了，一个政权就容易相对地稳定下来。让你安全了，你就不想造反了。

3. 打胜仗，要懂得用人

最后一件事，刘邦也是人，他也要吹牛。

我曾经问过几个好老哥：你人生最大的乐趣是什么？他们都是做生意的好手，而且生意做得很成功。他们无一例外地说，觉得最快乐的事就是一桌饭、一桌酒、一桌老朋友，聊聊过去打过的仗、过去赢过的仗、过去的辉煌，喝着酒，吃着肉，吹着牛，太爽了。

帝置酒洛阳南宫，上曰："彻侯、诸将毋敢隐朕，皆言其情。吾所以有天下者何？项氏之所以失天下者何？"高起、王陵对曰："陛下使人攻城略地，因以与之，与天下同其利；项羽不然，有功者害之，贤者疑之，此其所以失天下也。"上曰："公知其一，未知其二。夫运筹帷幄之中，决胜千里之外，吾不如子房；填国家，抚百姓，给饷馈，不绝粮道，吾不如萧何；连百万之众，战必胜，攻必取，吾不如韩信。三者皆人杰，吾能用之，此吾所以取天下者也。项羽有一范增而不能用，此所以为我禽也。"群臣说服。

刘邦在洛阳南宫摆酒，让所有大臣都一块儿吃喝，然后他说各位不要骗我，要说实话，为什么我能得天下，而项羽不能得天下？

高起、王陵站起来说，您让大家杀伐占取，得到的好处，您就给那些有战功的人。您跟天下分利，而项羽不是——谁有功他就害谁，谁有本事他就怀疑谁，这就是他失去天下的原因。

刘邦说，你知道其一，不知其二。如果讲计谋，运筹帷幄之中，决胜千里之外，我不如张良，他比我聪明；安抚百姓，维持经济，保证粮草后勤，我不如萧何；带百万雄师，打仗一定胜，攻城一定取，我不如韩信。

这三个人——张良、萧何、韩信，都是人杰、顶尖中的顶尖，但是我能用他们，他们能为我所用，是我取天下最重要的原因。项羽有一个范增，也是人杰，但只有一个范增，他也用不好。所以我赢了，他输了。

多打一层，为什么这些人能为刘邦所用，而不能为项羽所用？我还是要讲刘邦的三个特点：第一，宽厚。愿意跟人分利，能够包容人不同的特点，甚至一些所谓的缺点；第二，有极强的学习能力，跟别人学如何打仗、如何做战略规划，认真听别人的意见，而且能落实；第三，不要脸，有成事之道、成事之德，把事儿搁在自己的情绪之前，成事第一，其他往后搁。

宽厚长者、有学习能力、不要脸，这就是刘邦。正是凭借这三个特点，刘邦才能够做到持续成事，与天下同其利，用好人杰。

4. 吹牛前，要先把风险和利益处理好

胜利之后，刘邦做的这九件事有两条主线。

第一，利益。利益分配好，找到平衡，答应人要做的事、要给的利，给人家。不需要惹、不需要逼的，就不要那么做。照顾好老百姓，退半步甚至退一步，让大家舒服。当时答应要封王的就封王，答应要给钱的就给钱，并敢给。

第二，风险。一些关键的风险要防范。比如说，解一些重要军头的军权，削减地方武装，定都在一个适合的地方，不要总想着衣锦还乡。该狠的时候绝不手软，要做皇帝也当仁不让。古往今来能干赢所有人的赢家就可以称皇帝，如果这时候还不称帝，那一定会有人冒出来要干你。

落在现代管理环境里，取得胜利后，你除了要欢庆胜利，还要协调利益的分配，该给的要给，不要自己一个人独占胜利果实。另外，

为了保住你的胜利果实，那些潜在的巨大风险应尽快解除掉。比如说，有人想另立山头，这些山头大到会威胁你的领导位置，那就毫不犹豫把他干掉。

我想你作为霸道总裁，在现代商场、商业环境中取得胜利之后，也要跟刘邦学学——在吹牛之前，把该处理的风险处理掉，把该分给别人的利益分出去。

杀舅留甥：
企业文化为什么这么重要？

“文化”这两个字似乎看不见、摸不着，不像业绩管理那样清晰，甚至不像战略那样可以洋洋洒洒，但是文化又非常实在。在一家文化非常独特的公司里做久了，你就会带着深深的烙印。从这家公司出来的人，都有非常相像的地方，气质里透出这种文化的基因。而且他们做的每一件事，都有这些文化的影子。为何做、如何做、跟谁做，做事的三观，都带着这些文化的印记。所以一个好的企业文化不容易建立，而一旦建立之后，它可以持续很久、影响很大，甚至比一个好的战略带来的影响力更持久。

1. 逞一时之快的事不要做

韩信至楚，召漂母，赐千金。召辱己少年令出胯下者，以为中尉，告诸将相曰：“此壮士也。方辱我时，我宁不能杀之邪？杀之无名，故忍而就此。”

韩信到了楚国后，把当时给了他一顿饱饭的洗衣妇人叫过去，送给她千金，又给让他受胯下之辱的少年封了中尉。然后韩信跟手下说，这个让我遭受胯下之辱的人是个壮士，当时他侮辱我，我是真的不能杀他吗？不是，是因为那个时候杀他对我没有任何好处，所以我就忍了，所以才有了今天。

韩信这番话，对当下依旧有很大的启示作用。做事，特别是做那些相对极端、跟别人打打杀杀产生矛盾的事，在做之前，要问问自己：这么做对我有什么好处？我是不是能得更大的名、得更大的权？能更有钱？

如果盘算下来得不到多少，只是能够让你爽，那不好意思，这件事绝对不能干，这场仗千万不要打，这种只能让你逞一时之快的事，输了倒霉，赢了也倒霉，对你没帮助。没帮助的事不要去做，去花园里转转，看看朗月、吹吹清风就好了。

“忍过事堪喜”，忍住了，战胜了自己，就能成就自己。忍不过，你就是俗人一个。韩信能忍胯下之辱，从某个角度来讲，他具备了一定的成事之道和成事之德。

2. 刘邦为什么赏季布而诛丁公?

初，楚人季布为项籍将，数窘辱帝。项籍灭，帝购求布千金，敢有舍匿，罪三族。布乃髡钳为奴，自卖于鲁朱家。朱家心知其季布也，买置田舍；身之洛阳见滕公，说曰：“季布何罪！臣各为其主用，职耳；项氏臣岂可尽诛邪？今上始得天下，而以私怨求一人，何示不广也！且以季布之贤，汉求之急，此不北走胡，南走越耳。夫忌壮士以资敌国，此伍子胥所以鞭荆平之墓也。君何不从容为上言之？”滕公待间，言于上，如朱家指。上乃赦布，召拜郎中。朱家遂不复见之。

楚国人季布是项羽的大将，多次把刘邦弄得很难堪，刘邦虽然是一个心胸很大的人，但心里也挺恨季布的。

楚汉相争，项羽失败，刘邦胜出。刘邦开出千金的价码要找到季布，有敢收留季布的，杀三族，重赏重罚。季布为了活下来，把自己弄秃了，脖子上戴了一个铁箍，自卖给了鲁地的朱家。

朱家其实知道季布不是一个奴隶，但还是顶着被灭三族的风险收留了他，然后朱家到了洛阳见夏侯婴，跟他说，季布有什么罪呢？当时各为其主，他是项羽的臣子，就要为项羽干事，所以才尽力找刘邦的麻烦。现在刘邦胜了，项羽的旧部您能都杀掉吗？现在刘邦刚得天下，就狂找自己的一个仇人，让天下人看了，心中只会想这个人的心胸也太小了。

而且季布这么能干，天下之大，不全是汉朝的，往北他可以加入匈奴，往南他可以加入南越，无论选择哪一个都会壮大汉朝潜在的敌人，何必呢。如果刘邦恨壮士，拿季布这样的壮士给敌国去用，将来伍子胥的故事也可能会重演。滕公您为什么不找个机会跟皇帝讲讲这个道理？滕公还真找了一个合适的时候跟刘邦说了。

刘邦毕竟是刘邦，宽宏大量，善于学习，为了成事不要脸，他竟然听进去了。他把季布召来，去掉他脖子上的铁圈，拜他为郎中。此事之后，朱家就不再与季布相见了，我做了我该做的事，我有我的风骨，你有你的荣华，我们就此别过。

布母弟丁公，亦为项羽将，逐窘帝彭城西。短兵接，帝急，顾谓丁公曰：“两贤岂相厄哉！”丁公引兵而还。及项王灭，丁公谒见。帝以丁公徇军中，曰：“丁公为项王臣不忠，使项王失天下者也。”遂斩之，曰："使后为人臣无效丁公也！"

季布有个舅舅叫丁公，曾经是项羽的大将，在彭城西把刘邦追得很急，短兵相接时，刘邦就求丁公说，咱俩都是能干的人，何必为难彼此？丁公被说动了，就把兵撤了，没再追杀刘邦。

项羽被灭时，丁公觉得自己有恩于刘邦，就大摇大摆地去见刘邦了。刘邦把丁公绑了起来，在军中示众，说丁公在项羽那里为臣的时候不忠，把我放走了，这是项羽失去天下的主要原因，于是把丁公杀了。这里告诉大家：不要出卖自己的主子，不要出卖自己的CEO，不要效仿丁公做不忠不义之人。

3. 打天下和坐天下是两件事

之后，不太爱说话的司马光忍不住发表了看法。

臣光曰：高祖起丰、沛以来，罔罗豪桀，招亡纳叛，亦已多矣。及即帝位，而丁公独以不忠受戮，何哉？夫进取之与守成，其势不同。当群雄角逐之际，民无定主，来者受之，固其宜也。及贵为天子，四海之内，无不为臣；苟不明礼义以示之，使为臣者，人怀贰心以徼大利，则国家其能久安乎！是故断以大义，使天下晓然皆知为臣不忠者无所自容；而怀私结恩者，虽至于活己，犹以义不与也。戮一人而千万人惧，其虑事岂不深且远哉！子孙享有天禄四百余年，宜矣！

司马光说，刘邦起兵以来，招揽容纳了各种人，为什么不容丁公？更何况丁公对他还有救命之恩。这是因为进取和守成是两件事，打天下和坐天下是两件事。打天下的时候，谁能打胜仗，我就用谁，这时候招一些地痞流氓、身上有毛病的人没问题，甚至在那个情况下是应该的。乱世用乱人，只要能成事我就用你，这是对的。

得了天下后，贵为天子了，四海之内都是自己的臣子，如果不强调礼义，有些人就会怀二心。如果这样的人很多，那国家怎么可能长治久安？所以只好借丁公的头用一用，杀鸡儆猴，让天下都知道做臣子的如果怀有私心，就不能被容。

不得不说，刘家人能够坐四百年的皇位，跟刘邦想事儿很深、很远有关系，也跟刘邦培养这么好的“企业文化”有关系。

4. 树立典型在企业文化中很重要

企业文化虽然看不到、摸不着，但是能够在很大范围内、很长时间内产生持久的影响，一个好的 CEO 想要企业成为“百年老店”，就一定要在企业文化上下功夫。到底如何建立企业文化？我帮大家拎一下重点中的重点。

第一，你要定下来，要弘扬什么？什么是你最想要的？列出一二三，不要多了。列出你最希望团队成员把什么看得最重要。

第二，你要找出非常符合你看重的这一点的人来，找一个正面典型，找一个负面典型。

第三，把正面典型往死里奖励，哪怕这个人是你的仇人。把负面例子、负面典型往死里批判，哪怕他是你的亲娘舅。虽然在现代管理环境里，你没法做到很极端，但是你可以在能力范围内尽全力去捧那个正面典型，去“杀”那个负面典型。

这三点，我甚至希望你走些极端。

只有这样，才能真的建立起你想要的企业文化。别人在这么大的反差里才会知道那件事、那个特点如此重要，明白你是认真的。

刘邦就是这么做的，他想推崇的是忠诚，找了正面的例子季布，找了反面的例子丁公。偏巧季布和丁公，一个是外甥，一个是舅舅。哪怕季布曾经多次差点要了他的命，哪怕丁公还救过他的命。

定都长安：
想长治久安，地利很重要

公元前 202 年阴历四月，刘邦定都洛阳。五月，一个名不见经传的小兵的一番话，让刘邦决定改定长安为都。这个决定，对汉王朝的长治久安起到了非常重要的作用。这个小兵到底对刘邦说了什么？定都长安和定都洛阳到底有什么不同?

我问这个问题，是因为很多时候大家都忽视了地利的重要性，但从长期看，地利可以更好地促进你成事。

在现代管理环境中，把公司总部设在哪儿、研发设在哪儿、销售设在哪儿，同样是很重要的事。

1. 吸引对方注意是一种谈判技巧

齐人娄敬戍陇西，过洛阳，脱挽辂，衣羊裘，因齐人虞将军求见上。虞将军欲与之鲜衣。娄敬曰："臣衣帛，衣帛见；衣褐，衣褐见，终不敢易衣。”于是虞将军入言上。上召见，问之。

齐国人娄敬，平时在陇西戍边。有一次，他穿着羊皮袄，拉着车经过洛阳时，突然停了下来，想让他的老乡，一个姓虞的将军，替自己求见皇上。

能跟皇上说上话的不是一般人，这个人竟然愿意传话，放在大多数时候，这都是件很荒诞的事。看得出，汉朝时大家还是有风骨的，还能够做出一些现在看来有些出格的事。

虞将军没有问你是谁，你从哪里来，你要干吗去，谁派你来的，有什么目的，而是说，见皇上，总要穿得体面一点，我给你弄身衣服吧。娄敬却说，我本来穿的什么样，就以本来面目示人。一个名不见经传的人想见皇上，这事已经挺奇怪了。更奇怪的是，他求的中间人竟然没问他要去干什么，就给他传话了。更神奇的是，刘邦竟然同意了。

穿衣服这件事，虽然《资治通鉴》里没有细说，但也暗示了衣着妆容是重要的。郦食其高高大大、峨冠博带是一种风格，而娄敬穿得破破烂烂地去见穿着光鲜的皇上也是一种风格。这两种风格的目的是一样的——吸引眼球。

2. 地利对长治久安很重要

上召见，问之。娄敬曰：“陛下都洛阳，岂欲与周室比隆哉？”上曰：“然。”

刘邦问娄敬，你想跟我说什么？娄敬用了有挑战性的问题开场：您定都洛阳是想跟周朝媲美吗？这种说话的技巧，非常容易抓住被问者的注意力。刘邦是当今皇上，娄敬如果第一句不能引起他的注意，那之后的话就很难聊了。

刘邦非常坦诚地说了一句：是的。

娄敬曰："陛下取天下与周异。周之先，自后稷封邰，积德累善，十有余世，至于太王、王季、文王、武王而诸侯自归之，遂灭殷为天子。及成王即位，周公相焉，乃营洛邑，以为此天下之中也，诸侯四方纳贡职，道里均矣。有德则易以王，无德则易以亡。故周之盛时，天下和洽，诸侯、四夷莫不宾服，效其贡职。及其衰也，天下莫朝，周不能制也。非唯其德薄也，形势弱也。"

娄敬接着说，陛下，您得天下跟周朝得天下不一样。周朝得天下，是在一个小地方生活了十几代人，后来发现天下的诸侯都愿意跟着他们走，然后周武王才灭了殷朝，自己成为天子，再开始建设、经营洛阳。

洛阳位于天下的正中，四方诸侯来贡奉、朝拜都很方便。"有德则易以王，无德则易以亡。"也就是说，如果皇帝做得好，在洛阳就会非常方便四方来朝。但如果你没有德，那在洛阳，就会非常危险。

周朝强盛的时候，天下和睦，各路诸侯、四方外族都来朝贺。周朝不行了的时候，天下人都不来了，周朝也拿他们没有任何办法。不只是周朝那时的德行不够，洛阳所处的地利也不行。

"今陛下起丰、沛，卷蜀、汉，定三秦，与项羽战荥阳、成皋之间，大战七十，小战四十；使天下之民，肝脑涂地，父子暴骨中野，不可胜数，哭泣之声未绝，伤夷者未起；而欲比隆于成、康之时，臣窃以为不侔也。且夫秦地被山带河，四塞以为固，卒然有急，百万之众可立具也。因秦之故，资甚美膏腴之地，此所谓天府者也。陛下入关而都之，山东虽乱，秦之故地可全而有也。夫与人斗，不搤其亢，拊其背，未能全其胜也。今陛下案秦之故地，此亦搤天下之亢而拊其背也。”

您从丰、沛这两个小地方起家，定了汉中，又定了关中，跟项羽在荥阳、成皋之间大战七十、小战四十，死了太多的人。做父亲的没了儿子，做儿子的没了父亲，尸骨来不及收，被野狼叼去的不可胜数。死了这么多人，废了这么多地方，您想跟周成王比德行，怕是不够啊。

所以，您不要老想着洛阳，我给您推荐另外一个地方——关中。秦国的这块腹地带着大山大河，而且四面都有天险，一旦天下有变，百万之师可以聚集在这里。另外，这块地秦国已经经营了这么多年，可以说是天府之国。您定都这里，入关，哪怕殽山以东乱了起来，这块秦国的故地也能保全您，也能扼住天下的喉咙，您可以高枕无忧。

娄敬给刘邦的建议是迁都去关中，这是件大事。刘邦下一个举动，是问他群臣的意见。

帝问群臣，群臣皆山东人，争言：“周王数百年，秦二世即亡。洛阳东有成皋，西有殽、渑，倍河，乡伊、洛，其固亦足恃也。”

刘邦去问了他的群臣，刘邦的班底都是山东人，这帮人都说，周朝有数百年的历史，而秦朝两代就完了。您想长治久安，应该选周朝的都城洛阳。而且洛阳有山有河，有险可守。

如果你是刘邦，听了一个无名小卒劝你迁都，又问了群臣，群臣都说这是扯淡，你会怎么做？你很有可能就听了群臣的话。但是刘邦没有止步，他继续去问了自己的第一谋士、汉朝开国第一功臣张良。

上问张良。良曰：“洛阳虽有此固，其中小不过数百里，田地薄，四面受敌，此非用武之国也。关中左殽、函，右陇、蜀，沃野千里。南有巴、蜀之饶，北有胡苑之利。阻三面而守，独以一面东制诸侯；诸侯安定，河、渭漕挽天下，西给京师；诸侯有变，顺流而下，足以委输。此所谓金城千里，天府之国也，娄敬说是也。”

张良认为，洛阳虽然有险可守，但是腹地太小，方圆不过数百里，田地很薄，四面受敌，是一个没法打仗的地方。跟洛阳相比，关中左边是殽山、函谷关，右边是陇、蜀几块大地，沃野千里，腹地广阔。南边有巴、蜀粮仓，北边是胡地，有马，有牲畜，三面易守难攻，只有向东的一面，面向诸侯。

诸侯安定的时候，通过黄河、渭水直接运粮到京师。如果诸侯造反，可以顺流而下运输粮草。这种三面险阻、运输方便、易守难攻的沃野千里之地，是老天给咱们的，这是天府之国，我认为娄敬说的是对的。

整段话下来，张良肯定了娄敬的说法，但也没直接反对群臣的说法，他也怕惹众怒。

张良是个熟悉人性的大谋士、顶尖的聪明人，既然娄敬已经顶了山东群臣，说了周朝跟汉朝不一样的关键点，他就没必要重复了。他强调的只有两点：

第一，定都关中可以降低风险。关中腹地够大，可以自保。如果能自保，极端情况下的风险就可以被抵消。

第二，定都关中有天然的好处——三面险阻，易守难攻。

3. 面对不同声音，该如何决策？

最后要说的是刘邦的反应。刘邦拿到了三个数据点：第一，娄敬说的；第二，群臣说的；第三，张良说的。之后，刘邦是怎么做的？

上即日车驾西，都长安。拜娄敬为郎中，号曰奉春君，赐姓刘氏。

刘邦没有继续问下去，当天就安排车马去了长安，定下长安为都城。刘邦是个行动派，而且有功必奖，他拜娄敬为郎中，封号奉春君，赐刘姓。

娄敬这次的劝说，从一定程度上帮刘家多坐了三四百年的江山，赐刘姓也不过分。

我佩服娄敬、佩服张良，更佩服刘邦。他能听一个不起眼的人跟他讲迁都这么大的事；他能遇到问题咨询大家的意见，当大家意见不同时，又去问自己最信任的谋士张良；并且在自己想定之后，马上付诸行动。刘邦的智慧让汉朝变得相当长安。

所以，从这个案例入手，我来讲讲面对不同的声音时，该怎样做决策。

第一，作为霸道总裁、一把手，自己要有建立假设的能力。别人跟我提应该迁都，我自己要有一个基本的判断。我想刘邦的基本判断是跟娄敬相同的，他被娄敬说服了。

第二，有了基本判断之后，再去问人。兼听则明，问问其他同事、其他团队核心成员，问问自己信任的谋士。

第三，听到不同的声音之后，还要能做出理性的判断，能够看到那些不同意见里有问题的地方，并笃定地做出最正确的选择。

第四，谋定而动，立刻付诸行动。今天定了迁都，今天我就走，我看谁不跟着我走。

这就是汉朝最后定都长安的故事，它给我们的启示就是该如何考量地利，做重大决策时该如何兼听、如何判断、如何快速行动。

愿弃人间事：急流中全身而退是一种本事

狠人刘邦在统一天下之后，面临的最大的事就是安全——刘氏江山的安全，刘氏江山的安稳。于是，他的枪口开始向内，对当初和他一起创业的功臣进行了系统的清洗。

也就是把过去有功的人相对控制起来，减少他们能调动的资源和能量，减少他们对刘氏江山可能产生的威胁。刘邦算相当仁义的，下手不算太黑。但是刘邦的确这么做了。

韩信从齐王一路被贬到淮阴侯，最终在刘邦外出平叛的时候，被吕后和萧何定计杀死，这件事刘邦不可能不知道。此后，萧何也受到猜忌，被迫制造丑闻，自污名节，还进过监狱。而汉朝开国功臣里排第一的是张良，在韩信、萧何的倒霉事情发生之前，他早已闻到危险的气味，开始急流勇退。

愿弃人间事，愿意把人间的俗事——名、利、权、色放下，这是非常高的境界。

1. 疾病面前，名利都是浮云

张良素多病，从上入关，即道引，不食谷，杜门不出，曰：“家世相韩，及韩灭，不爱万金之资，为韩报雠强秦，天下振动。今以三寸舌为帝者师，封万户侯，此布衣之极，于良足矣。愿弃人间事，欲从赤松子游耳。”

汉朝开国功臣里，张良第一，萧何第二，韩信第三。这个顺序在刘邦的心中从来没有变过。

第一，刘邦从来都承认张良看待事情比他准，比他狠，比他聪明。第二，张良提出的重要意见，刘邦从来没有反对过。第三，很多时候，张良没有主动说，刘邦都下意识地问问张良的意见。所以，张良在整个汉朝的建立过程中，在刘邦心中的位置都至关重要，也是在他那个时代里无可非议的战略第一高手。

张良平素多病，长得很美，而且从小就多病。跟着刘邦进了长安，就开始辟谷，闭门不出，不见客。

张良跟大家说，我家历代都在韩国当国相，韩国被灭，我家散尽万金，就是为了给韩国报仇，刺杀秦始皇虽然没成，但是跟着刘邦反秦，到了今天已经成功，天下归汉。我以三寸不烂之舌成为皇帝的老师，封万户侯，已经拥有了布衣能做到的最高位置，足够了。

我张良现在愿意放弃人间权、钱、色、利那些事，想跟着赤松子去学做神仙。

2. 身处高位时，急流勇退很难

多病这件事，对张良来说可能是一件好事，能让他放下大权力，让他没有那么炙热的名利心，这太不容易了。刘邦、张良、萧何、韩信这类人在过去十几年，天天把这个世界当成游戏场来打，出生入死，大小几百仗，做了那么多战略，眼睁睁地看着世界起伏，看到一些活生生的人因为自己的想法、因为自己的策略得到了好处，抑或失去很多，甚至丧命。世界对这些顶尖的英雄好汉来说，就是一个舞台，就是一个游戏场。这么多年，无论是身、心还是激素水平，他们都已经适应了这种攻城略地、杀伐占取、开疆拓土、逐鹿中原带来的快乐。

如果失去大权，但你脑子还正常，依旧能够高速运转，你的智慧还在，依旧能知道绝大多数人知道不了的东西。这时候就类似于你腿脚健全，却不再让你走一步；你牙齿、舌头、胃口都健全，但是不再让你吃任何一口吃的。所以，大家体会一下在你还能干，别人又让你干的时候，你自己主动说不干了，是多么难。急流勇退为什么这么难？

第一，自己贪。贪手上的权，贪身上的名，贪别人围着自己转、前呼后拥的那种感觉。贪恋这一切，因为这一切真的让人爽。

第二，身边人不让。你想退，但你身边的亲属，那些服侍过你、跟着你多年的人，还有你的核心团队、你的下属、你下属的下属，你这么一大堆社会关系，他们一定是希望你权越大越好，名越大越好，利越多越好。

第三，骑虎难下。别人看到你有权有名有利，不敢来惹你。但你这一路过来，一定得罪过不少人，挡过一些人的财路和权路。这也意味着，有挺多人恨你。一旦你从虎背上下来，想找你碴儿的人就可能越来越多。到那时候别说你的孩子、你的直系亲属、你的团队保不了，你自己的人身和财产安全都不一定保得了。

所以，急流勇退很难，张良愿弃人间事非常不容易。

3. 在急流之中，该如何做到全身而退？

臣光曰："夫生之有死，譬犹夜旦之必然；自古及今，固未有超然而独存者也。以子房之明辨达理，足以知神仙之为虚诡矣；然其欲从赤松子游者，其智可知也。夫功名之际，人臣之所难处。如高帝所称者，三杰而已。淮阴诛夷，萧何系狱，非以履盛满而不止耶。故子房托于神仙，遗弃人间，等功名于外物，置荣利而不顾，所谓'明哲保身'者，子房有焉。"

司马光评论说，人有生就有死，就像有黑夜就有白天。从古至今，没有见过真的长生不死的人。以张良的智识，他肯定知道这些神仙之道都是假的，但张良还是要跟赤松子去做神仙，这是张良的智慧。

在权力、功劳、名声面前，人臣是很难把握自己的。到了张良、萧何、韩信这样的高位，人往往会不得不随着节奏走，但孤峰顶上，再无上升之路，下边很有可能只是虚空，甚至是悬崖。

汉高祖刘邦所夸的这三杰，韩信最后的结局是被杀，萧何的结局是进监狱。之所以这样，不也是因为他们二位过得太满，不知止吗？张良这么聪明的人，他号称自己去学做神仙了，无非是一种说辞。借着学仙不问世间事，功名利禄都当成身外之物，只求明哲保身。张良不愧是张良。

所以，怎么才能急流勇退呢？

你一定要意识到名利可能给你带来巨大风险，意识到功名利禄都是会失去的。它们说到底都是外物。

第一，你要有一个认识，这些好东西——功名利禄，权、钱、色，一旦你占有得太多，对你来说就会有越来越大的风险。因为，好东西你想要，别人也想要。你喜欢，别人也喜欢，为什么你有，而别人没有？虽然你的确有功劳，但是挡不住很多人可以躲在暗处整你。

第二，这些引人嫉妒之物，你能享受多少呢？万户侯，你能吃多少？那么大的名，又怎样？有那么大的权，你真能用好吗？人这么一个个体需要的、能消耗的并不多。其实就是一个字——“觉”。觉悟到这些世人都追求的，在你得到很多之后，要大踏步地放手。你不放手就是祸害，而且你不放手，自己也享受不了那么多。

第三，在觉悟到这些之后，再有一个“决”。“决”是决绝的“决”，要斩钉截铁。自己不要贪，也不要管周围人。闭门不出，不问江湖事。如果你辞了官，却用过去的积蓄养了几百门客，又天天跟一些是非人吃饭、喝酒、聊聊天、撺掇点事儿，那不叫急流勇退，不叫明哲保身，那叫暗度陈仓，劈你的雷会更快到来。

第四，培养点儿一个人也能做的爱好，消磨消磨时间。最好这个爱好可以跟你身边人——那两三个还愿意跟着你退隐江湖的人一块儿做。比如说炒俩小菜、喝喝酒，比如说钓钓鱼，比如说去研究点冷僻的学问，等等。

陈地受擒：大功臣更要谨言慎行

公元前 201 年，有人上书，告发楚王韩信谋反。汉朝立国，武功第一的人毫无疑问是韩信。这时候刘邦面临打还是不打的选择，刘邦听从了谋士陈平的建议——不打，设计假意云游，并在楚国境内的陈郡会见诸侯，说，我来了，大家一块儿喝顿酒，开心开心。

韩信功太大、地盘太大、势力太大、影响力太大，别人说他要反，虽然他本身并没有谋反的打算，但至少有反的可能。韩信也知道刘邦对自己极不放心，为表忠诚，他杀掉了项羽故将钟离眜，提着钟离眜的头颅去见刘邦，结果一去就被刘邦拿下，关了起来。

总有人说刘邦心狠，但刘邦在古往今来的帝王里，特别是开国的帝王里，一定不是最狠的那个。刘邦把韩信关起来，并没有杀死他，只是把他从楚王贬为淮阴侯。淮阴是韩信的故里，把韩信贬为淮阴侯，至少还让他在家乡父老面前相当有面子。但韩信不是这么想的，韩信为自己的处境感到可悲。

能干的人也是人，能干的人更有脾气。谁听谁的，听多久，为什么要听他的，能不能不听他的，正常人对其他正常人都会有类似的问题，更何况能干的人。这些问题都是好问题，但这些问题都是难办的问题。

1. 大功臣更要谨言慎行

项王将钟离眛，素与楚王信善。项王死后，亡归信。汉王怨眛，闻其在楚，诏楚捕眛。信初之国，行县邑，陈兵出入。

项羽有个大将叫钟离眛，和韩信一直关系不错。项羽垓下战败，在乌江边自刎后，钟离眛就跑到韩信的军中。那个时候，刘邦还是汉王，他非常记恨钟离眛，听说他在韩信这里，就下命令让韩信把钟离眛抓起来。但是韩信在接到命令之后，并没有把钟离眛怎么样。其实韩信应该明白，收留敌国的大将，至少要跟老大说一声。老大现在已经明显表现出不高兴了，韩信本可以带着这个朋友去跟老大当面谈谈。但是韩信想得太少，他没有这么做，这在刘邦心里造成的伤害是巨大的。

之前韩信做错了另外三件事：第一，揽功过分，齐王已经被郦食其说服，归顺了刘邦，但韩信还要打，结果刘邦的同乡老臣郦食其被齐王烹了；第二，韩信拿下齐国之后，楚汉相争处于胶着状态，韩信在这个时候要官、要王位，要刘邦封他为齐王；第三，在楚汉胶着的最后阶段，他可以完全独立，坐山观虎斗，但是韩信坚持认为刘邦对自己有恩，要帮刘邦。如果是这样，倾力去帮人家就好，可是在垓下之战的最早期，他和彭越并不积极进兵，还在等刘邦打赢了给他好处。韩信啊韩信，你的确牛，是“战神”，但是你的死在某种程度上也是自找的。

天下已定，刘邦已经大幅削减军队了，韩信在他的楚国不仅陈兵，而且到处转悠。军队陈兵出入，民众很不开心，这些民众也一定有渠道反映到刘邦那里。

冬，十月，人有上书告楚王信反者。帝以问诸将，皆曰："亟发兵，坑竖子耳！"帝默然。

这年冬天，十月，有人给刘邦上书说，韩信要造反。接下来，刘邦采取了两个行动：第一，问身边这些大将该怎么办；第二，听到大将说要杀死韩信之后，刘邦沉默了。这说明刘邦根本就不信韩信会在这个时候谋反。要反早反了，垓下之战之前就反了。

但韩信的人缘为什么差到这种程度？没有任何人替他说话。之前也说了，韩信犯了四大错误，但哪怕没有之前这四大错误，他的同僚也会看他不爽。大家不要低估嫉妒心，同僚之间的嫉妒心是非常之大、非常之强的。这是人性。刘邦除了心里坚持不相信韩信会反，他还有别的考量，那就是打仗是要死人的，是要花钱的，打仗可能胜，也可能败。这个时候，刘邦又去问了陈平。

又问陈平。陈平曰："人上书言信反，信知之乎？"曰："不知。"陈平曰："陛下精兵孰与楚？"上曰："不能过。"平曰："陛下诸将，用兵有能过韩信者乎？"上曰："莫及也。"平曰："今兵不如楚精而将不能及，举兵攻之，是趣之战也，窃为陛下危之。"上曰："为之奈何？"平曰："古者天子有巡狩，会诸侯。陛下第出，伪游云梦，会诸侯于陈。陈，楚之西界，信闻天子以好出游，其势必无事而郊迎谒。谒而陛下因禽之，此特一力士之事耳。"帝以为然，乃发使告诸侯会陈，"吾将南游云梦。"上因随以行。

陈平问了一句话：有人告韩信谋反，韩信自己知道吗？刘邦说，韩信不知道，这是一个密报。陈平又问，您手上的精兵跟韩信比，谁多？刘邦说，韩信多。陈平又问，您手上的将有谁比韩信更强？刘邦说得很坦诚：没人能比得过韩信。陈平说，您兵不如楚国的精，将不如韩信能，现在起兵打韩信，不是逼他打吗？而且您还不一定打得赢，我很替您担心。

刘邦问，那我该怎么办呢？于是，陈平出了阴招，他说，古代的天子会四处狩猎、游玩，跟诸侯聚会，吃吃喝喝，聊聊天。您就出去假装和诸侯到陈地聚会，韩信听说您来了，一定不会有戒备心。一旦他到了您的帐下，您就让一个力气大的猛士把他绑起来。

刘邦觉得可以，然后就发通告说，我要去玩儿了，大家在陈地等我。跟大家见完面，我就南游云梦。

2. 自视过高是灾祸前兆

楚王信闻之，自疑惧，不知所为。或说信曰："斩钟离昧以谒上，上必喜，无患。"信从之。十二月，上会诸侯于陈。信持昧首谒上，上令武士缚信，载后车。信曰："果若人言：'狡兔死，走狗烹；高鸟尽，良弓藏；敌国破，谋臣亡。'天下已定，我固当烹！"上曰："人告公反。"遂械系信以归，因赦天下。

听说刘邦要来玩，有人劝韩信说，你杀了钟离昧，然后带着他的脑袋去见刘邦，刘邦一定开心。韩信竟然就这么听了这人的话。到了十二月，刘邦在陈地跟诸侯会面，楚王韩信拿着钟离昧的头来见刘邦。刘邦立刻让武士绑了韩信，把他扔到车后带了回去。

韩信考虑事情不周全，想事只从自己出发，得罪了无数的人，但是他文采不错。他说，果然就像人家说的，“狡兔死，走狗烹；高鸟尽，良弓藏；敌国破，谋臣亡”。

刘邦只说了一句：有人告你谋反。接着，就给韩信戴上犯人的囚具，带回了长安城，之后大赦天下。

刘邦在这个时候依旧不信韩信会谋反，但是刘邦像以前一样，依旧认为韩信功高盖主，而且不服管。

之后的事情没有太戏剧化，但是也体现了人性。有一个人建议刘邦说，在齐国一定要安插自己的人。

田肯贺上曰：“陛下得韩信，又治秦中。秦，形胜之国也，带河阻山，地势便利；其以下兵于诸侯，譬犹居高屋之上建瓴水也。夫齐，东有琅邪、即墨之饶，南有泰山之固，西有浊河之限，北有勃海之利；地方二千里，持戟百万；此东西秦也，非亲子弟，莫可使王齐者。”上曰：“善！”赐金五百斤。

田肯说的意思是，您干了韩信，又有关中，关中是一个非常好的位置。齐地也不差，四面地势都很好，或者是山，或者是河，都有险可守。腹地也够大，方圆两千里，能召集的战士上百万，跟秦有一拼，这本身就是大国的样子。这相当于东西有两个秦国。所以如果不是刘姓亲子弟，不能让他当齐王。刘邦说，好，赐五百斤金。

上还，至洛阳，赦韩信，封为淮阴侯。信知汉王畏恶其能，多称病，不朝从；居常鞅鞅，羞与绛、灌等列。尝过樊将军哙，哙跪拜送迎，言称臣，曰：“大王乃肯临臣！”信出门，笑曰：“生乃与哙等为伍！”

到了洛阳，刘邦想了想，觉得韩信的威胁不大，就赦免了韩信，封他为淮阴侯。

从这个角度看，刘邦的手不能算黑。刘邦的成事之道、成事之德以及刘邦对于开国功臣的容忍非常少见，古往今来都非常少见。

韩信知道刘邦忌惮他打仗的才能，就一直号称自己有病，不上朝。

韩信没兵带了，一直不开心，同时觉得跟周勃、灌婴这种人同朝为臣，实在是太无聊了。

韩信曾经经过樊哙的家。樊哙跟刘邦是连襟，是跟刘邦从小打天下的人，是重臣中的重臣。但樊哙还是跪着迎送韩信，礼数尽到，而且自称"我是臣，您是王"，还由衷地说，没想到大王愿意过来看看臣子。而韩信出门时冷笑了笑，说，我怎么混得和樊哙为伍。韩信逞尽了口舌之快，让人心寒哪。

3. 真正的高人都有成事之道德

上尝从容与信言诸将能将兵多少。上问曰："如我能将几何？"信曰："陛下不过能将十万。"上曰："于君何如？"曰："臣多多而益善耳。"上笑曰："多多益善，何为为我禽？"信曰："陛下不能将兵而善将将，此乃信之所以为陛下禽也。且陛下，所谓天授，非人力也。"

男生到了一定岁数，最大的爱好往往是跟过去懂他的人一块儿吹吹牛。刘邦也不能免俗，就拉韩信聊天说，韩信，你来说说这些大将谁能带多少人，谁能干多大事，谁行谁不行。

刘邦问韩信，你觉得我能带多少人？韩信说，十万吧。刘邦反问韩信，那你能带多少？韩信也没有收敛，说，我要带兵，越多越好。刘邦说，你能带那么多兵，为什么还会被我抓起来？

韩信说，您不太能带兵，但是您能管理将领。您能包容、能学习、能与人分利、给人机会，并且能处理好风险。这是我之所以被您擒住的原因。这跟刘邦对自己的评价类似。刘邦评价自己时也说，除了能跟人分利，更重要的是能管几个特别能干的人。

但下一句韩信就露怯了。韩信说，这是所谓的天在帮你，不是我不行。韩信在某些方面有点像项羽，能干的地方极其能干，超过 99.99% 的人，但是喜欢背刺别人，而且自视极高，从来认为自己天下无敌，没有成事之道，也没有成事之德。

但是项羽和韩信没有明白真的高手是什么样子，真的成事之道、真的成事之德是什么样子。刘邦身上闪烁的，而项羽、韩信身上没有的，恰恰是我反复强调的成事之道、成事之德。

论功行赏：利益分配，只能一把手做

很多人可能会觉得论功行赏是一件特别容易的事，但是我可以很负责地告诉你，这件事古往今来都挺难的。打天下不容易，坐天下更难。逐鹿中原不容易，等“鹿”已经在手了，怎么分这只“鹿”更难，更容易激发人性之恶，更可以凸显人性之诡异。

论功行赏其实是坐天下的开始，相当于一家公司完成了创业和财富积累，到了要认真思考如何做一家“百年老店”的时候。弄好了是家“百年老店”；弄不好，就是危机四伏。

在刘邦崛起的过程中，他没少给周围人“画饼”。当然，在阶段性目标达成之后，他也兑现了一些“小饼”。但是这跟得天下之后要分的“饼”相比，是小巫见大巫。其中涉及的人性黑暗，绝不是在争天下的过程中可以相比的。

其实，刘邦能在胜利之后认真考虑和实施如何论功行赏，就已经让他在所有皇帝里脱颖而出了。他虽然没有做得绝对好，但已经相对好了。因为在那个时候，刘邦毕竟还要沿袭不少春秋、战国、秦朝留下的历史包袱、思维定式。在这种情况下，他还能够以长治久安为第一目标论功行赏，是不容易的。刘邦是有战略高度的。

1. 论功行赏，难在会激发人性之恶

甲申，始剖符封诸功臣为彻侯。萧何封酇侯，所食邑独多。功臣皆曰："臣等身被坚执锐，多者百余战，小者数十合。今萧何未尝有汗马之劳，徒持文墨议论，顾反居臣等上，何也？"

刘邦面对的第一个难题是，分多大的"饼"？

最开始是分第一层的功劳，是给几个跟刘邦一块儿打天下的人，在抗秦斗争中取得了巨大成绩的人。给极个别的异姓封了王。

但无论是刘姓还是非刘姓的诸功臣，这第一层怎么分？刘姓家里边还好，总有一个亲疏远近和自己喜欢谁多一点，有点埋怨也无所谓，反正是家事。

但是国事——对于第一层级的功臣如何"分大饼"这件事，就比较麻烦了。

首先，要分的这个"大饼"有多大，非常考验一把手的人性。原来在打天下的时候，在不知道自己明天是不是还能活下来的时候，这个"大饼"可以画得无穷大——天下我跟各位共同分享。但现在整个天下已经是刘邦的了，他分出去的就是自己要少得的，这个时候他把"大饼"画多大，对他来说是种考验，换了任何人都是考验。

第二个难题是，这个"大饼"怎么分？

确定了"大饼"的面积之后，怎么分？分给谁？凭什么这么分？"文无第一，武无第二"，论不清楚。所以，一把手并不容易当，一把手有好多心要操。

论功行赏，除了一把手要一碗水端平，他自己跟他人之间也要维持相对公平。如果自己拿得太少，别人拿得太多，有可能也不利于长治久安。因为你放出去大半天下，那未来这大半天下就有可能联合起来干你；如果你的力量不够，你可能就会落到东周天子的状态，只有洛阳那么一块小地，周围随便拎出一个诸侯，都可以把你打得满地找牙。

刘邦同样也面临这个平衡的考验，不能太不公平、太小气，又不能太大方。作为被赏的第一级功臣，也要面临管理自己的问题，管理自己的言行和预期。管理得好，自己受益，后代也受益；管理得不好，有可能会惹祸上身。

公元前 201 年，刘邦开始分封第一级功臣。萧何被封为酂侯，得到的百姓、土地最多。和萧何一起被封的那几个人，比如樊哙、郦商、周勃、灌婴等，看到萧何的受封在他们之上，都觉得刘邦不公平。这几个人一同说，我们披坚执锐、九死一生，萧何只是舞文弄墨，做点案头工作，他凭什么在我们之上？

2. 论功行赏，只能一把手做

帝曰："诸君知猎乎？夫猎，追杀兽兔者，狗也；而发纵指示兽处者，人也。今诸君徒能得走兽耳，功狗也；至如萧何，发纵指示，功人也。"群臣皆不敢言。

刘邦说得很不客气，他说，各位将军，你们知道打猎吗？打猎，追杀野兔的是狗，而知道野兔在什么地方、指挥狗的方向的是人。说到底，你们就是有功的"狗"，萧何是有功的人。

这话说得相当难听。刘邦面前有带着成千上万人、立下一等一功劳的将军，有参加过鸿门宴的樊哙，有长期帮助刘邦平定后方、维持稳定的郦商，有周勃，有灌婴，能把这帮人比喻成狗的，在整个汉朝，只有刘邦一个人。

所以，论功行赏，特别是对第一层级的功臣论功行赏，只能一把手做。轻了、重了，分得大了、小了，一把手定。有不满的，一把手处理，这事儿不是一把手做不到。

也正是因为一把手刘邦撂下狠话后，大家才都不敢说话了。大家不是没有不满，《资治通鉴》里的原话是“群臣皆不敢言”，但完全没有提萧何是什么反应，这也为萧何之后被大家记恨，他的孩子也命运多舛设下了埋伏。

你的确多得了，在当时的文化下，一把手没意见，也没有其他人能把你怎么样，但是你要小心人性、人心。你到底是要更安全，还是要更多的财产？你已经能吃饱了，干吗还多要那么大一块“饼”呢？

相反，有大智慧的张良，刘邦心里的第一功臣、第一谋臣张良，是怎么处理的？

张良为谋臣，亦无战斗功，帝使自择齐三万户。良曰：“始，臣起下邳，与上会留，此天以臣授陛下。陛下用臣计，幸而时中。臣愿封留足矣，不敢当三万户。”乃封张良为留侯。

张良作为谋臣，也没有打仗，刘邦让他在齐国自己挑三万户。萧何只被封了八千户，而张良被封了三万户，几乎不是一个量级的。但张良非常节制，非常会说话，我要是刘邦，一定会被感动的。

张良说，我最开始在下邳起事，我跟您第一次见面也是在留这个地方。初相见，我们有共同的理想，都想推翻秦朝。遇见您是我的运气，您见到我也是天意，您一直采用我的计策，幸运的是我说的事儿往往都对了，做的谋划往往也都有用。三万户对我来说太多了，我只要跟陛下您最开始会面的那个地方，我只要留那个地方就够了。

太会说了，我都可以想象到，刘邦听到这番话时的心情，特别是有那些争功劳的将军和萧何这样不愿推功揽过的人作为对比，张良显得格外超凡脱俗，一直在帮刘邦排忧解难。

封陈平为户牖侯。平辞曰：“此非臣之功也。”上曰：“吾用先生谋，战胜克敌，非功而何？”平曰：“非魏无知，臣安得进？”上曰：“若子，可谓不背本矣！”乃复赏魏无知。

陈平被封户牖侯，陈平推辞说，这不是我的功劳。刘邦说，我用您的谋划，后来胜了，不是您的功劳，是谁的功劳呢？陈平说，如果没有魏无知，我怎么能有幸见到您？所以，这是魏无知的功劳啊。刘邦又一次被感动了，说，像您这样的才真是可以称为不忘本啊。刘邦不仅继续封陈平为户牖侯，还赏赐了魏无知。

功臣分完了，该分亲戚、分刘姓的人了。

帝以天下初定，子幼，昆弟少，惩秦孤立而亡，欲大封同姓以填抚天下。春，正月，丙午，分楚王信地为二国：以淮东五十三县立从兄将军贾为荆王，以薛郡、东海、彭城三十六县立弟文信君交为楚王。壬子，以云中、雁门、代郡五十三县立兄宜信侯喜为代王，以胶东、胶西、临淄、济北、博阳、城阳郡七十三县立微时外妇之子肥为齐王，诸民能齐言者皆以与齐。

刘邦兄弟少，孩子也还小，得了天下之后，想大封同姓。楚王韩信被贬为淮阴侯，刘邦就把韩信原来的楚地一分为二成了两个国家，并分别让他的两个兄弟当了这两个国家的王。接着，封另外一个兄弟宜信侯喜为代王，又立当时的一个“私生子”刘肥为齐王，让天下能说齐国话的都去齐国生活。

就这样，刘邦完成了切第一层“大饼”的任务。

3. 论功行赏，应该倾向前台，还是中后台？

在现代商业社会，管理中也存在论功行赏的问题，也存在前台和中后台争功的问题。到底是前台功劳大，还是中后台功劳大？前台会觉得打仗、攻城略地、杀伐占取都是我们干的，销售的单都是我们拿的，收入是我们挣回来的，我们是在一线，闻得见硝烟，扑上了身体，拿回了金钱，公司应该对我们重点看待。我们才是公司最应该被奖励的人。

一把手面对这种压力时一定要把持住。无论是刘邦那时候说萧何功劳更大，还是在现代管理中，一把手觉得中后台很有可能更不可替代，一线的功臣，张三不行，李四也可以上，王五也可以上。但在后台，无论是战略，还是财务、法务、产品研发、市场营销、工厂生产管理，真正的好手非常难得，他们决定了一个公司的成本。

也就是说，如果不得不选择，我同意刘邦的做法——偏向中后台，偏向一家公司、一个组织的基础，偏向产品的研发、管理的完善，特别是战略的制定。

刘邦排前三位的功臣张良、萧何、韩信，前两个都是中后台，一个做战略，一个做后勤。这种排法在现在的管理环境中依旧适用，战略还是第一位的，如果把一线打拼排在第一位，那你的公司就要小心了，太着急了，很有可能难以持续。

当你的领导拼命奖励一线，尽可能地去提升销售的时候，那这家公司很有可能也持续不了太久。虽然有可能你的 CEO、你的老板面临着相当重的压力，要尽快回款，产生销售额，但如果你在这样的公司里工作，要做两手准备，做好后手安排，这就是我的观点。

张良善谏：
与领导沟通要注重时机和方式

刘邦建国以后，开始有恩必报、有仇必报，一边制裁能臣，杀人立威，一边大肆封赏。因为大臣不知道自己在报恩的行列，还是在报仇的行列，所以刘邦这套组合拳打得朝廷上下心惊胆战、人心惶惶。在这个过程中，本已经远离了汉朝权力中心的张良再次上线，为刘邦出谋划策。

张良善谏的故事，讲的是“切大饼”的第二个层面——把第一等功臣分剩下的再分给第二等功臣，该如何分？分的过程要注意什么？

这个故事也从侧面揭示了张良绝顶聪明的做事方法。张良凭什么让刘邦对他言听计从？这个顶尖的战略专家做对了什么？他和刘邦沟通的秘诀是什么？其中有哪些方法是我们今天依旧可以借鉴的？

1. 要顺着人性提供方案

上已封大功臣二十余人，其余日夜争功不决，未得行封。

刘邦已经分封了第一级功臣，到第二级时，发现比第一级还难封。第一级好多直系下属，刘邦多多少少是了解他们具体立过什么功、到底对自己怎么样的。而到了第二级，刘邦发现自己知道的甚少。

我大概统计过，开国之后往往就是一百到两百个大功臣，把他们和他们的家庭安顿好，这个王朝能持续挺长一段时间。而这个王朝的故事，80% 以上就是这些开国功臣家庭和他们后代的故事。

刘邦分到第二层，分不下去了。除了已经分封完了的这二十余位大功臣，剩下的东找西找，看谁都不满意。

上在洛阳南宫，从复道望见诸将，往往相与坐沙中语。上曰："此何语？"留侯曰："陛下不知乎？此谋反耳！"上曰："天下属安定，何故反乎？"留侯曰："陛下起布衣，以此属取天下。今陛下为天子，而所封皆故人所亲爱，所诛皆平生所仇怨。今军吏计功，以天下不足遍封；此属畏陛下不能尽封，恐又见疑平生过失及诛，故即相聚谋反耳。"

刘邦在洛阳南宫走来走去，远远看到好多大将三五成群地坐在沙中聊天。"坐沙中语"很有意思：第一，当时条件比较艰苦，也没个屋子，也没个凳子；第二，诸将对如何"分蛋糕"这件事非常上心，哪儿也不去，常常坐在沙中聊天；第三，坐在沙子中还能聊得这么起劲，说明大家内心是炙热的。

刘邦问他们都聊啥呢？张良说，陛下，您不知道他们在说什么吗？他们在谋反。

张良的交流技巧，是一刀切进去。张良跟刘邦这么长时间，在刘邦这儿，他有足够的信任，连想都不想就一刀切进去，直接点出他们要谋反，这直接引起了刘邦的注意。刘邦最害怕听到的就是谋反，但是刘邦想不明白，现在天下安定，他们为什么要反呢?

张良说，陛下您布衣起家，靠着这些正坐在沙中聊天的人得了天下。现在，您封的都是过去的老人以及您喜欢的人，杀的都是您不喜欢的、跟您有仇的人。

现在，这些坐在沙子里聊天的人，正在计算自己的功，觉得您如果把功臣都封了，整个天下都不够分的，他们担心自己得不到陛下您的封赏。反过来，他们也害怕过去在楚汉相争的过程中，是否有哪些过失得罪了您，会因此被杀、被贬。如果大家都这么想，他们就会聚在一起，商量谋反吧。

上乃忧曰："为之奈何?"留侯曰："上平生所憎、群臣所共知，谁最甚者?"上曰："雍齿与我有故怨，数尝窘辱我。我欲杀之，为其功多，故不忍。"留侯曰："今急先封雍齿，则群臣人人自坚矣。"

刘邦说，我能怎么办呢?

做一把手不要总是第一时间提自己的解决方案，要给周围有思想、有头脑、有谋略的人机会，让他们先说。

张良问，陛下，您这辈子最恨的、所有人也都知道您恨他的人是谁?刘邦不是一个糊涂的人，张口就说雍齿是我最恨的。大家都知道他多次羞辱我，让我下不来台。我千百次想杀他，但是他劳苦功高，我不忍心。

张良说，您马上先切一块"饼"给雍齿，先封了他，群臣就安定了。

您最恨的、最想杀的，您还封了、赏了，那其他人跟雍齿比，一定会想，圣上没有那么恨我，圣上也不会杀我，没准儿也可能封我。

张良给刘邦出的这一招也是利用了人性，神奇的是，刘邦又听了。

于是上乃置酒，封雍齿为什方侯；而急趋丞相、御史定功行封。群臣罢酒，皆喜，曰："雍齿尚为侯，我属无患矣！"

刘邦摆了酒席做仪式，封雍齿为什方侯（什方是汉中的一个县）。同时紧急命令丞相、御史赶快把第二等功臣怎么封、怎么赏安排好。群臣喝完酒都很开心，说雍齿不仅没掉脑袋，还被封了侯，那我们就肯定没事了。

2. 与领导沟通的方式和时机

张良非常善于跟领导沟通，善于用合适的方式、在合适的时机，让领导明白问题是什么，应该如何解决。你光有正确答案，只能是成事的一半，甚至有时候是一小半；你还要设法在合适的时候、用合适的方式跟领导完美沟通这个方案，领导心悦诚服地听明白了、接受了、执行了，这件事才算成了大半。

臣光曰："张良为高帝谋臣，委以心腹，宜其知无不言；安有闻诸将谋反，必待高帝目见偶语，然后乃言之邪？盖以高帝初得天下，数用爱憎行诛赏，或时害至公，群臣往往有觖望自危之心，故良因事纳忠以变移帝意，使上无阿私之失，下无猜惧之谋，国家无虞，利及后世。若良者，可谓善谏矣。"

司马光也觉得很奇怪，张良是刘邦的第一谋臣，是心腹之臣，他就应该知无不言，言无不尽。他怎么能知道有人要谋反，还一定要等刘邦看到他们坐在沙地上交头接耳之后才说？

司马光认为，张良要等机会才谏言，因为张良看到，刘邦在得到天下之初的行为、“切大饼”的方式都是按自己的爱憎去做的，他把自己的爱憎放在了成事之前。在这样的情况下，群臣往往会不满、失望、害怕、担心。所以张良要等一个特别好的机会，告诉刘邦他们在谋反，因为他们觉得“大饼”没自己的份儿，大刀就架在自己的脖颈子上。

上边要做到无私，做到以公心为先，下边就不会有猜忌、害怕，就会觉得公平。有了公平，下边就没了谋反之心，国家就没有了被颠覆的危险。这种人心的安稳能够利及后世很多代，让刘邦的子孙都收获好处。像张良这样的，真是会给领导提意见的人啊！

3. 一把手要重视中后台的利益

即使“大饼”分到了第二层，到底侧重一线，还是照顾中后台、照顾总部的人，依旧是个难题。在现代管理环境下，这种一线利润中心和总部职能部门之间的矛盾也是非常普遍和避免不了的。

列侯毕已受封，诏定元功十八人位次。皆曰：“平阳侯曹参，身被七十创，攻城略地，功最多，宜第一。”谒者、关内侯鄂千秋进曰：“群臣议皆误。夫曹参虽有野战略地之功，此特一时之事耳。上与楚相距五岁，失军亡众，跳身遁者数矣，然萧何常从关中遣军补其处，非上所诏令召，而数万众会上之乏绝者数矣。又军无见粮，萧何转漕关中，给食不乏。陛下虽数亡山东，萧何常全关中以待陛下。此万世之功也。今虽无曹参等百数，何缺于汉；汉得之，不必待以全。奈何欲以一旦之功而加万世之功哉！萧何第一，曹参次之。”

第二等功臣都已分封完了，开始排座次了。第一等里谁排第一，谁排第二？这时候，一线跟中后台、总部之间的矛盾又凸显了出来，又反映到刘邦那里去了。

一线这些军头是这么说的：平阳侯曹参攻城略地，身上有七十多处伤，他功劳最多，应该排所有人前边。而关内侯鄂千秋说，这些人说得都不对。曹参虽然在野外作战有功，但他做的只是一时的事情，只是打胜了一些仗而已。您和楚国胶着了五年，您有好几次走投无路，军队没粮食，都是萧何从关中给您漕运过来的。您在山东打了好几次大败仗，而萧何一直把关中管得好好的，在关中等着您、支持您，做您稳固的大后方和根据地，这些是万世之功，不是几场战争胜利能够替代的。如果没有曹参这一百来个将领，大汉和您也不会真的走投无路。您得了这一百来个能打仗的人，也不见得能保全自己，也不见得能得江山。但是没了萧何，您就没了根据地。没了萧何，您就没了失败之后东山再起的资格和能力。没了萧何，您就得不到汉朝的江山。您现在因为曹参有一时之功，就要把他加在有万世之功的萧何之上，您觉得您做得对吗？我非常坦率地跟您说，萧何应该排第一，曹参排第二。

上曰："善！"于是乃赐萧何带剑履上殿，入朝不趋。上曰："吾闻'进贤受上赏'。萧何功虽高，得鄂君乃益明。"于是因鄂千秋故所食邑，封为安平侯。是日，悉封何父子兄弟十余人，皆有食邑。益封何二千户。

刘邦说"好"，就这么办。于是，赐萧何可以带剑上殿，享有最高的荣誉，上朝不用快走。

刘邦说，萧何功虽然大，但如果没有鄂千秋，萧何的功不能像现在这样闪烁。于是把鄂千秋封为安平侯，同时加大了对萧何的奖励，给萧何父子、兄弟十余人都封了食邑，又多封了萧何两千户。

这里也没有提到萧何是怎么看待这件事的，但至少萧何没有推、没有谦让，跟张良有情有义地跟刘邦说的那番话所表现出的境界，有天壤之别。

自古战功谁第一，公说公有理，婆说婆有理。一线从一线角度看，应该是一线人战功第一；后台的人从后台角度看，会觉得后台的人是战功第一。我认为顶尖的、好的 CEO 如果有选择，一定要更向着总部幕僚，向着中后台，为什么？

第一，中后台总体来讲，利益就少。在中后台没有仗打，不负责损益表，能有的花销、能有的利处本身就比前线少。

第二，中后台从很大程度上是 CEO 的幕僚、CEO 的核心班子，跟 CEO 更亲。如果 CEO 不偏向中后台一点，那中后台受气之后，被孤立的就是 CEO 自己。

第三，一线各个山头、各个军头、各个有损益责任的人员，他们本身就有自立山头的倾向和可能。如果不多维护总部幕僚、总部职能部门、总部中后台，那一线失去管控，闹独立的可能性会日益增大。

总之，一线和中后台之间的平衡，自古以来在任何机构都是一个大问题。中后台虽然看上去没那么光鲜，但是作为 CEO 一定要有所偏向。

冒顿之兴：

狠人的逆袭之路

匈奴——北方的蛮族，在很长一段时间都跟中原大地有着各种各样密切的关系。这个北方的蛮族从古至今对中原、对中华大地都产生着非常重要的影响。单于是匈奴首领的称号，而冒顿单于是第一个被中国历史认真书写的北方蛮族领袖。

之前只说中原大地受到了北方蛮族的威胁，只说赵武灵王胡服骑射，只说蒙恬去守北方的边疆，而没有具体说匈奴有一个什么样的厉害人物，怎么样崛起，又是怎么样给汉族添麻烦，怎么样蹂躏中原大地。好了，现在这个人来了，这个人叫冒顿单于，是一个狠人中的狠人，比刘邦更狠。

在刘邦建国时，冒顿还没当上单于，只是太子。不过冒顿这个太子当得很不顺心，因为他老爸爱上了其他女人，还生了一个儿子。更惨的是，老单于更爱小儿子，还把冒顿派到敌国去做人质。

作为人质，唯一能仰仗的就是老单于的顾及和思念。冒顿被派到敌国去做人质，摆明了就是老单于不那么在乎他的生死，想让他给弟弟腾王位。

1. 狠人冒顿，用一手烂牌翻盘

初，匈奴畏秦，北徙十余年。及秦灭，匈奴复稍南渡河。单于头曼有太子曰冒顿。后有所爱阏氏，生少子，头曼欲立之。是时，东胡强而月氏盛，乃使冒顿质于月氏。既而头曼急击月氏，月氏欲杀冒顿。冒顿盗其善马骑之，亡归。头曼以为壮，令将万骑。

最开始秦国非常能打，蒙恬守北方边疆，匈奴害怕，就往北撤。后来，秦国被灭了，匈奴就慢慢地向南摸索过来，想看看有没有可乘之机。

当时的老单于叫头曼，他有个太子叫冒顿。后来，头曼娶了一个年轻貌美的小老婆，他非常喜欢小老婆生的小儿子，想立小儿子为太子，来继承他的王位。

这时，东胡强大，另外一个少数民族月氏也很强大，头曼让冒顿去月氏做人质，然后头曼就开始攻打这个部落。月氏想，你把儿子送来做人质，你还攻打我，那不就是想让我杀了你的儿子吗？于是，月氏就想杀掉冒顿。

冒顿是条汉子，偷了一匹跟他关系特别熟的马，跑回去了。他爹头曼看到儿子一个人单枪匹马不远万里竟然跑回来了，命大，是个狠人，对大儿子的爱油然而生。于是给了他一万骑兵。

冒顿乃作鸣镝。习勒其骑射。令曰：“鸣镝所射而不悉射者，斩之！”冒顿乃以鸣镝自射其善马，既又射其爱妻；左右或不敢射者，皆斩之。最后以鸣镝射单于善马，左右皆射之。于是冒顿知其可用；

从头曼猎，以鸣镝射头曼，其左右亦皆随鸣镝而射。遂杀头曼，尽诛其后母与弟及大臣不听从者。冒顿自立为单于。

冒顿就带领这一万人、几万匹马，这是一支相当强大的队伍。他第一件事就是做了一种能发出响声的箭，这种箭射出去时响声极尖锐。

冒顿跟自己的亲兵说，我的鸣镝射出去时，你们都要跟着鸣镝一起射出去，不要迟疑，有不往我鸣镝所射的地方射箭的，我就杀了他。之后就开始演练，冒顿利用人性之恶，开始训练他周围的亲信。他拿鸣镝先射自己最喜欢的马，再射自己最爱的老婆，周围人有迟疑的、有不敢射的，都被杀了。

冒顿这么做对不对？从成事角度来说，我不喜欢这么利用人性之恶的做法。从广义来说，这也是权谋的一部分。冒顿用这种方式培养了绝对服从的下属。然后他又试了一遍，拿鸣镝射了他爸爸最喜欢的马，这一回下属们都跟着他射了。这时，冒顿确信他身边的人可以带出去干事、成事了。

有一次，冒顿跟他爹头曼去打猎，冒顿拿鸣镝射向头曼，周围的亲信随着鸣镝都射向了头曼，头曼就这样被乱箭射死了。之后，冒顿杀了他的后妈和后妈的儿子，还杀了那些不跟随、不听从的大臣。从此，冒顿自立为单于。

2. 东胡予取予求，冒顿自顾自强

东胡闻冒顿立，乃使使谓冒顿："欲得头曼时千里马。"冒顿问群臣，群臣皆曰："此匈奴宝马也，勿与！"冒顿曰："奈何与人邻国而爱一马乎！"遂与之。居顷之，东胡又使使谓冒顿："欲得单于一阏氏。"冒顿复问左右，左右皆怒曰："东胡无道，乃求阏氏！请击之！"

冒顿曰："奈何与人邻国爱一女子乎！"遂取所爱阏氏予东胡。

东胡听说冒顿当了单于，趁着他王位没坐稳，派使者管他要东西，想要头曼当单于时的那匹千里马。在那个时候，马是最重要的战争装备，是最强悍的武器。如果你有很多跑得快、能打、不害怕，又持久的马，那你很有可能成为方圆几千里的王。

冒顿问群臣怎么办，跟刘邦一样，冒顿也爱问大家的建议，但是冒顿比刘邦更加自我、更加狠、更加笃定。群臣都说，这是匈奴的宝马，不能给。但是冒顿说人家邻国来要马，不就是一匹马吗？给。

之后，东胡还是继续管冒顿要东西，说我想要你一个漂亮的老婆。冒顿问左右，周围的人都怒了，说放手让我们打他吧。冒顿接着说，人家是我们的邻国，他要一个女人，那就给呗。然后他就真的把自己非常喜欢的一个女子给了东胡王。

东胡王愈益骄。东胡与匈奴中间有弃地莫居，千余里，各居其边，为瓯脱。东胡使使谓冒顿："此弃地，欲有之。"冒顿问群臣，群臣或曰："此弃地，予之亦可，勿与亦可！"于是冒顿大怒曰："地者，国之本也，奈何予之！"诸言予之者，皆斩之。冒顿上马，令："国中有后出者斩！"遂袭击东胡。东胡初轻冒顿，不为备；冒顿遂灭东胡。

东胡王越来越开心，越来越自大，觉得匈奴单于冒顿好欺负。接着就问，你看东胡和匈奴之间有千余里没人待的地，这块弃地你也给我吧。冒顿问群臣，东胡要了马，要了女人，现在来要地了，怎么办？群臣中有人说，马都给了，女人都给了，这是一块没用的地，给也行，不给也行，无所谓。结果冒顿大怒，说地是国家的根本，怎么能给？说给地的大臣，冒顿都下令杀了，然后上马说我们去打东胡，有后退的，我先杀了他。

于是，冒顿进军东胡。东胡一直觉得冒顿是个软柿子，根本没有防备他。但是冒顿带着千军万马，带着统一边疆的决心杀过来了。冒顿这样就灭了东胡。

既归，又西击走月氏，南并楼烦、白羊河南王，遂侵燕、代，悉复收蒙恬所夺匈奴故地与汉关故河南塞至朝那、肤施。是时，汉兵方与项羽相距，中国罢于兵革，以故冒顿得自强，控弦之士三十余万，威服诸国。

灭了东胡之后，冒顿没有停止，接着向西打月氏，向南兼并了楼烦、白羊，又入侵燕和代，收复了所有失地，又夺取了汉国的一些地方。当时楚汉正相争，刘邦正在跟项羽打仗，没有人也没有力气抗衡冒顿，冒顿得以自强，借机统一了漠北。有三十万弓马将士威震诸国，这就是冒顿之兴。

3. 顺应大势强过个人奋斗

很多时候，能顺应历史、顺应大势强过个人奋斗。在和平时期，像刘邦、项羽、韩信很有可能都无法出人头地，张良、陈平或许可以。并且，对大多数人来说，个人奋斗不如跟对老大，如果你能跟刘邦、跟冒顿，是强过你自己变成刘邦、变成冒顿的，因为那些想扬名立万的人，有很大比例是死无葬身之处的。

我们之前说刘邦是个狠人，冒顿更狠、更简单粗暴，知道父亲不喜欢自己，知道自己要被杀，从月氏逃了回来，并专门训练无条件听从自己指挥的随从，射死亲爸和周围潜在的敌人。

内部收拾干净，已经能够令行禁止了。对外，邻居提出的无理要求，先要马，再要女人，他都答应了，等再要土地的时候，他羽翼已丰，敌人已经心浮气躁，时机已到，立刻出兵统一漠北。

当我第一次在一个大平台上创业，带上万人、负责损益表的时候，我请教了一个老哥，问他，我第一次带那么多人，有没有什么经验可以传授给我？

他说，我跟你只说一点，是第一点，也是最后一点，就是你要让他们听你的，你能做到令行禁止，你才能带那么多人去打仗。

我听进去了，这件事的确重要，我也费了九牛二虎之力做到了。冒顿用了远远比我凶狠的方式，也用了比刘邦还狠的方式，做到了让周围人听他的，这支团队才变得特别有战斗力。

在我完成了让周围人、我的团队听我的这件事之后，我又问这个老哥，接下来最重要的是什么？他跟我说了两个字——坚持。坚持你的战略。你定了战略，团队能听你的，剩下的就是坚持。

叔孙通制礼：管理制度是一把手工程

我自己不是一个喜欢仪式感的人，但是特定的日子，我也会穿上特定的衣服，吃一些特定的食物，买一些特定的礼物，说一些特定的话，这些都是人生中挺美好的事。我觉得适度的仪式感是好的。

刘邦也不喜欢仪式感，但他还是慢慢把一些仪式引入了汉朝的生活。

刘邦建国以后废除了秦朝烦琐的礼制，但是没有了礼制，汉朝君臣上下就没了体统。一个叫叔孙通的大臣毛遂自荐，承接了主持制礼的任务。他去了孔子的老家鲁地，召集当地的儒生制定出了一套汉朝的礼仪制度。刘邦参加了一场按照新制定的礼仪制度举行的酒宴之后说，我终于知道当天子的乐趣了。

刘邦到底体会到了什么？这些礼制在现代的公司管理中可以起到什么样的作用？对我们现在的公司管理又有什么样的启示？通过这个故事，我跟大家一一道来。

1. 仪式能产生权力感与崇高感

帝悉去秦苛仪，法为简易。群臣饮酒争功，醉，或妄呼，拔剑击柱，帝益厌之。

刘邦把秦朝那些烦琐、严苛的仪式都去掉了，务求简易，但是大家逐渐开始没了规矩。大家借着点儿酒劲，就开始争功。有人大声高呼，有人甚至开始动手，拔剑砍柱子，刘邦越来越烦这些人。

叔孙通说上曰："夫儒者难与进取，可与守成。臣愿征鲁诸生，与臣弟子共起朝仪。"帝曰："得无难乎？"叔孙通曰："五帝异乐，三王不同礼。礼者，因时世、人情为之节文者也。臣愿颇采古礼，与秦仪杂就之。"上曰："可试为之，令易知，度吾所能行者为之！"

叔孙通就给刘邦提建议：儒者不进取，创业不成，守业可以。创业的时候跟守业的时候，做事的方式是不一样的，管理的方式方法很有可能也不一样。叔孙通接着说，我想招一些鲁国的儒生，跟我一起拟定汉朝的礼仪。刘邦有点犹豫，觉得太麻烦。

叔孙通说，五帝用的音乐不一样，三王用的礼仪也不一样。礼仪要根据时代、人情做出相应的变化。本质是一样的，只是形式不同。

就像在公司里，管理流程、管理制度本质上是一样的，目的也是类似的，但是各个公司的具体管理制度都各不相同。

如果我们觉得古代的某些礼仪和汉朝现在的情况符合，那我们就用。另外，不能全不顾秦朝的礼仪，所以，我们的礼仪会通采古代礼制，并且参考秦朝的礼仪。

落到现代管理制度上也一样，公司换了个董事长，可以制定新的管理制度，甚至可以在整个世界范围内参考一些好的管理制度，但是最好不要完全推翻上一任留下的管理制度。

刘邦说，好啊，你试试看。别看这句话非常简单，它透露了两个信息：

第一，管理制度的变化是一把手工程。霸道总裁、董事长一定要亲自拍板，说我要做这件事，否则你只是一个高管，你不要想这事儿。

第二，刘邦是一个杀伐决断的人，很少犹豫、怀疑，但是在制度上，刘邦说咱先试试。这就意味着仪式这种太新、太烦琐的东西，他要拿过来先试试、看看，然后再决定在多大范围去使用。不要繁文缛节，不要太麻烦，越简单越好。

2. 最佳团队是由三类人组成的

于是叔孙通使征鲁诸生三十余人。鲁有两生不肯行，曰："公所事者且十主，皆面谀以得亲贵。今天下初定，死者未葬，伤者未起，又欲起礼、乐。礼、乐所由起，积德百年而后可兴也。吾不忍为公所为。公去矣，无污我！"叔孙通笑曰："若真鄙儒也，不知时变。"

叔孙通派人去鲁国征召那些懂儒家礼仪的人，召集了三十余人。其中有两个儒生不愿意去，他们说，您伺候过十个主子，谁有权、谁有钱您就服侍谁，很没有风骨。现在天下刚定，死伤的人还没安抚好，怎么可以现在就想讲礼乐？礼乐的兴盛，那要积德百年之后才可以。我们不想被您这种人用，您赶快走吧，别弄脏我们的眼睛。

叔孙通涵养还是不错的，笑着说，你们俩真是傻，不知道因时而变。双方不在一个层次上，点到为止就好了，看破不说破，他转身就走了。

遂与所征三十人西，及上左右为学者与其弟子百余人，为绵蕞，野外习之。月余，言于上曰："可试观矣。"上使行礼，曰："吾能为此。"乃令群臣习肄。

叔孙通把三十个儒生、刘邦的近臣，以及自己的弟子百余人，组成了一个团队，他们先用绳子圈地，用茅草立标志，在野外练习叔孙通设计的汉朝礼仪。

第一，这个咨询队伍的组成，有外来的专家，就是这三十个儒生。第二，也有皇帝身边的近臣，就是知道内情的甲方关键人物。第三，还有叔孙通自己的弟子百余人。

也就是说，这个咨询团队的构成，有行业专家，有自己的亲兵，也有甲方派过来的人，那么这样的团队就比较容易把方案做出高质量。另外，你不能把方案搁在纸上，上去就让客户自己来干，你要自己先练练。

练了一个月，叔孙通跟刘邦说，您可以过来观看一下（也就是项目汇报会），让您看一看进展。刘邦看完以后，说了四个字——"吾能为此"，这个事我能干。叔孙通的方案至此得到了一把手刘邦的认可。之后，刘邦就按照这个方案，让群臣这么干了。

3. 礼仪制度要尽量简单

冬，十月，长乐宫成，诸侯群臣皆朝贺。先平明，谒者治礼，以次引入殿门，陈东、西乡。卫官侠陛及罗立廷中，皆执兵，张旗帜。于是皇帝传警，辇出房；引诸侯王以下至吏六百石以次奉贺，莫不振恐肃敬。至礼毕，复置法酒。诸侍坐殿上，皆伏，抑首，以尊卑次起上寿。觞九行，谒者言"置酒"，御史执法举不如仪者，辄引去。竟朝置酒，无敢讙哗失礼者。于是帝曰："吾乃今日知为皇帝之贵也！"乃拜叔孙通为太常，赐金五百斤。

那年冬天十月，长乐宫建成了，诸侯来朝贺。汉朝的礼仪第一次在真正的场面上被使用。仪式出现，各路人等被依次引入殿门，陈列于东、西两向，侍卫、官员有的在台阶左右，有的在庭院当中，都拿着兵器、打着旗帜。仪仗队安排好了，皇帝该出来了，诸侯王以下一直到六百石俸禄级别的官员都根据他们官职、按先后次序过来奉贺，每个人都是一脸严肃，非常恭敬。礼毕，开始喝酒，这回不再有大声喧哗的，不再有交头接耳的，不再有酒后争功的。

大家坐在殿上，依尊卑次序，最尊贵的先敬酒，其次的后敬酒，来为刘邦庆贺。敬酒完毕之后，谒者说，罢酒。在这个过程中有任何不合礼仪的人，御史就会把他拉出去，所以整个朝堂上，从头到尾没有人敢失礼。

刘邦由衷地赞叹说，今天我才真的知道当皇帝真好。所以，刘邦拜叔孙通为太常，负责执掌礼仪，并赐给了他金五百斤。

臣光曰：礼之为物大矣！用之于身，则动静有法而百行备焉；用之于家，则内外有别而九族睦焉；用之于乡，则长幼有伦而俗化美焉；用之于国，则君臣有叙而政治成焉；用之于天下，则诸侯顺服而纪纲正焉。岂直几席之上、户庭之间得之而不乱哉！夫以高祖之明达，闻陆贾之言而称善，睹叔孙之仪而叹息；然所以不能比肩于三代之王者，病于不学而已。当是之时，得大儒而佐之，与之以礼为天下，其功烈岂若是而止哉！惜夫，叔孙生之器小也！徒窃礼之糠粃，以依世、谐俗、取宠而已，遂使先王之礼沦没而不振，以迄于今，岂不痛甚矣哉！是以扬子讥之曰："昔者鲁有大臣，史失其名，曰：'何如其大也！'曰：'叔孙通欲制君臣之仪，召先生于鲁，所不能致者二人。'

曰：‘若是，则仲尼之开迹诸侯也非邪？’曰：‘仲尼开迹，将以自用也。如委己而从人，虽有规矩、准绳，焉得而用之！’”善乎扬子之言也！夫大儒者，恶肯毁其规矩、准绳以趋一时之功哉！

司马光说，礼的功能和作用太大了。公司文化、公司规矩也非常重要。刘邦之所以没有成就很大，是因为他把礼教、礼仪太简化了，他没有把这些推广到日常生活中去，没有推广到全天下去。叔孙通也只取了一些儒学的皮毛，没有把儒教的精神发扬光大，应用到全国。

我跟司马光有完全相反的观点。我虽然同意礼仪是重要的，但是有基本样子就行了，不要过分。否则，大家就在礼仪上消耗了太多的时间、精力、钱财，没必要。所以，在礼仪的繁简程度上，我认同刘邦。

4. 公司管理建立制度很重要

最后我想跟大家说的是，制度很重要，但还是要适度建立制度。“冯三点”说三点：

第一，创业公司走上正轨之后，就要建立起一套相对完整的管理制度，这个东西一定要有。建立的时候，请咨询公司也可以，请专家也可以，最好能组建一个咨询公司、专家和自己核心人员的联合团队。

第二，制度建设能简则简。虽然任何部门都会提出一系列建议，但你一定要记住，制度不能求完美，能解决最重要的问题就好了。在设计制度之前，先想清楚其目的是什么，要解决什么样的管理问题。这个制度能解决掉八成的管理问题、管理毛病就够了。

不要试图解决百分之百,一定要想到“二八原则”，“更好”是“好”的敌人。因为你增加了制度和步骤，就意味着要消耗整个机构的能量，消耗人的时间，消耗人的资源。执行损耗更有可能是设定成本的成百倍、成千倍。

第三，制度定了之后一定要执行，不能轻易更改。至少执行个一年，慎始善终。制定制度的时候，要非常谨慎小心；修改制度时，也要非常郑重。

制定制度时，用充分的人力、物力制定好，并且要演习、试点、铺开。一旦推行，就不要轻易更改，至少不要每个月都改，至少不要遇到一点点问题、一些噪声就改，最短坚持一年。在这一年内，充分收集关于这个制度的反馈。一年之后，重新检视制度，如果真的有必要改，那就改。如果跳出来看，觉得这个制度还不错，那就继续执行，不要改得太频繁。

如果进入了一家大公司，那么你要做的第一件事是获得一把手的支持，获得你顶头上司的支持，这样你才有足够的自由度、足够的空间去做事。

第二件事就是入乡问俗。先把这个公司的管理制度书拿回来，仔细阅读消化。具体做事的时候如果有疑问，先要看这些做法是不是符合公司的管理制度。如果符合，就做；如果不符合，就一定要停，一定要想制度有什么问题，抑或你的做法有什么问题。

当你的公司从一个创业型公司转为一个稳定型公司时，当你和你的团队从创业者成了职业经理人，这个时候要合情合理、适量地引入管理制度，这种仪式感还是必要的。

白登之围：
培养人是一把手最重要的事之一

刘邦建国以后分封过一些异姓诸侯王，其中有一名叫韩信，但不是“战神”韩信，而是战国七雄韩国王室的后代韩信。刘邦封他为韩王，因此他也被称为韩王信。

韩王信虽然不是那个“战神”韩信，但是也有一定的军事才能。刘邦赐给他太原以北的封邑，让他防范匈奴。没想到在公元前201年，也就是韩王信受封的同年，冒顿单于在草原上迅速崛起，韩王信归顺了冒顿单于。刘邦一怒之下，亲自出兵平叛。

1. 轻敌冒进最可能导致失败

上自将击韩王信，破其军于铜鞮，斩其将王喜。信亡走匈奴；白土人曼丘臣、王黄等立赵苗裔赵利为王，复收信败散兵，与信及匈奴谋攻汉。匈奴使左、右贤王将万余骑，与王黄等屯广武以南，至晋阳，汉兵击之，匈奴辄败走，已复屯聚，汉兵乘胜追之。会天大寒，雨雪，士卒堕指者什二三。

刘邦亲自带兵，在铜鞮打败了韩王信，同时杀掉了他的大将王喜。

韩王信逃到了匈奴的地界，白土人曼丘臣、王黄等人立赵王的后人赵利为王，并开始和韩王信以及匈奴人谋划着打汉朝。

匈奴让左贤王、右贤王将一万余骑兵和王黄等人在广武以南屯兵，进军晋阳。汉朝的军队在刘邦的指挥下去打匈奴联军。汉军一打，匈奴就败走了，但不打的时候，他们重新聚拢。

汉兵打赢后，乘胜追击。但是下大雪，天大寒，那时候没有太多的御敌设备，汉兵不太能够忍受严寒，十个里有两三个都被冻掉了手指。

说到这儿，我有几点感慨：

第一，刘邦是开国皇帝，却依旧身先士卒，了不起！他没有忘记自己是如何在马背上得到江山的。

第二，不得不说，刘邦的核心团队里能带兵打仗、能吃这份苦的将军实在是太少了。刘邦自己不是杰出的军事将领，他是帅，不是将。他自己也承认。但是他最能打的将军韩信已经被他贬职，像人质一样留在长安了。刘邦环顾左右，没什么人可以派了。好在自己也还有打仗的雄心，那就自己来吧。所以，从这个角度看，我觉得他有点可怜，没将可用。

上居晋阳，闻冒顿居代谷，欲击之。使人觇匈奴，冒顿匿其壮士、肥牛马，但见老弱及羸畜。使者十辈来，皆言匈奴可击。上复使刘敬往使匈奴，未还，汉悉兵三十二万北逐之，逾句注。刘敬还，报曰：“两国相击，此宜夸矜，见所长。今臣往，徒见羸瘠、老弱，此必欲见短，伏奇兵以争利。愚以为匈奴不可击也。”是时，汉兵已业行，上怒，骂刘敬曰："齐虏以口舌得官，今乃妄言沮吾军！"械系敬广武。

刘邦在晋阳时，听到冒顿单于就在代谷，离得没那么远，就想去打他。打之前想先摸摸底细，就让人去看看匈奴现在什么情况。

冒顿极其狡猾，他把自己特别壮的士兵、特别肥的牛马都藏了起来，所以从表面上看都是些老弱病残的士兵和瘦骨嶙峋的牛马。汉朝的使者来了十拨儿，回去都跟刘邦说，匈奴可打。

刘邦还是不放心，作为一代开国明君，刘邦的直觉可以说是很好的，他又让刘敬再去看看，但是还没等刘敬回来，刘邦就发了三十二万兵马向北进军匈奴，打冒顿单于。过了句注时，刘敬回来了。

刘邦的直觉很敏锐，但是他轻敌了，在拿到刘敬的信息之前就开始发动大军。刘敬回来跟刘邦说，两国打仗应该是展示自己有多厉害，多么能打，而我这次去看匈奴的情况，看到的都是老弱病残，这里边有鬼。最大的可能性是冒顿单于想把自己的力量隐藏起来，设了埋伏，想让我们轻敌深入，所以，我的结论是匈奴不可以打。

但这个时候，汉兵已经开动了，大军滚滚向前。还没有开始战斗，还没有遇上失败就召回来，会对将领的威信产生相当大的打击。所以刘邦很生气，骂刘敬说，你这个齐国的俘虏。

刘敬原本是齐国底层的人，因为建议刘邦迁都到长安，才立下了功劳，被赐姓刘。刘邦上来就骂他，说你用这张嘴得了官，现在又用它来动摇我的军心。大骂之后，刘邦就把刘敬给绑了扔到监狱里去了。

2. 利用人性弱点，使计谋解困

帝先至平城，兵未尽到。冒顿纵精兵四十万骑，围帝于白登七日。汉兵中外不得相救饷，帝用陈平秘计，使使间厚遗阏氏。阏氏谓冒顿曰："两主不相困。今得汉地，而单于终非能居之也。且汉主亦有神灵，单于察之！"冒顿与王黄、赵利期，而黄、利兵不来，疑其与汉有谋，乃解围之一角。会天大雾，汉使人往来，匈奴不觉。陈平请令强弩傅两矢，外乡，从解角直出。帝出围，欲驱，太仆滕公固徐行。至平城，汉大军亦到，胡骑遂解去。汉亦罢兵归，令樊哙止定代地。

刘邦不仅让大军出发，自己比军队走得还快，先到了平城。自己本来应该是主帅，结果成了先锋。

这个时候，狠人冒顿纵精兵四十万骑，把刘邦围在了白登山，这一围就是七天七夜。汉兵内外阻隔，不能交通，干着急。

这个时候，陈平又开始给刘邦献计。陈平通过自己的内线重金贿赂了冒顿单于的老婆，教了他老婆一套说法，让她去吹枕边风。

他老婆是这样跟冒顿说的：两国皇帝不应该你打我、我打你，您哪怕拿下了汉朝这块地方，也没法在这儿长居。而且这个汉主刘邦是有老天帮助的，您要小心。其实就是说，这地别要了，要它干吗？这个刘邦也别杀了，杀他干吗？杀完了，这地也不是咱们的，咱也没有更多的好处，此事就不要做了。

同时冒顿跟王黄、赵利约定，会兵于白登。但是王黄、赵利的兵没到，冒顿就怀疑他俩跟汉朝有阴谋，要对他不利。在这种怀疑和他老婆的枕边风同时作用下，冒顿就把对刘邦的围困开了一角。刘邦真是有天帮忙，那天突然起了大雾，陈平让强兵把最好的弓弩都加满弓箭，往外冲，从匈奴放开的那个角突围了出去。

刘邦突围之后就想快跑，滕公夏侯婴坚持不能那么快，要慢点走，不能让匈奴这四十万兵知道我们在逃跑，要让他们摸不着头脑。就这样他们回到了平城。

到了平城之后，汉朝的大军也赶到了。匈奴一看，现在不见得能打过了，也就撤兵了。见到这种情况，刘邦就命令汉军也撤，让樊哙带着军队在代地驻扎。

3. 一把手自满，下属反而要更谨慎

上至广武，赦刘敬，曰："吾不用公言，以困平城。吾皆已斩前使十辈矣。"

刘邦因为轻敌差点被人干死，勉强逃了出来，之后回到广武，立刻就把刘敬放了。刘邦是个"认错侠"——认错快，不要脸，真是条好汉！

他认真坦诚地跟刘敬讲，我没听您的话，所以被困在平城七天七夜。但是我把说匈奴很弱、可以打的那些人，都杀了。

刘邦短短一句话，体现了不少成事之德。

首先，他能认错。他已经是皇帝了，但一点没找借口，直接承认是我没听您的，所以被围了七天七夜。

并且他把那些说匈奴可以打的人都杀了，所谓赏罚分明莫过于此。那些人有犯大错吗？其实也没有，无非是被冒顿单于骗了，但是刘邦杀他们，对不对？也对。

汉朝这些使臣如果稍稍放下身段，多问问，多看看，就不至于错得这么离谱。当然，很有可能刘邦的轻敌、好胜、志得意满影响了这些使臣，让他们看谁都是弱者。但不好意思，哪怕一把手有些自满、有些飘，作为下属、作为团队成员的人不能飘，不能志得意满，反而要更加谨慎小心才对。

乃封敬二千户为关内侯，号为建信侯。帝南过曲逆，曰："壮哉县！吾行天下，独见洛阳与是耳。"乃更封陈平为曲逆侯，尽食之。平

从帝征伐，凡六出奇计，辄益封邑焉。

杀了这些没有看出端倪的人，并且赏了刘敬两千户、封了一个关内侯。之后，刘邦经过曲逆，觉得这个地方很漂亮，就把曲逆封给了陈平，把陈平封为曲逆侯。

陈平是仅次于张良的聪明人，虽然不太能打，但是有勇气、有意愿跟着刘邦南征北战，而且六次出奇计，帮助刘邦转危为安，躲开杀身之祸。从这个角度讲，陈平胜于十万军队，保了刘邦的平安。

4. 培养人是一把手最重要的事

白登之围不是一场大战，不够轰轰烈烈，但是意义很大，对于今天的管理也有很多启示，我来稍稍总结一下。

首先，西汉初年，刘邦是一代明主，汉朝的军队彪悍、能征惯战，在这么一个状态下，却被匈奴打败了，刘邦自己也差点死了。所以，在平城之战、白登之围之后，汉朝老实了将近七十年，文帝、景帝也都是以和平为主，能不打就不打，能不战就不战。

如果平城之战不存在，或者平城之战赢了，那么汉朝的文帝、景帝就有可能会一直打仗，但是刘邦㞞了、害怕了，文帝、景帝就说算了吧。所以，这几十年他们积累了不少力量，少死了很多人，汉朝的国力得到极大的提升。

其次，平城之战其实是有可能打赢的，但是因为出现了一系列问题，造成了最后的失败。

比如说信息系统失灵，刘邦确实派了十组人去查看匈奴的情况，但是这十组人都没能带回准确的信息，只能说这个信息系统的设计、执行、安装都有问题。

刘邦自己也轻敌了，这种轻敌之心也影响了整个军队。身为一把手，在刘敬跟你说打不得的情况下，你没有再次确认情况，就开始发兵，开始打，甚至自己先于大部队提前到达交锋的最前线，这是最大的失误。“兵者，凶器也”，这么有风险的事容不得一丝一毫的轻敌。

在现代的经营环境里，我见过很多高估自己的人，也见过很多低估竞争对手的人，但没见过几个既低估自己又高估对手的人。

第一，如果你是个霸道总裁、创业者，请稍稍低估一下自己，高估一下对手，对你没坏处。低估并不意味着给自己泄气，而是你可以更敬天悯人、踏实做事，所以轻敌要不得。

第二，陌生的事情不要太多。刘邦自己对匈奴并不熟悉，这场战争很有可能是刘邦跟匈奴第一次认真地交锋。在一个自己不熟悉的地方，面对一个不熟悉的对手，又轻敌，那就是错上加错。在现代管理环境中，同样不要让自己打太陌生的仗。面对一个完全没接触过的市场、领域，又带一个全新的团队，千万不要冒险。

带着自己熟悉的团队打一场新仗，是可以的。在一个熟悉的环境、熟悉的领域里带一支新团队打场旧仗，也是可以的。但是不要一切都新，行业也新，市场也新，团队也新，功能也新，如果“新”太多，风险就会增大很多。

第三，培养人永远是一把手最重要的两三件事之一。如果刘邦有另外一两个韩信，平城之败、白登之围就不可能出现，刘邦就不用身先士卒，抛头颅洒热血地到一线去。

汉纪四

公元前 199 年

公元前 188 年

和亲匈奴：
一把手要防范初创期团队的风险

刘邦在白登山遭遇“滑铁卢”——白登之围，差点死了。经过这一战，刘邦心有余悸，某种程度上已经不想再进行大规模的战争了。打不赢怎么办？和亲。和亲是什么？和亲到底能不能完美地解决汉朝和匈奴之间的矛盾？

和亲是指不同国家、不同民族之间具有政治目的的联姻。对于一些要么有大钱、要么有大权的顶尖人物来讲，他们的联姻往往不只是宇宙大圆满，甚至不只是两家人的关系，而是涉及民族、国家、政权的大事。

这种联姻的底层逻辑是什么？对现代企业管理又意味着什么？借着“和亲匈奴”的故事，我和大家稍稍聊一聊。

1. 霸道总裁要重点防范身边的危险

十二月，上还，过赵。赵王敖执子婿礼甚卑；上箕倨慢骂之。赵相贯高、赵午等皆怒，曰："吾王，孱王也！"乃说王曰："天下豪杰并起，能者先立。今王事帝甚恭，而帝无礼；请为王杀之！"

刘邦在平城之战大败，憋着一股恶气往关中走。路过赵国，见到了赵王张敖——张耳的儿子，也是刘邦的女婿。刘邦的大女儿、吕后的大闺女鲁元公主是张敖的老婆，就是那位逃亡路上多次被刘邦踹下车的鲁元公主。

刘邦路过了女婿家，连吃带喝。女婿对于刘邦而言，既是臣子，又是半拉儿子，他装㞞行礼，非常谦卑。

第一，我们讲过，刘邦一直是一个无礼之人，不太讲规矩。洗着脚见老人，洗着脚见儒生，洗着脚见大臣。你可以想象出他是一个多么没有餐桌礼节、公众礼节的人。

第二，刘邦憋了一股巨大的怨气。他在白登山被冒顿单于围了七天七夜，最后仗也没打，灰溜溜地跑回了自己的地界，心里憋着一股气。

第三，刘邦遇上了一个他有可能看不上的女婿，至于为什么看不上，我也不知道。

然后刘邦就开始极其无理地谩骂。赵王张敖是他的女婿，没说什么，但是赵王的团队不干了。

赵国的相国贯高和赵午都怒了，两人一块儿试图劝服赵王，现在还是乱世，豪杰并起，谁有能力、谁能打下江山，谁就当王。您今天非常恭敬有礼，而刘邦如此无礼，我们为您把刘邦杀了。

张敖啮其指出血，曰："君何言之误！先人亡国，赖帝得复国，德流子孙；秋豪皆帝力也。愿君无复出口！”贯高、赵午等皆相谓曰：“乃吾等非也。吾王长者，不倍德；且吾等义不辱。今帝辱我王，故欲杀之，何洿王为！事成归王，事败独身坐耳。”

张敖把自己的手指都咬出血来了，说千万不要这么说，这要死好多人的。我老爸把国丢了，我依靠刘邦才得以复国，我和我的子孙得到的福气都是刘邦的功劳。他骂我几句是应该的，他的心里舒不舒服比我是不是受了委屈更重要，希望你们不要再说这样的话了。

贯高和赵午一商量，说，这是我们的不对。我们的王是长者，他不会做违反道德的事。但是我们也不想看我们的王被侮辱，今天我们就要杀了刘邦。我们要杀刘邦这件事跟我们的王没有关系，不应该因为我们的行为而脏了我们的王。如果我们杀了刘邦，那功劳归赵王；如果事儿不成，所有的罪责在我们身上。

刘邦又一次躲过了比鸿门宴还危险的杀身之祸。这虽然是个小插曲，但其中有好几个点我要提醒你注意，特别是如果你也是一个霸道总裁。

第一，饭桌上、场面上要客气。做人留一线，日后好相见，别撒酒疯，别闹酒诈，哪怕你是霸道总裁，哪怕别人都是你的晚辈，说话别带脏字，别出言不逊，别老挑别人的毛病。

第二，创业初期，公司还是不稳的，跟你一块儿干起来的这组人是打打杀杀习惯了的，所以这组人也是非常不容易稳定的。作为霸道总裁，你心里一定要有个数。如果有人想取而代之、想干掉你，而且他们有足够的经验和勇气，那就意味着巨大的风险，你必须留心。

第三，在汉朝刚刚建立的年代，无论是赵王张敖，还是贯高、赵午，都是有风骨的人。赵王张敖虽然没有挺身而起，但是他也没有把贯高和赵午绑了、杀了，给刘邦去报告。贯高、赵午看到自己的主子被凌辱，能够挺身而出，这也是风骨。而且他们也拎得很清楚，事成功劳归王，我们的王可以变成皇帝；事不成，我们认屃、认杀，怎么干都行，这就是所谓推功揽过的典型。

2. 创业团队更需要克服人性的弱点

春，二月，上至长安。萧何治未央宫，上见其壮丽，甚怒，谓何曰："天下匈匈，劳苦数岁，成败未可知，是何治宫室过度也！"何曰："天下方未定，故可因以就宫室。且夫天子以四海为家，非壮丽无以重威，且无令后世有以加也。"上说。

回到长安，刘邦看到萧何在建壮丽无比的未央宫，非常生气，跟萧何说，天下苦战乱久矣，死的人还没埋，伤的人还没起，又是冒顿单于，又是那些想反的各路反王，成败未知，为什么这么大兴土木建宫室?

萧何是这么回答的：正因为天下还没有全定，所以才要有漂亮的宫室。天子以四海为家，如果没有漂亮的宫殿，怎么能显出你的威望？你要是不把宫室弄得漂漂亮亮的，就容易被子孙超过。你是汉朝第一以及最了不起的帝王，你把宫室盖得又大又漂亮又气派，你的后代就不可能超越你了。刘邦一听，被这番歪理说服了，竟然很高兴。

司马光也忍不住了，说了以下的话。

臣光曰：王者以仁义为丽，道德为威，未闻其以宫室填服天下也。天下未定，当克己节用以趋民之急；而顾以宫室为先，岂可谓之知所务哉！昔禹卑宫室而桀为倾宫。创业垂统之君，躬行节俭以示子孙，其末流犹入于淫靡，况示之以侈乎！乃云"无令后世有以加"，岂不谬哉！至于孝武，卒以宫室罢敝天下，未必不由酂侯启之也！

司马光说，真正的帝王以仁义为美丽，以道德为威严，从来没有听说过哪个了不起的君王是拿又大又美的宫室去震慑天下的。这样的君王，是弱化了自己的实力，放大了自己的虚荣。

我不得不说，这就是人性啊！刘邦是人，萧何也是人。

刘邦、张良、萧何、韩信已经是古往今来人尖子中的人尖子，但这四个人中只有一个人从某种程度上真正战胜了人性的弱点，那就是张良。

人性太难对付，你企业做好了、做大了，问题也就来了。陪你创业的几个核心成员就会开始展露出各种各样的人性弱点。这些人性的弱点如果大面积闪烁，你的公司、你的组织走下坡路也几乎是必然的了。整个行业因为你的企业走下坡路，也将迎来下一个轮回。

司马光的意思是，天下还没定，应该克服自己的欲望，减少自己的花销，去救民之急。著名的明君、杰出的部落首领大禹，宫室又矮又小；而著名的昏君夏桀，把天下的钱、老百姓的力气都花在建造宫殿上。

你是创业的皇帝，本来就应该身体力行地节俭，告诉子孙要省着花、省着用。老百姓即使是你的韭菜，割的时候也少割一点，别那么频繁，下手轻一点。怎么还能像萧何说的那样，把自己的淫靡奢侈、放纵虚荣当成功劳给子孙做示范呢？

3. 和亲是个长远的战略方针

和亲之前，还有一个小插曲，就是刘邦路过赵国侮辱了张敖，张敖的手下说要杀了刘邦，而这个贯高还真是个行动派。

贯高等壁人于厕中，欲以要上。上欲宿，心动，问曰：“县名为何？”曰：“柏人。”上曰：“柏人者，迫于人也。”遂不宿而去。

贯高弄清楚了刘邦下一站去哪儿，然后把自己的人安排在刘邦要经过的这个地方的厕所墙壁里。等刘邦一进来，厕所墙壁里的人就会冲出来暗杀他。

刘邦原本想在贯高安排好杀手的柏人县留宿，忽然心动不安，问了一下周围人，这个地儿叫什么名字？回答说叫柏人，松柏的“柏”。刘邦说，“柏人”就是被人所逼，算了，我不去。这样，刘邦就又躲过了一劫。

匈奴冒顿数苦北边。上患之，问刘敬，刘敬曰：“天下初定，士卒罢于兵，未可以武服也。冒顿杀父代立，妻群母，以力为威，未可以仁义说也。独可以计久远，子孙为臣耳；然恐陛下不能为。”上曰：“奈何？”对曰：“陛下诚能以適长公主妻之，厚奉遗之，彼必慕，以为阏氏，生子，必为太子。陛下以岁时汉所馀、彼所鲜，数问遗，因使辨士风谕以礼节。冒顿在，固为子婿；死，则外孙为单于；岂尝闻外孙敢与大父抗礼者哉！可无战以渐臣也。若陛下不能遣长公主，而令宗室及后宫诈称公主，彼知，不肯贵近，无益也。”帝曰：“善！”

冒顿单于在白登之围后也没闲着，经常到汉朝北边边境抢东西、抢人、抢钱、抢马。刘邦很生气，但又不知道该怎么办。打呢，上次白登之围，自己差点死在那儿；不打呢，冒顿单于又整天折腾自己。这次他没派出十组间谍去查看情况，而是直接找刘敬询问。

刘敬说，天下刚定，士卒还没休养过来，我们现在没法用武力去征服匈奴。冒顿是杀了他亲爹的人，又把他爹的老婆们都当成了自己的妻子，这样的人是没法用仁义去教化的。我们只能从长计议，希望他的子孙能是我们的臣子。但是我担心我要给出的建议，您做不到。

刘邦说，说来听听？

刘敬是一个有本事的人，他创造性地设计了一个新的战略。陛下，您如果能把亲生闺女嫁给冒顿单于，而且给出丰厚的嫁妆，冒顿单于一定会把她当成阏氏，阏氏生子必为太子。您把咱们汉朝每年多余的、匈奴没有的东西，多送些给他们，派能说会道的人带着这些礼物去匈奴见冒顿单于、见他们的皇亲国戚、见他们的权贵，跟他们普及礼仪、儒道。冒顿在，他就是您的女婿；冒顿死了，您的外孙就是新一代匈奴的王。您听说过有外孙敢跟姥爷明刀明枪干起来的吗？这样咱们大汉朝不用打，就可以慢慢地把匈奴变成自己的臣子。

但是如果您忍不下心来，不愿意派长公主去，而是让宗室和后宫诈称公主去和亲，冒顿单于知道了也不会尊重她，也不会给她地位，她将来生的孩子也不会是太子。咱们这条计策、这个战略建议就没用。所以，您一定要认真考虑一下。

刘邦的优点之一“不要脸”是做得最干净利落的。他在逃亡路上能对自己的大儿子、大闺女多次弃之不顾，现在要送一个大闺女给冒顿单于，对于刘邦来说一点问题都没有。磕巴都没打，刘邦就说，好。

欲遣长公主。吕后日夜泣曰：“妾唯太子、一女，奈何弃之匈奴！”上竟不能遣。

冬，上取家人子名为长公主，以妻单于；使刘敬往结和亲约。

刘邦想按照刘敬的建议，把长公主送到匈奴去做冒顿单于的老婆。吕后天天哭泣，说我就一个太子，就一个女儿，我怎么能放心把她扔到匈奴去呢？于是，刘邦只能找了一个宫女，把她称为长公主。然后让刘敬带着这位“长公主”去匈奴嫁给冒顿单于。

4. 和亲并不能从根本上解决问题

臣光曰：建信侯谓冒顿残贼，不可以仁义说，而欲与为婚姻，何前后之相违也！夫骨肉之恩，尊卑之叙，唯仁义之人为能知之；奈何欲以此服冒顿哉！盖上世帝王之御夷狄也，服则怀之以德，叛则震之以威，未闻与为婚姻也。且冒顿视其父如禽兽而猎之，奚有于妇翁！建信侯之术，固已疏矣；况鲁元已为赵后，又可夺乎！

刘敬说冒顿是人渣，没法用仁义去说服，然后又想用和亲去改变他们之间的关系，这是前后矛盾的。

骨肉之恩、尊卑上下这些礼仪道德，只有仁义之人才会去遵守。试图拿这些去说服不仁不义的冒顿，怎么可能呢？之前的帝王是怎么处理与北方蛮族的关系的？如果服气，咱们就讲理、讲道、讲德。如果反叛、不服我，我就震之以威，从来没有听说中原皇族和蛮族联姻的事。

刘敬这个主意真是个馊主意，当时鲁元已经是赵王张敖的王后了，又怎么能夺了王后，再送到北方匈奴去？司马光被气疯了，连问了好几个为什么，觉得刘敬简直是胡说八道。

这里，“冯三点”说三点：

第一，我同意司马光讲的，和亲并不是像刘敬想的那样，能够长治久安地解决匈奴和汉朝之间的关系。它不能从根本上解决问题。

第二，和亲也不是完全没作用，示弱往往是一种低成本的做法。和亲能够很好地构建沟通渠道，至少在两个大国之间是可以商量的；在现代管理领域，同样不要轻言商战。

第三，在宣讲和亲这件事的时候，刘敬的这番说法对普通老百姓还是有一定作用的。不是每个人都有司马光这样的批判性思维，老百姓希望能听到一些更高大上的、让自己心里舒服的东西。刘敬这些说法如果经过适度包装，可以是一篇挺好的宣传文章。简单、坦诚、阳光在多数时候是对内部的，对外、面对大众时有可能还需要措辞。

事实结果也如此，和亲在很大程度上减少了兵患，但是没有从根本上改变匈奴和汉朝的关系，在历史上也没有任何汉朝公主跟匈奴单于生出的孩子，最后成为单于。

陈豨之反：
大胆起用新人，他们会给你惊喜

公元前 197 年，西汉开国功臣陈豨谋反，自封为代王。

陈豨占据了代地和赵地，整个势力范围与匈奴连成了一片。此时，刘邦已经疏远了韩信，韩信虽然还活着，但是刘邦已经不能任用韩信了。那么，刘邦是怎样度过了这次劫难的？

1. 失势时还有人跟随，更说明一把手的能力

贯高、赵午暗杀刘邦失败了，但这个事儿还没完。

贯高怨家知其谋，上变告之。于是上逮捕赵王及诸反者。……乃轞车胶致，与王诣长安。高对狱曰：“独吾属为之，王实不知。”吏治，榜笞数千，刺剟，身无可击者；终不复言。吕后数言：“张王以公主故，不宜有此。”上怒曰：“使张敖据天下，岂少而女乎！”不听。

贯高的仇家把他要暗杀刘邦的事向上汇报了，刘邦就把赵王等人都抓了起来。这些人都争着想自杀，只有贯高怒骂说，你们要是都死了，谁给王申冤？于是，贯高和赵王一起到长安自首。

在狱里，贯高说，谋杀刘邦是我们私下做的，赵王张敖确实不知道。监狱的官吏给他们上酷刑一点没手软，但贯高是条汉子，始终坚持这件事跟赵王无关。

吕后跟刘邦说，赵王是咱们的女婿，他不会这么做，他没有动机这么做。刘邦这个时候又展现了他脑子极其好使的一面，生气地说，如果张敖得了天下，难道还缺一个你的闺女不成？刘邦没有听吕后的，继续拷问贯高。

廷尉以贯高事辞闻。上曰："壮士！谁知者？以私问之。"中大夫泄公曰："臣之邑子，素知之，此固赵国立义不侵、为然诺者也。"上使泄公持节往问之箯舆前。泄公与相劳苦，如生平欢，因问："张王果有计谋不？"高曰："人情宁不各爱其父母、妻子乎？今吾三族皆以论死，岂爱王过于吾亲哉？顾为王实不反，独吾等为之。"具道本指所以为者、王不知状。于是泄公入，具以报上。春，正月，上赦赵王敖，废为宣平侯，徙代王如意为赵王。

监官把贯高的话和他被打得体无完肤的状态都告诉了刘邦。刘邦说，这个人了不起，有谁跟他熟，私下里问问他吧。

一个叫泄公的人跟刘邦说，我跟他一直挺熟，这件事听上去像贯高觉得他的王受了侮辱，他就想杀您。贯高说的很有可能是实情。

刘邦就让泄公拿着自己的牌子去审问贯高，赵王张敖有没有参与谋杀？贯高说，我也是人，我难道不爱自己的父母、妻子、孩子吗？现在我三族都被判了死刑。我爱赵王，能够多于爱我的亲人吗？不可能的。只是赵王实在是冤，他没谋反，赵王对这件事完全不知情。

于是泄公回去向刘邦汇报了。正月，刘邦赦免了赵王敖，将其贬为宣平侯。

上贤贯高为人，使泄公具告之曰：“张王已出。”因赦贯高。贯高喜曰：“吾王审出乎？”泄公曰：“然。”泄公曰：“上多足下，故赦足下。”贯高曰：“所以不死、一身无馀者，白张王不反也。今王已出，吾责已塞，死不恨矣。且人臣有篡弑之名，何面目复事上哉！纵上不杀我，我不愧于心乎！”乃仰绝亢，遂死。

刘邦觉得贯高有风骨，是个人才。于是让泄公去传话，告诉他赵王张敖已经被放出来了。

贯高非常高兴，又追问了一句，赵王真的被放了吗？泄公说，是的，并接着说，皇上觉得您很了不起，也把您赦免了。

贯高说，我之所以没死，就是想证明赵王张敖真的没有谋反。现在赵王张敖已经被放了，我的责任已经完成了。我有欺君谋反之名，本就该死，有什么脸面再跟着刘邦干？即使皇帝不杀我，我难道就无愧于心吗？贯高一仰脖，自杀了。

贯高真是个很有风骨的人啊，司马光也忍不住又评论了一段。

臣光曰：高祖骄以失臣，贯高狠以亡君。使贯高谋逆者，高祖之过也；使张敖亡国者，贯高之罪也。

他说，高祖因为骄傲、因为嘴没有把门的，失去了贯高。贯高因为逞凶斗狠，失去了他的国王。让贯高谋反是高祖的错，让张敖失去王位是贯高的罪。

初，上诏：“赵群臣宾客敢从张王者，皆族。”郎中田叔、孟舒皆自髡钳为王家奴以从。及张敖既免，上贤田叔、孟舒等。召见，与语，汉廷臣无能出其右者。上尽拜为郡守、诸侯相。

刘邦下过命令，赵国的群臣、宾客有敢跟着赵王张敖的，就诛杀三族。但是田叔、孟舒宁愿把自己毁了容、装成奴隶，也要跟着赵王张敖。

后来张敖被赦免，刘邦觉得田叔、孟舒是人才，召见他们，发现朝臣里果真没有比田叔、孟舒强的，于是拜他们为郡守、诸侯相。

大家不要小看田叔、孟舒这种人，也不要小看赵王张敖带队伍的能力。位高权重时，你走到哪儿都前呼后拥是正常的；但当你从高位失势，你身边如果还能有两三个人跟着你，就说明你挺会带队伍。当然，也说明跟着你那几个人是好汉中的好汉，他们战胜了恐惧，战胜了人性的弱点。

2. 选人要考虑权力制衡

定陶戚姬有宠于上，生赵王如意。上以太子仁弱，谓如意类己；虽封为赵王，常留之长安。上之关东，戚姬常从，日夜啼泣，欲立其子。吕后年长，常留守，益疏。上欲废太子而立赵王！大臣争之，皆莫能得。御史大夫周昌廷争之强，上问其说。昌为人吃，又盛怒，曰："臣口不能言，然臣期期知其不可！陛下欲废太子，臣期期不奉诏！"上欣然而笑。吕后侧耳于东厢听，既罢，见昌，为跪谢，曰："微君，太子几废。"

虽然项羽的虞姬很有名，但是司马光认为虞姬没什么作用，不必在《资治通鉴》里出现，而戚姬是有历史重要性的，她除了体现出吕后的妒忌心和残忍，还很大程度上让刘邦动了心，想换太子。

刘邦也是人，后来不太喜欢吕后，喜欢上了年轻的戚姬，并生了赵王刘如意。刘邦认为当时的太子太仁义、太懦弱，赵王如意更像自己，所以更喜欢赵王，常常把赵王带在身边。

刘邦去关东打仗、玩耍，戚姬跟在旁边，每天每夜总是偷偷哭泣，想劝服刘邦立自己的儿子为太子。吕后年岁大了，常留守在长安，和刘邦的关系越来越淡。久而久之，刘邦就真动了废掉太子改立赵王的心。

对于这件事，大臣首先不同意，认为换太子违背礼法，对汉朝不利。反对得最凶的是御史大夫周昌。

刘邦就问他，你为什么不同意？周昌本来就口吃，又在盛怒之下，就说，我说话不利落，但我知道不可以。陛下，如果您想废掉太子，我不奉诏。刘邦被气笑了，废太子的事也就暂时作罢了。吕后在东厢侧耳听见了，见到周昌就扑通跪下了，说我真得谢谢您，如果没有您，太子就被废了。

时赵王年十岁，上忧万岁之后不全也；符玺御史赵尧请为赵王置贵强相，及吕后、太子、群臣素所敬惮者。上曰："谁可者？"尧曰："御史大夫昌，其人也。"上乃以昌相赵，而以尧代昌为御史大夫。

这个时候赵王如意才十岁，刘邦知道吕后是多么凶残，知道如果自己死了，赵王一定会倒霉。

符玺御史赵尧就跟刘邦建议说，您一定要为赵王安置一个又贵又强的国相。贵，就是身份尊贵、位置高，在朝里能数得上。强，就是敢说、敢拼、敢打，而且这个人必须得是吕后、太子、群臣都怕的人。

刘邦就问，谁可以啊？尧就说，御史大夫周昌，他跟您强争不能废太子，吕后、太子一定非常感激他，这也说明他敢说敢干。

刘邦觉得赵尧的见解非常符合人性，就让周昌做了赵国的国相，让赵尧代替周昌做了御史大夫。

3. 陈豨深受刘邦信任，为何还要反？

初，上以阳夏侯陈豨为相国，监赵、代边兵；豨过辞淮阴侯。淮阴侯挈其手，辟左右，与之步于庭，仰天叹曰："子可与言乎？"豨曰："唯将军令之！"淮阴侯曰："公之所居，天下精兵处也；而公，陛下之信幸臣也。人言公之畔，陛下必不信；再至，陛下乃疑矣；三至，必怒而自将。吾为公从中起，天下可图也。"陈豨素知其能也，信之，曰："谨奉教！"

最初，刘邦让阳夏侯陈豨担任国相，去管赵国和代国的兵。赵国、代国都在北方边疆，跟匈奴接壤。

陈豨临上任之前，跟淮阴侯韩信在长安道别。韩信让周围的人避开，拉着他的手，跟他在庭院里散步。

韩信问陈豨，我能跟您说心里话吗？陈豨跟韩信的关系很好，又很崇拜他。陈豨说，听您吩咐。

韩信下面的这番话，充分利用了人性的弱点。韩信说，您所待的地方——赵、代是天下精兵集中的地方，而您是陛下信任的近臣，是开国功臣之一。如果有人说陈豨您谋反了，刘邦一定不信；再有人说陈豨谋反，刘邦会开始起疑；第三个人传话说陈豨谋反的时候，刘邦一定会信，而且会大怒，会带了兵去平反、去杀您。无论您做什么、不做什么，这些都是大概率可能发生的情况，您躲不开。

既然这是我们躲不开的风险，那我们就直面它。到时候，我在长安，跟您里应外合，天下有可能还是咱俩的。

陈豨不是笨人，也知道韩信能干，说，就按您说的办。韩信原来该反的时候不反，现在手上没什么牌可打的时候，终于看到一丝希望，哪怕希望很微弱，韩信还是抓住了。

豨常慕魏无忌之养士，及为相守边，告归，过赵，宾客随之千馀乘，邯郸官舍皆满。赵相周昌求入见上，具言豨宾客甚盛，擅兵于外数岁，恐有变……韩王信因使王黄、曼丘臣等说诱之。

陈豨经常羡慕信陵君养了一堆有本事的人，可以被前呼后拥。等到陈豨去做国相后，他回长安时非常气派，满大街都是他的宾客。他途经赵国的时候，邯郸的旅馆都住满了。

赵国的国相周昌要求见刘邦。见到之后，非常坦率地说，陈豨养了太多宾客，而且在外掌兵权好几年了，我担心他要谋反。

刘邦这个时候没有全信，但还是让人去查看陈豨和他的宾客在代国做的事情。所以没事不要养那么多人，不要享受前呼后拥。

这时候，逃到匈奴的韩王信派王黄、曼丘臣去游说陈豨，希望一块儿攻打刘邦。

4. 常识不是常人经常有的东西

太上皇崩，上使人召豨，豨称病不至；九月，遂与王黄等反，自立为代王，劫略赵、代。上自东击之。至邯郸，喜曰："豨不据邯郸而阻漳水，吾知其无能为矣！"

这时，刘邦的父亲死了。刘邦召陈豨回长安，陈豨称病拒绝了，他害怕自己回去就回不来了。

到了九月，陈豨和王黄等人竖起反旗，自立为代王，开始在赵地、代地烧杀抢掠。

刘邦还是无将可派，又自己带兵去打陈豨。到了邯郸，刘邦开心地说，陈豨啊陈豨，你不占据邯郸、以漳水为天险，会输的。

刘邦在打仗、后勤、战略上，虽然不是一等一的高手，但是刘邦综合实力很强，比他强的人不多。

如何判断一个地方有何地理战略性？为什么是战略要地？为什么是都城？之所以有人把它当都城，肯定是有道理的，是反复试错试出来的。你能占邯郸，为什么不占邯郸？就像项羽当时犯的错一样，别人已经给你安排好了，如果你没有足够的理由违反这种地域安排，那你最好照做，这是一个常识。很遗憾，常识不是常人经常有的东西。

5. 大胆起用新人，他们会给你惊喜

周昌奏："常山二十五城，亡其二十城；请诛守、尉。"上曰："守、尉反乎？"对曰："否。"上曰："是力不足，亡罪。"

上令周昌选赵壮士可令将者，白见四人。上嫚骂曰："竖子能为将乎？"四人惭，皆伏地；上封各千户，以为将。左右谏曰："从入蜀、汉，伐楚，赏未遍行；今封此，何功？"上曰："非汝所知。陈豨反，赵、代地皆豨有。吾以羽檄征天下兵，未有至者，今计唯独邯郸中兵耳；吾何爱四千户，不以慰赵子弟！"皆曰："善！"

陈豨也不是吃素的，在常山二十五城中打下了二十城。周昌向上汇报，说常山二十五城丢了二十城，请把这里的守和尉都杀了。

刘邦还是刘邦，问一句，守、尉反了吗？周昌回答说，没反。刘邦说，那就是他们能力有限，算了，他们没罪。

刘邦让周昌选赵国中可以当将军的壮士，见了四个人。刘邦又展

现出了他的突出特点：第一，谩骂，嘴上不干不净，而且用词极其凶狠；第二，宽厚，敢给钱、敢给官、敢给机会；第三，不要脸，把事儿摆在自己的脸面之前，考虑的都是怎么把事情做成。

刘邦谩骂道，瞧你们四个这㞞样，你们能当将吗？你们会带兵吗？

这四个人被骂得脸上挂不住，都趴在地上了，但刘邦还是给他们每个人都封了一千户，让他们当将军。周围人就说，咱们从进汉中、进关中、打楚国开始，就没有这么乱封赏人的，您出手太大方了。这四个人现在还没有立下任何功劳，您为什么要封赏他们呀？

刘邦下边这番话又体现了他相当高的战略智慧。刘邦说，他们四个的确没功劳，水平也一般，但是现在赵国、代国都被陈豨占领着，我用紧急军书征天下兵，也没有人来，能用的就是赵国邯郸附近的兵，这是其一。

其二，我要让赵国的子弟看到希望。我扔出去这四千户，让这四个赵国小子跟着我干，让他们有前途。其他赵国子弟看到了，也会想跟着我干。

周围人听到刘邦这么解释，只说了一个字——牛。

刘邦大胆起用新人的行为，对于现代管理有什么启示？我来总结一下。

当你是一把手，发现已经找不到有经验的、可以信任的老人可用了，怎么办？你要直接把市场能招过来的职业经理人融入你的公司、你的组织、你的机构中去，让他们身体力行你的企业文化。大胆起用新人，新人如果肯学，你会发现他们上手的速度比你想象的要快得多。

很多名将都是在二十出头时就扬名天下。二十多岁、三十多岁的人只要有足够的聪明劲，有足够的情商和智商，就可以拿来用。从脑子和身体来说，人和人的差别没有想象的那么大。

现封现用，给新人足够的机会，给新人足够的奖励，新人很有可能会给你带来惊喜。

吕后决断：
企业文化在关键时刻会起到决定性作用

汉朝建立以后，建国初期的骚动、风险渐渐过去了，开国的老臣逐渐凋零，聪明、隐忍、能活且凶残的吕雉也逐渐爬上了权力的顶峰。英雄末路，美人迟暮；英雄凋零，吕后登顶。

韩信与陈豨谋反，很可惜，陈豨输了。而杀过无数人、领过无数兵的韩信，最终也死在了吕后之手。

1. 缺乏成事之德必然会得到败亡的结局

又闻豨将皆故贾人；上曰："吾知所以与之矣。"乃多以金购豨将，豨将多降。

刘邦知道陈豨没有太高的战略眼光，因为陈豨没有占领邯郸为自己的根据地。后来刘邦又听说陈豨的将领多数都是买卖人，买卖人见利忘义，好办，多给钱就行了。结果，陈豨的好多将领就这样被刘邦收买走了。

在现代商业社会里，你如果开出两三倍的工资从竞争对手那里挖最关键的人才，竞争对手很容易也会垮了。

冬，上在邯郸。陈豨将侯敞将万馀人游行，王黄将骑千馀军曲逆，张春将卒万馀人渡河攻聊城；汉将军郭蒙与齐将击，大破之。太尉周勃道太原入定代地，至马邑，不下，攻残之。赵利守东垣，帝攻拔之，更命曰真定。帝购王黄、曼丘臣以千金，其麾下皆生致之。于是陈豨军遂败。

仗很快就打完了。首先，刘邦占据了邯郸。陈豨的将领带着千余骑到曲逆，带着万余卒渡黄河、攻聊城，都被汉将军郭蒙和齐将打败了。周勃也从太原入代地至马邑，把马邑也打了下来。赵利守东垣，又被刘邦打败了。刘邦开价千金买王黄、曼丘臣的脑袋，结果王黄、曼丘臣直接被他们的手下给卖了。

淮阴侯信称病，不从击豨，阴使人至豨所，与通谋。信谋与家臣夜诈诏赦诸官徒、奴，欲发以袭吕后、太子；部署已定，待豨报。其舍人得罪于信，信囚，欲杀之。春，正月，舍人弟上变，告信欲反状于吕后。吕后欲召，恐其党不就；乃与萧相国谋，诈令人从上所来，言豨已得，死，列侯、群臣皆贺。相国绐信曰："虽疾，强入贺。"信入，吕后使武士缚信，斩之长乐钟室。信方斩，曰："吾悔不用蒯彻之计，乃为儿女子所诈，岂非天哉！"遂夷信三族。

淮阴侯韩信也没闲着，称病不跟着刘邦去打陈豨，偷偷派人去跟陈豨通谋说，你那边有什么大消息要赶快告诉我。

韩信和他的家臣商量，趁着夜晚弄张假诏书，把监狱里的人都赦免了，把这些人武装起来，去袭击吕后和太子。部署已定，韩信就在等陈豨的消息。

韩信有个用人得罪了他，他就把用人囚禁起来想杀掉。这个用人的弟弟赶快去向吕后告状，说韩信要谋反。

吕后听到这个消息，不知道怎么办，又怕打草惊蛇，就去跟萧何商量。萧何说，你假装有信使从刘邦的军营过来，说陈豨已经被抓住，群臣一听到这个消息就都会来祝贺。我就跟韩信说，你虽然病了，但是这么大的事儿，你还是要去祝贺的。到时候韩信就会进宫。

当初萧何月下追韩信，韩信才留在刘邦的团队里，但“成也萧何，败也萧何”，萧何最后骗了韩信，韩信也因为被萧何欺骗而死了。

韩信一入宫，吕后一点都没犹豫，立刻让武士绑了他，直接斩了。韩信在被斩之前仍然死不改悔，还是怨天，后悔没用蒯彻的计谋造反，结果被这帮孙子、女子和小人欺骗，这难道不是天要亡我吗？于是，韩信的三族都被杀了。

纵观韩信这一生，其实99%都是自找的。自作孽不可恕，跟天无关，都是自己成事之道、成事之德太差，才造成了自己最后悲惨的结局。

2. 司马光评韩信之死

司马光按捺不住，又说了“臣光曰”，但司马光下边说的这堆话里，我只同意90%。

臣光曰：世或以韩信首建大策，与高祖起汉中，定三秦，遂分兵以北，禽魏，取代，仆赵，胁燕，东击齐而有之，南灭楚垓下，汉之所以得天下者，大抵皆信之功也。观其距蒯彻之说，迎高祖于陈，岂有反心哉！良由失职怏怏，遂陷悖逆。夫以卢绾里闬旧恩，犹南面王燕，信乃以列侯奉朝请；岂非高祖亦有负于信哉？臣以为高祖用诈谋禽信于陈，言负则有之；虽然，信亦有以取之也。始，汉与楚相距荥阳，信灭齐，不还报而自王；其后汉追楚至固陵，与信期共攻楚而信不至；当是之时，高祖固有取信之心矣，顾力不能耳。及天下已定，信复何恃哉！夫乘时以徼利者，市井之志也；酬功而报德者，士君子之心也。信以市井之志利其身，而以士君子之心望于人，不亦难哉！是故太史公论之曰："假令韩信学道谦让，不伐己功，不矜其能，则庶几哉！于汉家勋，可以比周、召、太公之徒，后世血食矣！不务出此，而天下已集，乃谋畔逆；夷灭宗族，不亦宜乎！"

世上有人说，汉朝的建立主要是因为韩信，韩信是最大的功臣。无论是汉中还是关中，抑或魏地、代地、赵地、燕地、齐地，甚至最后的垓下之战，都是因为有韩信，汉才能赢。他拒绝了蒯彻的建议，迎高祖到陈地，但到了陈地，高祖就把他绑了，带回了都城。他怎么会有反心呢？

韩信在项羽还没死的时候不谋反，自己当了楚王，有兵有权的时候也不谋反，结果被贬为淮阴侯、软禁在长安之后，开始谋反。卢绾那个样子，刘邦还让他当燕王。但是韩信只当了列侯，天天要上朝，天天要跪拜。汉高祖刘邦这么做是不是对不起韩信呢？司马光实际上想说的，就是刘邦对不起韩信。

我不认同这个看法。刘邦能做到这一步，其实已经是相当克制，相当给面子了。他用权谋把韩信绑了，我觉得没啥不对，非要两军交战吗？非要死伤好几万人吗？何必呢。但是我也同意韩信是咎由自取，他的遭遇、他的命运很大程度上是自找的。

首先，汉和楚在荥阳打得你死我活，汉处于下风。这个时候，韩信灭了齐国还不回来帮刘邦，就是有问题的。后来楚汉相争，刘邦跟韩信约好一块儿打楚，但是韩信没来。那个时候刘邦已经想干掉韩信了，但是项羽还在，他实力不够。终于天下已定，整个天下都是刘邦的，韩信还有什么可以依仗的呢？

瞅准时机，争名逐利，这是市井小人；感恩报德，有功必赏，这才是君子的做法。韩信用小人之心为自己求利，却希望刘邦是个君子，是不是太难了？

太史公说，如果韩信能像张良那样谦和、退让、不争，别老觉得自己天下第一，不要老看不起刘邦，那他对整个汉朝的功业，就会相当于周公、召公、太公。

这之后，“将军柴武斩韩王信于参合”，又一个汉将军把另外一个名字跟韩信名字有点像的，在匈奴帮匈奴干活的韩王信也杀了。

3. 能成事的人，都是有决断的人

上还洛阳，闻淮阴侯之死，且喜且怜之；问吕后曰：“信死亦何言？”吕后曰：“信言恨不用蒯彻计。”上曰：“是齐辩士蒯彻也。”乃诏齐捕蒯彻。蒯彻至，上曰：“若教淮阴侯反乎？”对曰：“然，臣固教之。竖子不用臣之策，故令自夷于此；如用臣之计，陛下安得而夷之乎！”上怒曰：“烹之！”彻曰：“嗟乎！冤哉烹也！”上曰：“若教韩信反，何冤？”对曰：“秦失其鹿，天下共逐之，高材疾足者先得焉。跖之狗吠尧；尧非不仁，狗固吠非其主。当是时，臣唯独知韩信，非知陛下也。且天下锐精持锋欲为陛下所为者甚众，顾力不能耳，又可尽烹之邪？”上曰：“置之。”

刘邦回到洛阳，知道韩信死了，又开心、又怜惜、又忍不住叹气。

世上顶尖聪明的、有能力的人并不多，哪怕这个人是自己的对手，就这样死了，无论是谁，一定会唏嘘。何况韩信还帮助刘邦打下了大半个江山。

刘邦问吕后，韩信死之前说了啥？吕后答，韩信说他非常后悔没用蒯彻的计策。刘邦下令让齐国把蒯彻给逮捕了。

刘邦问蒯彻，是你撺掇淮阴侯韩信谋反的吗？蒯彻说，是的，但这个二货没用我的建议，所以被杀了。他如果用了我的建议，您怎么可能杀得了他。

刘邦自然很生气，说，你嘴硬，你坦诚，我活煮了你。蒯彻喊冤。刘邦说，是你让韩信谋反的，你有什么冤？蒯彻说，秦施行暴政，所以失去了天下，天下的人都在找那只“鹿”。谁打到最后，笑到最后，那只“鹿”就是谁的。

有只狗冲着尧狂叫，并不是因为尧不仁义，而是因为狗就是狗，不是它主人的人，狗就要冲着他叫。在我给韩信出主意的时候，我只知道韩信，我不知道您。

我是韩信的下属，我就要替韩信着想，这是我的本分，所以我当时没错。而且天下那么多壮小伙子，都想当皇帝，他们也想做您所做的事，也想坐您这个位子，只是他们的能力不够，您能把他们都活煮了吗？所以我很冤。刘邦不是一个嗜杀的人，在听到这段话之后说，算了，不杀你了。

立子恒为代王，都晋阳。

大赦天下。

上之击陈豨也，征兵于梁；梁王称病，使将将兵诣邯郸。上怒，使人让之。梁王恐，欲自往谢。其将扈辄曰：“王始不往，见让而往，往则为禽矣；不如遂发兵反。”梁太仆得罪，亡走汉，告梁王与扈辄谋反。于是上使使掩梁王，梁王不觉，遂囚之洛阳。有司治：“反形已具，请论如法。”上赦以为庶人，传处蜀青衣。西至郑，逢吕后从长安来。彭王为吕后泣涕，自言无罪，愿处故昌邑。吕后许诺，与俱东。至洛阳，吕后白上曰：“彭王壮士，今徙之蜀，此自遗患；不如遂诛之。妾谨与俱来。”于是吕后乃令其舍人告彭越复谋反。廷尉王恬开奏请族之，上可其奏。三月，夷越三族。枭越首洛阳，下诏：“有收视者，辄捕之。”

刘邦自己带兵去平定陈豨叛乱的时候，向梁国征兵，梁王彭越称病，让手下一名大将带着兵去邯郸。

刘邦非常生气，让人数落他。彭越害怕了，想自己去邯郸跟刘邦道歉。彭越的手下扈辄就说，您开始不去，现在去了就回不来了。“王侯将相，宁有种乎”，刘邦原来是什么样的人，您不是不知道，不如我们现在发兵反了。梁王彭越说，我不反。

这个时候，梁国的一个大官太仆犯了过错，彭越要抓他。太仆偷偷跑到了长安，向上禀告，说彭越和扈辄谋反。刘邦就派了一个小队，让人悄悄地把彭越给抓回来。彭越没防备，被抓回了洛阳。相关的司法部门说他谋反的事实已经非常清楚，要按刑法处理他。这时，刘邦赦免了彭越，把他扔到蜀地一个叫青衣的地方，说你去那儿待着养老吧。

彭越向西蜀前进，到了郑地，遇上了从长安而来的吕后。彭越见到了一块儿打过天下、受过罪的吕后，一把鼻涕一把泪地说，我冤哪，希望能够从轻处理我，让我回家乡。吕后就答应了，拉着他往东回。

到了洛阳，吕后跟刘邦说，当时张良和您说，天下只有三个人有足够的能力可以和您一起抗衡项羽，就是彭越、张耳和韩信。彭越是壮士，您现在把他安排到汉中巴蜀，这是自己给自己留下祸患，不如杀了他。我在郑遇上他，他跟我诉苦，我就把他带回来了，交给您处置。

之后，吕后安排人状告彭越谋反。廷尉王恬开查之后，跟刘邦说，杀了他全家。刘邦答应了。三月，刘邦真的杀了彭越的三族，把彭越的脑袋吊到洛阳城的城门上，并下诏说，如果有人敢收他脑袋、收他尸骨，就抓起来扔到监狱去。

与吕后相比，淮阴侯韩信在他生命的最后一段时间里有过两次犹豫。

第一次，韩信的部署已定，在等陈豨的情报。陈豨胜也好，败也好，跟他在长安作乱有关系吗？跟他在长安起事有关系吗？细想想，其实没关系。

第二次，韩信团队里有个人得罪了他，韩信扬言要杀人家，结果没杀。这个人的弟弟就把他给告了。

反观吕后，韩信一被萧何骗到宫中，吕后立刻就命武士绑了他。吕后不仅绑了他，还杀了他，完全没等刘邦回来。那个时候没微信、没电话、没电报，什么都没有，吕后自己就做主了。

另外一个例子，就是彭越。吕后在郑遇上了被贬去巴蜀的彭越，吕后又毫不留情、毫不犹豫地将已经被刘邦赦免了的彭越带回了洛阳，最后还罗织罪状，让人控告彭越，杀了彭越及其全家。

如果说刘邦不嗜杀，吕后就是完全的对立面。但是吕后跟刘邦有一个共同的特点，那就是非常有决断。以吕后决断为标志，英雄的时代结束了，女王崛起了。

赵佗归顺：
不是所有阶段都要“激进”

和治理天下一样，在经营公司的不同阶段，需要采用不同的方针和战略，不是所有阶段都要“打打杀杀”。那么，应该如何制定不同的战略？如何顺时而变？这就需要我们每年进行一次战略检讨，每三年进行一次更认真、更彻底的战略检讨。

1. 有能力的人，懂得进退自如

初，秦二世时，南海尉任嚣病且死，召龙川令赵佗，语曰：“秦为无道，天下苦之。闻陈胜等作乱，天下未知所安。南海僻远，吾恐盗兵侵地至此，欲兴兵绝新道自备，待诸侯变；会病甚。且番禺负山险，阻南海，东西数千里，颇有中国人相辅；此亦一州之主也，可以立国。郡中长吏，无足与言者，故召公告之。”即被佗书，行南海尉事。嚣死，佗即移檄告横浦、阳山、湟谿关曰：“盗兵且至，急绝道，聚兵自守！”因稍以法诛秦所置长吏，以其党为假守。秦已破灭，佗即击并桂林、象郡，自立为南越武王。

秦二世时，在遥远的南海，也就是现在的广东广州一带，秦朝派去管理南海的一把手任嚣，病得快死了。他把自己最看重的手下赵佗叫到身边，说秦朝的管理简单、粗暴，很有问题。全天下的人都认为秦朝应该被灭，听说陈胜、吴广已经打响了反秦的“第一枪”，现在局势动荡，不知道天下最终会落到谁的手上。

南海虽然地处偏远，但我还是担心这些逃兵、流寇会跑来为非作歹，所以我想切断通往中原的道路，让他们过不来，这样我们就能隔岸观火、坐山观虎斗，等待变化。但不巧，我病得非常重，怕是不行了。

番禺这个地方，有山可以依靠，有南海将它与其他地方阻隔开，东西绵延数千里，人口也不全是蛮族，如果你能把这里经营好，成为一方的主人，也是可以立国称王的。我的团队里没什么聪明人，也没有具备成事之道、成事之德的人，如今我把你召来，把我的理想告诉你，你来想想这个战略是否合适。如果合适，你就可以依此执行。任嚣说完这番话，就给赵佗立下字据，让他行使管理权。

任嚣死后，赵佗告知周围几个主要的关隘，声称流寇、强盗即将来袭，要先把通向外界的道路都封上，聚集兵力自保，说得有理、有力、有节。然后他把秦朝任命的一些特别凶悍的，尤其是官职较高的官吏都干掉，让他的团队继续行使官僚职能。这时，秦朝已经被刘邦、项羽折腾得灭亡了。于是赵佗起兵兼并了桂林、象郡两地，立自己为南越武王。

刘邦和项羽推翻了秦朝，刘邦还干掉了项羽。对于南越国以及南越武王赵佗，刘邦该如何处置？是打还是不打？如果要打，派谁去打？怎么打？什么时候打？如果不打，派谁去讲和？怎么讲和？什么时候去讲和？这都是重要的战略抉择。

对于像刘邦这样“马上得天下”的开国之君来说，他的本能倾向就是打。在马上得天下之时，刘邦手上沾满了鲜血，周围也都是能征惯战、能打爱打之人，既然把项羽都打下来了，为什么不接着打？从管理的角度讲，如果一个职业经理人只愿意从打或守、动嘴还是动手的单一维度去想问题，那他最多是个好将才，不是一个好帅才，不是复合型人才。

顶尖的复合型人才，是把成事之道、成事之德修炼到极致的人才，为师、为将、为相都可以，进退也都可以。能进的时候快速进，不能进的时候立马停。如果一个人能进退自如、运用自如、收放自如，说明他的成事之道已经修炼到了很高的境地，是名副其实的顶尖人才。通常，人都做不到这一点，包括刘邦。虽然他最后做到了，但还是在别人的劝服下做到的，他最开始的冲动还是打。

2. 讲和更需要注意技巧

五月，诏立秦南海尉赵佗为南粤王，使陆贾即授玺绶，与剖符通使，使和集百越，无为南边患害。

刘邦决定不打，让陆贾带着印和绶带去南越，封赵佗为南越王，替中央政权安抚周围的小势力，让他们不在南边形成祸害。

陆生至，尉佗魋结、箕倨见陆生。陆生说佗曰：“足下中国人，亲戚、昆弟、坟墓在真定。今足下反天性，弃冠带，欲以区区之越与天子抗衡为敌国，祸且及身矣！且夫秦失其政，诸侯、豪杰并起，唯汉王先入关，据咸阳。项羽倍约，自立为西楚霸王，诸侯皆属，可谓至强。然汉王起巴、蜀，鞭笞天下，遂诛项羽，灭之；五年之间，海内平定。此非人力，天之所建也。天子闻君王王南越，不助天下诛暴逆，将相欲移兵而诛王。天子怜百姓新劳苦，故且休之，遣臣授君王印，剖符通使。君王宜郊迎，北面称臣；乃欲以新造未集之越，屈强于此！汉诚闻之，掘烧王先人冢，夷灭宗族，使一偏将将十万众临越，则越杀王降汉如反覆手耳！”

陆贾到了南越，赵佗梳着当地的发型，用当地的姿势张腿而坐，既不搬个凳子，也不采用中原的礼仪，就按照当地的习俗见了陆贾。

哪怕不想打，讲和也是要有话术的，而且话术更复杂、更精妙，要求也更高。陆贾上来就说，您是中原人，您的亲戚朋友、您爱的那些人，包括祖先的坟墓都在真定。现在您扔掉了中原的冠带、习俗，妄图以南越这一弹丸之地和天子抗衡，我觉得劈您的雷已经加速在路上，马上就要劈到您头上了。

这段话说了三层意思。

第一层，你很快要倒霉了。

第二层，你之所以要倒霉是因为你在面对一个你战胜不了的对手。秦朝政治太凶残，诸侯豪杰并起反秦，但只有刘邦第一个打入关中，占据了咸阳。按照约定，先入关中占咸阳者，就应该被立为王，但是项羽违背约定，立自己为西楚霸王，诸侯都惧怕他，选择跟着他。那时的项羽已经是霸王中的霸王，但是刘邦从巴蜀起兵，开始争夺天下，最终杀了项羽。五年之内，海内平定，这不是人力所为，是天让刘邦得天下。刘邦有天助，是天选，是天定。

第三层，刘邦听说你在南越称王，没有帮他灭楚，他周围的大将都想带兵干掉你，但是刘邦没这么做，为什么？并不是他怕你，也不是他打不过你，而是他觉得刚打了五年仗，百姓太辛苦了，所以暂且休兵，让我带着印信，正式授你南越王的称号。你应该去城外迎接我，应该在北面称臣。但看你现在这个样子——剃个南越头，张着腿，用南越坐姿来见我，想拿南越这点儿人来抗衡我们强汉，实在是战略有问题。

如果刘邦知道了您的态度，他分分钟可以杀你全家，杀你全族，把你祖先的坟墓挖开烧掉，再派一名偏将率领十万兵马杀到这里。到那时，你周围的人把你杀了再归降汉朝，是一件特别容易的事。

于是尉佗乃蹶然起坐，谢陆生曰："居蛮夷中久，殊失礼义。"因问陆生曰："我孰与萧何、曹参、韩信贤？"陆生曰："王似贤也。"复曰："我孰与皇帝贤？"陆生曰："皇帝继五帝、三皇之业，统理中国；中国之人以亿计，地方万里，万物殷富；政由一家，自天地剖判未始有也。今王众不过数十万，皆蛮夷，崎岖山海间，譬若汉一郡耳，何乃比于汉！"尉佗大笑曰："吾不起中国，故王此；使我居中国，何遽不若汉！"

赵佗也是狠角色，立刻听明白了，觉得陆贾说得对，于是噌的一下站起来，跟陆贾说，对不起，我在蛮夷之地待得太久，失礼了。

乃留陆生与饮，数月，曰："越中无足与语。至生来，令我日闻所不闻。"赐陆生橐中装直千金，他送亦千金。陆生卒拜尉佗为南越王，令称臣，奉汉约。归报，帝大悦，拜贾为太中大夫。

赵佗知道大家都是聪明人，也知道自己打不过汉朝，就接受了汉朝的统治。

赵佗跟陆贾聊完，就把对方留下来喝酒吃肉。陆贾待了好几个月，赵佗一边聊一边叹息说，南越毕竟是蛮夷之地，没什么人有文化，没什么人有智慧。您来了，每天都和我说一些我不知道、没有听过的事，真是太好了。最后，赵陀送了陆贾好多东西。陆贾回去报告刘邦，刘邦非常开心，给陆贾升了官。

3. 不是所有阶段都要“打打杀杀”

回到长安，刘邦升了陆贾的官，但是陆贾的嘴依旧没闲着。

陆生时时前说称诗、书，帝骂之曰：“乃公居马上而得之，安事诗、书！”陆生曰：“居马上得之，宁可以马上治之乎？且汤、武逆取而以顺守之；文武并用，长久之术也。昔者吴王夫差、智伯、秦始皇，皆以极武而亡。乡使秦已并天下，行仁义，法先圣，陛下安得而有之！”帝有惭色，曰：“试为我著秦所以失天下、吾所以得之者及古成败之国。”陆生乃粗述存亡之征，凡著十二篇。每奏一篇，帝未尝不称善，左右呼万岁；号其书曰“新语”。

陆贾总是跟刘邦说，《诗经》是怎么说的，《尚书》是怎么说的。刘邦烦了，就骂他，说自己靠骑马、射箭拼杀得天下，用不着《诗经》，也用不着《尚书》。你是个诗人，就找个阴凉地，对月伤心、见花落泪；但我是一个做实事的武夫，你不服，我就打你。

陆贾也没尿，反而提出一个问题。讨论的时候，先讲个故事，问个问题，或者说一个笑话，都是很好的开场。陆贾说，您在马上得天下，令人佩服。那您觉得自己可以在马上治天下吗？可以在马上管天下吗？可以一辈子用这种方式吗？一辈子之后，再把这个方式传给你的儿子，让他再用一辈子吗？

我给你举几个例子，第一个例子是商汤和周武王。他们靠武力取得天下，但守天下靠的是文武并用，且守的时间很长。再举一个例子，吴王夫差、智伯和秦始皇，他们都是武力很强的人，但又怎么样呢？他们把武力用到极致，结果把自己弄死了、耗死了。如果秦始皇、秦二世能避免穷兵黩武，能够施行仁义，您觉得天下还能是您的吗？

陆贾能够说真话，能够反复说真话，说一些老大不想听的真话，难得不难得？难得。少见不少见？少见。但更难得、更少见的是老大能听，刘邦就是这个少见中的少见。刘邦知道自己似乎说错了，马上露出不好意思的表情，承认错误。而且还进一步恳请对方再多说说自己的错误，并把历史上那些成败的故事、道理总结一下。后来，陆贾就把过去的存亡成败做了一些总结，写了十二篇著作。他每写完一篇就给刘邦看一篇，刘邦每看一篇都会大加称赞，左右臣子也都高呼“真棒”。刘邦称其书为《新语》。

放到现代的管理环境中，也是同理。虽然商场如战场，但不能总是“打打杀杀”。有了新产品，拓宽了一方市场，是不是要永远处于商战状态？永远处于和别人竞争的状态？不一定，可以谈兼并，可以谈收购，可以谈合作。如果能够合作，那为什么要打呢？如果一加一大于二，为什么要各自征战呢？这个角度是要好好想一想的。

黥布谋反：管理的最终目标都是长治久安

黥布，西汉开国英雄之一，是和韩信、彭越同等级别的异姓王。他的命运和他做出的战略选择息息相关。

在黥布身上，我们可以看到战略先行的重要性。无论是面对复杂的组织，还是应对有一定复杂度的市场环境，都需要明确和系统的战略来指导行动。如果黥布能为自己的团队和百姓深谋远虑，那么他很可能就不会选择下策，从而避免不利局面。

放到现代管理环境中，也是一样的道理。最好的战略管理目标是长治久安，是挣钱、持续挣钱、持续多挣钱，是长久、持续地成事、创造价值。

1. 了解人性是做长远战略的前提

秋，七月，淮南王布反。

初，淮阴侯死，布已心恐。及彭越诛，醢其肉以赐诸侯。使者至淮南，淮南王方猎，见醢，因大恐，阴令人部聚兵，候伺旁郡警急。

公元前196年秋天，淮南王黥布举兵造反。最初，三个同级别的异姓王——韩信、彭越、黥布之中的淮阴侯韩信，被吕后设计处死。黥布看到三人中能量最大、能力最强、功劳最大的淮阴侯韩信被杀死了，心里很恐惧，所谓兔死狐悲就是这个意思。

之后，彭越被吕后骗回洛阳杀了，还被剁成肉碎分给各个诸侯，目的是让诸侯们知道，这就是背叛的下场。刘邦的使者到了淮南，淮南王黥布正在打猎，看到彭越的肉碎后极度恐惧，预感大祸临头，于是秘密命令部下集结，准备谋反，对周围的郡县也保持高度警惕。

在黥布策划谋反的过程中，还出了一件事。这件事导致黥布虽然没有准备好，却决定提前造反。究竟是什么事？

布所幸姬，病就医，医家与中大夫贲赫对门，赫乃厚馈遗，从姬饮医家；王疑其与乱，欲捕赫。赫乘传诣长安上变，言“布谋反有端，可先未发诛也。”

黥布有一个宠姬病了，去就医。大夫家与中大夫贲赫是对门，贲赫用钱财珠宝贿赂大夫，想要跟黥布最喜欢的女人喝杯酒、吃个饭。最终，贲赫在大夫家里见到了这个女人。

黥布怀疑自己最爱的女人和贲赫有私情，决心把贲赫抓起来。贲赫一看情况不妙，就逃到长安，跟朝廷揭发检举黥布谋反，声称应该趁着黥布还没有发兵先干掉他。

上读其书，语萧相国，相国曰：“布不宜有此，恐仇怨妄诬之。请系赫，使人微验淮南王。”淮南王布见赫以罪亡上变，固已疑其言国阴事；汉使又来，颇有所验；遂族赫家，发兵反。反书闻，上乃赦贲赫，以为将军。

刘邦读了贲赫告发黥布谋反的这封信，问萧何，到底是怎么回事。萧何觉得这事蹊跷，于是跟刘邦说黥布应该不会做这种事，怀疑有人出于私怨诬告他。他建议刘邦先把贲赫绑了，同时派人去调查淮南王的情况。

淮南王看到韩信死了，彭越也死了，知道贲赫去了朝廷一定不会说自己什么好话。这时，朝廷又派使者来调查自己，似乎也查到了一些什么。他心里发虚，于是杀了贲赫家人，发兵谋反。反书传到朝廷，刘邦才放了贲赫，任命他为将军。

上召诸将问计。皆曰："发兵击之，坑竖子耳，何能为乎！"汝阴侯滕公召故楚令尹薛公问之。令尹曰："是固当反。"

刘邦召集将领商议对策，将领们都说应该出兵攻打黥布。夏侯婴把过去在楚国当官的薛公叫来问其意见，薛公说，黥布不造反才奇怪，他造反是人性所在，不得不反。

我一直强调，看《资治通鉴》是看兴衰、看成事之道和成事之德、看权谋，还有一点特别重要的就是看人性。人性驱动言语、行为。薛公很清楚，黥布一定会反的，因为人性使然。

滕公曰："上裂地而封之，疏爵而王之；其反何也？"令尹曰："往年杀彭越，前年杀韩信；此三人者，同功一体之人也，自疑祸及身，故反耳！"

夏侯婴不明白，异姓被封王的人很少，黥布就是其中之一，已经是一人之下、万人之上，为什么还要谋反？

薛公说，彭越和韩信都被杀死了，他们三个人的性质是一样的，都是因功封赏的异姓王。前面两个人都死了，只剩下他一个，他还能安安静静地活着吗？他难道不会怀疑灾祸马上要降临到自己身上吗？怀疑一多，他就不得不反了；就算他不反，别人也会怀疑他要反。

2. 战略素养决定了战略选择

滕公言之上，上乃召见，问薛公，薛公对曰："布反不足怪也。使布出于上计，山东非汉之有也；出于中计，胜败之数未可知也；出于下计，陛下安枕而卧矣。"上曰："何谓上计？"对曰："东取吴，西取楚，并齐，取鲁，传檄燕、赵，固守其所，山东非汉之有也。""何谓中计？""东取吴，西取楚，并韩，取魏，据敖仓之粟，塞成皋之口，胜败之数未可行也。""何谓下计？""东取吴，西取下蔡，归重于越，身归长沙，陛下安枕而卧，汉无事矣。"

夏侯婴将薛公的话告诉了刘邦，刘邦召见薛公。薛公说，黥布谋反毫不为奇，天经地义。薛公是个能人，他除了判断黥布一定会反，还打深一层，说出黥布有三个战略选择：上计、中计、下计。如果出上计，很可能汉朝会被一分为二，皇上占二分之一，黥布占另外二分之一，彼此势均力敌；要是黥布用了中间计策，他也有机会跟汉朝打一架，输赢难定，但很可能旷日持久；但黥布如果采取下等战略，那陛下您可以高枕而卧，继续当您的皇上。

薛公是个表达的高手，一根"金线"打下去，一个"金字塔"建立起来。他说黥布有上、中、下三种战略，而三种战略会产生三种完全不一样的结果。任何人听到这里，都会忍不住追问，刘邦也一样。

什么是上计？什么是一流的战略？向东打下吴，向西打下楚，向北取齐、鲁，告诉燕国和赵国你们最好别动，老老实实待着。如果这样，有吴、楚、齐、鲁四国故地，峭山以东就不是汉朝所有了。简单地说就是大举进攻，形成根据地。

什么是中计？东取吴，西取楚，并且取得韩国和魏国的故地，跟汉朝核心地区接壤，占据敖仓之粟，堵住成皋之口，这样黥布跟您有得一打，且胜负难料。

下计、最差的战略是什么？向东吞并吴，向西只拿下蔡，把辎重都搁到越国去，自己回到长沙。也就是说不进取，老老实实地打下一块小地方，自己待着。如果是这样，陛下您可以高枕而卧，汉朝没有大危险。

上曰："是计将安出？"对曰："出下计。"上曰："何谓废上、中计而出下计？"对曰："布，故丽山之徒也，自致万乘之主，此皆为身，不顾后、为百姓万世虑者也；故曰出下计。"上曰："善！"封薛公千户。乃立皇子长为淮南王。

刘邦接着问，您觉得他会采取什么战略？薛公回答得也很清楚，黥布会选下等战略。为什么黥布会出下计？因为他的出身和性格。黥布出身贫贱，白手起家，到现在的万乘之主，他这辈子想的只有自己，从来没有远大理想。

相反，刘邦和他的团队在确定要一起干一番事业的第一天，目标就是得天下，不得天下不算完，不会善罢甘休；而黥布和他的核心团队，特别是黥布自己不这么想，他觉得小富即安，我能不被杀、能安稳地过好今生就可以了。所以，从黥布这个人以及他的历史背景、成长经历来看，他逃不出战略的魔咒，会选一个最差的、保全自己的战略。

刘邦听明白了，说薛公您说得太棒了，封薛公千户，立皇子刘长为淮南王。

3. 成就英雄的是时代，成就普通人的是运气

有些人一把好牌打输了，很可能是因为受其自身的成长背景影响导致，明明可以有更好的战略选择，却偏偏在所有选择里挑了最差的。多数人的好结果是靠运气，坏结果是凭实力；原来凭运气挣的钱，最终凭实力又都输掉了。

其实细想，为什么会出现这种结果？

一、战略素养差。他们身边没有一个像薛公这样的人，帮他列明战略；或者眼光不够，有薛公这样的人也不给他们机会，不让他们发表意见。

二、即使有三种战略可选，在没有老天替他们做决定的情况下，过往的教育、经历也会左右他们的判断，使他们选了最差的一个。

黥布面对的情况比较简单：既然反了，失败了一定是死，只有胜才能活，为什么不大干一场？既然打，那就放手打；既然干，那就放手干。

好结果靠运气，坏结果拼实力。靠运气，有了好结果；拼实力，好结果又变成了坏结果，这类人在人群中占多数，在所谓的霸道总裁中也占多数。

如果你是他们中的一员，你应该怎么办？

第一，培养自己的战略素养。多听听冯唐讲《资治通鉴》、冯唐讲“成事心法”。

第二，如果你没有这种战略素养，就在身边培养或者选择两三个

像薛公一样有战略素养的人。听他们的话，克服自己的恐惧和偏见，多听听他们建议你如何去做。

第三，如果你既没有战略素养，又不愿意听有战略素养的人给你的战略建议，建议你别逐鹿中原。凭运气挣到的钱，慢慢花，省着点花，否则凭运气挣的钱也会凭实力都输了。上坡路难走，下坡路更难走，如果不能战略先行、没有战略素养，就在自己的后花园里养养花、种种草、读读书、过点小日子，其实也挺好。

西汉初年，从薛公说的三种战略角度往下看，其实黥布在那个时候只有一条生路，就是杀出一条血路，其他的路都是死路。很遗憾，黥布没有意识到这一点，但这有可能反而是老百姓的福分。一朝英雄拔剑起，又是江湖十年劫；一朝英雄拔剑起，又是众生十年劫。黥布战略素养不好，反而造就了西汉初年一个相对和平的时代。

刘邦之死：
不存在完美方案，但存在最佳方案

一代传奇、一代开国之主刘邦快要死了，吕后想请良医帮他医治，但这时的刘邦已经没有了求生欲，认为天命难违，富贵在天，拒绝了良医。

吕后很着急，又问起了刘邦身后事，刘邦一一告知。再后来，高帝刘邦在长乐宫去世了。

1. 能持续成事的人才能笑到最后

英雄零落，吕后当权，传奇泯灭，传承是个问题。

于是上自将兵而东，群臣居守，皆送至霸上。留侯病，自强起，至曲邮，见上曰："臣宜从，病甚。楚人剽疾，愿上无与争锋！"因说上令太子为将军，监关中兵。上曰："子房虽病，强卧而傅太子。"是时，叔孙通为太傅，留侯行少傅事。发上郡、北地、陇西车骑、巴蜀材官及中尉卒三万人为皇太子卫，军霸上。

太子周围的几个老师、吕后和太子的舅舅都不愿意太子亲征。刘邦认为太子应该去，不在困难的时候顶上，怎么让大家信服你？他要给太子一个建立威信的机会，但不仅太子不要、吕后不要，周围人也不要。他们不仅不要，还劝刘邦自己顶上。刘邦一想，似乎也没什么别的好办法，让这个不争气的儿子硬顶上去，有可能会败得更快。主帅无能，累死千军，甚至可能会把一手好牌打得稀烂，何必呢？所以，他率兵向东去打黥布，命群臣留守。

那个时候，出门远行都很可能会死在路上，更别说出门打仗了。群臣也不是傻子，他们明白刘邦这一去有可能回不来，回来也不见得还能活几天。但是，刘邦毕竟是刘邦，开国之君不可能不留后手，他在无可奈何的状态下，还是要找到一个最优解。注意，不是最佳解，而是最优解。任何状态下都不存在完美答案，但一定存在最优答案；不存在完美方案，但一定存在最优方案。那刘邦是怎么安排的？

这时，刘邦的好友、功劳最高的张良，抱病赶到了曲邮，跟刘邦说，我本来想跟你一起上前线，但是我病得太重了。我想跟你说两点。第一，楚国人非常能打仗。黥布是把好手，他的兵也是楚国的旧班底，您别跟他争一时意气，而是要躲开他的兵锋，凭实力耗死他。第二，太子虽然不才，让您很失望，但您还是要把他任命为留守将军，监管关中的兵。让他即使上不了前线，也尽量参与征战，让周围人看到太子还是能干的，毕竟将来您要把江山交给他。

刘邦说，好。然后发上郡、北地、巴蜀、陇西的兵，一共三万人，作为太子的卫队，在霸上驻军。

冬，十月，上与布兵遇于蕲西，布兵精甚。上壁庸城，望布军置陈如项籍军，上恶之。与布相望见，遥谓布曰："何苦而反？"布曰："欲为帝耳！"上怒骂之，遂大战。布军败走，渡淮，数止战，不利，与百馀人走江南，上令别将追之。

那年冬天，农历十月，刘邦和黥布的军队在蕲西相遇。

两军对垒，刘邦远远地看见了黥布。刘邦跟黥布说，你何必造反呢？黥布没尿，也没在两军阵前诉苦，只是简简单单地说了四个字"欲为帝耳"——我想当皇帝，我想跟你一样当霸道总裁。

刘邦破口大骂，但大骂的基础是之后的大战，刘邦胜了。到了生命的尽头，他发现还是胜者为王，能成事、能持续成事、能持续成大事的人，才能笑到最后。那些心思和言语上的争执都没用，还是要落实到能不能打赢上。

黥布打败了，渡过淮河，又打了几次还是打不过刘邦。他没什么可说的，最后只带了百余人逃去江南。刘邦连追都不自己追了，他的任务完成了，让其他的将领去追黥布。

2. 没有一个英雄从小就想当英雄

上还，过沛，留，置酒沛宫，悉召故人、父老、诸母、子弟佐酒，道旧故为笑乐。

刘邦看黥布败局已定，就往回走了，路过老家沛县，待了下来。摆了一大桌酒，让过去的各种朋友、家族子弟、父老乡亲一块儿过来喝酒。酒过三巡，菜过五味，大家开始唠叨那些过去的事。

说到英雄，我原来以为英雄都是目标远大、从小到大就想成为英雄的。目标远大意味着要"立德、立功、立言"。但是，事实并不是这样的。

第一，真正的、不世出的大英雄，几乎没有一个是从小就认为自己会成为英雄的。他们可能就想在街头横行霸道一阵，吹个牛就完了。真的英雄没有那么多设计，并不是从小就认认真真、一步一步、处心积虑地抓住某些机会，而是不自觉地被时代和命运推到了这个位置。

第二，英雄最大的理想，其实不是得天下，不是成为首富，不是娶到天下最美的女人，也不是写下流传最久、最广的诗篇，就只是希望退休之后、临死之前能安安静静地摆上一桌酒，和过去知道他的糗事、他的辉煌之处、他的浑蛋之处和好玩之处的故人，一块儿在花下、在微风里、在月亮下聊聊天，吃吃东西，然后说一些过去的故事。

酒酣，上自为歌，起舞，慷慨伤怀，泣数行下，谓沛父兄曰："游子悲故乡。朕自沛公以诛暴逆，遂有天下；其以沛为朕汤沐邑，复其民，世世无有所与。"乐饮十馀日，乃去。

刘邦喝到这个程度，又唱又跳，慷慨伤怀，对沛县的父老兄弟说，我是个游子，对故乡有深厚的感情。我提剑起兵反秦，杀项羽，拥有天下，又四处征战到现在，我很想念大家，很怀念故乡。今天作为快死之人，我也算衣锦还乡。我把沛县当成我故乡的故乡，只要汉朝还在，大家世世代代不用纳税。刘邦一直喝了十多天才走。

3. 个人意志很难与整个机构对抗

在喝了十天大酒之后，千古名帝刘邦要死了。在他死前的这段时间，有三件事很值得提。

第一件，刘邦亲自带兵平定了黥布，但受了箭伤，病更重了。在病榻上，刘邦想起自己的太子，决心换掉他。张良坚决不同意，刘邦并未采纳张良的意见。叔孙通也不同意，甚至放下一句狠话，如果您一意孤行，一定要把长子废掉，立戚夫人的儿子赵王为王，就先把我杀了，让我的血溅在这块地上。刘邦听明白了，知道不同意这件事的人太多了，愿意挺赵王的人太少了。刘邦就说，您不要这样，我只是开个玩笑，聊聊而已。叔孙通又补了一句，这件事不是玩笑事，太子是天下的根本，根本一摇晃，天下就会震动。您怎么能拿天下当儿戏？

多想一步，如果刘邦一意孤行，就是要废掉吕后、废掉太子，再把戚夫人和赵王立上来，又会怎样？当你的官僚机构、你的团队，哪怕不是百分之百，有百分之九十的成员反对你的某个决策，你都会非常恐惧。恐惧什么？一旦你死了，你做的一切都会被这组人推翻，哪怕你是一个皇帝，也无法对抗整个官僚机构。

第二件事，异姓王卢绾也造反了。韩信、彭越、黥布是异姓王，但他们不是跟刘邦一块儿起家的人，而是陆陆续续加入的人。卢绾不一样，卢绾是刘邦在沛县的隔壁邻居，甚至跟刘邦同年同月同日生，他最后竟然也反了。但是这次刘邦没有再亲自带兵去平定叛乱，他打不动了，也不认为卢绾是真正的威胁。

上击布时，为流矢所中，行道，疾甚。吕后迎良医，医入见，曰："疾可治。"上嫚骂之曰："吾以布衣提三尺取天下，此非天命乎！命乃在天，虽扁鹊何益！"遂不使治疾，赐黄金五十斤，罢之。

第三件事，刘邦打黥布时，被流箭射中了，身体越来越差。吕后找了一个非常厉害的大夫，带着他去见刘邦。大夫看了看，说刘邦的伤能治。但是这时候的刘邦，已经没了再活下去的欲望。他拾起了一贯的作风，开始大骂，我就是一个草民，拎着三尺剑夺取了天下，这不是我的功劳，这是天让我干的。我的命是天给的，天要取就拿走，我不想多待一天，即使扁鹊来了，又能怎样？刘邦拒绝治疗，给了大夫五十斤金，让他赶快走。

吕后问曰："陛下百岁后，萧相国既死，谁令代之？"上曰："曹参可。"问其次，曰："王陵可；然少戆，陈平可以助之。陈平知有馀，然难独任。周勃重厚少文，然安刘氏者必勃也，可令为太尉。"吕后复问其次，上曰："此后亦非乃所知也。"夏，四月，甲辰，帝崩于长乐宫。

吕后问刘邦，您走了之后，萧何也死了，谁来管理这个国家？谁能当官僚机构的一把手？刘邦说，曹参。吕后又问，曹参之后呢？刘邦说，王陵可以，但是王陵稍微有点笨，脑子不太灵活，陈平可以帮助他。陈平脑子好使，但是他不能独当一面。刘邦又补了一句，说还有周勃。周勃内向，不太会说话，不太会写文章，不太会掩饰，但是周勃能让刘氏的江山安顿下来，他可以当太尉。

吕后接着问，王陵和陈平之后呢？周勃之后呢？刘邦说，我很快就要死了，这几个人之后的事情也不是你能知道的了，你问得太多了。

这三件事之后，刘邦就在长乐宫去世了。

作为汉朝的开国皇帝，刘邦有三个最突出的特点：能容人、爱学习、不要脸。从斩蛇起义到关中称王，从打败项羽到建立汉朝，刘邦的一生是成事的一生。我们可以从他身上看到很多闪光点，汉代的很多制度也被后世沿袭了下来。汉文化始自刘邦所开创的这个朝代，可以说刘邦影响了很多人，影响了很多想成事的人。

吕后专权：越能干的人越难战胜心里的“大毛怪”

在某些观点看来，吕后近乎中国第一个“女皇帝”，她有两个突出的特点：第一，狠；第二，她的狠是被世界逼的，也是被一些男人逼的。

我们遭遇一些看似出奇、不可理解之事时，先别问，先别慨叹，先别叹口气说，这个人怎么这样，而要先想想他为什么这样。在换位思考的过程中，我们可以深刻体会人性。这样换位思考的次数多了，时间长了，同理心就会在“金线”之上。

1. 公司换一把手的时候，风险最大

一个组织换一把手的时候，是这个组织风险最大的时候。“一朝天子一朝臣”，一把手走之后让谁继位？怎么继位？有很多讲究。

初，高帝病甚，人有恶樊哙云："党于吕氏，即一日上晏驾，欲以兵诛赵王如意之属。"帝大怒，用陈平谋，召绛侯周勃受诏床下，曰："陈平亟驰传载勃代哙将；平至军中，即斩哙头！"二人既受诏，驰传，未至军，行计之曰："樊哙，帝之故人也，功多；且又吕后弟吕媭之夫，有亲且贵。帝以忿怒故欲斩之，则恐后悔；宁囚而致上自诛之。"

刘邦临终前，已经病得很重了，有人跑来说樊哙的坏话。樊哙是刘邦的连襟，娶了吕后的妹妹。坏话是这么说的：樊哙跟吕后走得特别近，就像一家人。如果有一天您死了，樊哙手上有兵权，他一定会兴兵，杀掉戚夫人的儿子赵王刘如意。

说樊哙坏话的人很了解刘邦的心理。那时，刘邦已经看出了英雄凋零、吕后专权的种种迹象。他很恨，但也无可奈何。他最担心且认为自己或许还能帮上忙的事，就是戚夫人和她的孩子刘如意。这时候，有人在他最痛的点上扎小针，所以哪怕是樊哙，刘邦也想杀。

刘邦大怒，和陈平商量该怎么办。陈平说，让周勃代替樊哙出征讨伐卢绾。刘邦说，好，陈平，你带着周勃到樊哙的营中，让周勃替樊哙带兵攻打卢绾，然后马上把樊哙杀了。

陈平和周勃接到命令，两人商量说，这事没法办哪。樊哙是什么人？他首先是刘邦的老乡，是和刘邦一起长大的发小；其次是居功大臣，无论是在反秦之时，还是在楚汉相争之时，都立下了汗马功劳；最后还是吕后妹妹吕媭的老公。这样的人，又亲，又贵，功又高。刘邦现在在气头上，想杀掉樊哙，之后他要是后悔了呢？哪怕顶着欺君之罪，我们在这件事上也不要尽心尽力、尽职尽责。我们把樊哙抓了先别杀，回到长安，让刘邦自己杀。

未至军，为坛，以节召樊哙。哙受诏，即反接，载槛车传诣长安；

而令绛侯勃代将，将兵定燕反县。

平行，闻帝崩，畏吕媭谗之于太后，乃驰传先去。逢使者，诏平与灌婴屯荥阳。平受诏，立复驰至宫，哭殊悲；因固请得宿卫中。太后乃以为郎中令，使傅教惠帝。是后吕媭谗乃不得行。樊哙至，则赦，复爵邑。

陈平命令手下盖了一个高台，招樊哙前来。樊哙没多想，人一到就被陈平绑了起来，扔到囚车里，带回长安。随后周勃代樊哙继续平定燕国的叛乱。

陈平绑着樊哙往长安走，途中就听闻了刘邦的死讯。这时，陈平的内心相当慌乱，他最害怕的就是樊哙的老婆、吕后的妹妹——吕媭，在太后面前说自己的坏话，所以他快马加鞭跑回长安。陈平在半路上遇到了使者，使者说太后让他和灌婴屯兵荥阳，别回长安。陈平想了想，觉得不行，必须回去。于是他接了诏书，但没有听命，而是跑回长安，跑回未央宫，哭得一把鼻涕一把泪，坚持要求在未央宫里照顾、守灵。太后任命他为郎中令，让他看着棺材，同时辅导惠帝。

正是因为陈平在宫中的核心位置，吕媭的谗言没有传到太后耳朵里，或者说太后没有听得那么认真仔细。樊哙一到长安就被赦免，官复原职，什么事都没有。但细想陈平、周勃，他们俩在这个过程中，如临深渊、如履薄冰，一步迈错就是杀身之祸。

2. 无论成人、小孩，心里都有一个“大毛怪”

刘邦死了，太子当了皇帝，吕后成了皇太后。

太子是个老实人，年岁不大，就算继承了皇位还是要听吕后的。吕后有了绝对权力后，都做了什么事？

太后令永巷囚戚夫人，髡钳，衣赭衣，令舂。遣使召赵王如意。使者三反，赵相周昌谓使者曰：“高帝属臣赵王，王年少；窃闻太后怨戚夫人，欲召赵王并诛之，臣不敢遣王。王且亦病，不能奉诏。”太后怒，先使人召昌。昌至长安，乃使人复召赵王。王来，未到；帝知太后怒，自迎赵王霸上，与入宫，自挟与起居饮食。太后欲杀之，不得间。

吕后把戚夫人下了大牢，剃光了她的长发，给她上了手铐、脚镣，又给她穿囚衣，让她去干粗活。

吕后召赵王刘如意来长安，使者来回三次都被赵相周昌拦住了。周昌跟使者说得也很明白，赵王年岁还小，刘邦把他托付给我。我听说吕后恨戚夫人，想把赵王召回长安一块儿杀了，我不敢让他去。况且他也病了，不能奉诏进宫。吕后大怒，既然周昌有风骨，那就先把他召进长安。等周昌到了长安，吕后又让人去召赵王。赵王只是一个小孩子，他没有办法，只能往长安赶来。

吕后的儿子惠帝知道吕后生气了，要杀他同父异母的弟弟，所以就自己跑到长安城外，在霸上迎接赵王，带他进未央宫，让他和自己睡在一块儿，吃在一块儿，让吕后找不到机会动手。

冬，十二月，帝晨出射。赵王年少，不能蚤起；太后使人持鸩饮之。犁明，帝还，赵王已死。太后遂断戚夫人手足，去眼，煇耳，饮瘖药，使居厕中，命曰“人彘”。

有一次，冬天，惠帝早起外出打猎，赵王年纪太轻，没能早起。吕后得到了时机，派人去毒杀赵王。等惠帝回来的时候，赵王已经被毒死了。吕后是个狠角色，把赵王杀了，把戚夫人扔到监狱，但还没完，更残忍的事情继续发生。

吕后让人把戚夫人的手足砍了。那个时候没有麻药，手脚都被砍下是一种怎样的残忍？不仅如此，她还把戚夫人的眼睛弄瞎、耳朵熏聋，逼她喝下让她不能说话的药。最后，她让戚夫人住在厕所里，把她叫成“人彘”。

居数日，乃召帝观人彘。帝见，问知其戚夫人，乃大哭，因病，岁馀不能起。使人请太后曰：“此非人所为。臣为太后子，终不能治天下。”帝以此日饮为淫乐，不听政。

吕后杀了赵王刘如意，又把戚夫人弄得人不像人、鬼不像鬼。过了几天，她还把自己的儿子惠帝叫过来，让他看戚夫人成为“人彘”后的惨状。惠帝见到厕所里没手没脚、没眼睛、没听力、没说话能力的一块肉，问了周围人，才知道这就是原来那个美丽、能歌善舞的戚夫人。惠帝大哭，病倒了，很长时间都没康复。

惠帝让人跟太后说，我看到了您想让我看到的东西，这不是人能干出来的事情。天下还是您来治理吧，我管不了了。从此，他不再管政事。那时的政治太黑暗、太残酷，沉浸于政治的人，哪怕是自己的亲妈，也让人受不了。

有人说小孩是佛，我不认为这是对的。小孩有跟佛相近的地方，比如他们都善于忘记、不急于给万物下定义、没有那么多的二元对立，很多时候能达到“不二”的状态。但小孩不是佛，我在小孩身上可以看到人性中的“大毛怪”，以及凶残、动物性的一面。小孩长大后，“大毛怪”还在身体里，小孩变成成年人，变成你我，但“大毛怪”并没有死去。人们喝多时、睡着时、做梦时，都有可能看到身心里的“大毛怪”，甚至可能进一步看到它能干出什么样令人发指的事。

多数人能跟“大毛怪”比较好地相处，但有一些特别能干的人、经历特别坎坷的人，他们心中的“大毛怪”有可能更强悍、更难以战胜、更难以管理。所以，对于那些顶尖的英雄，不要单纯认为他们就是天选之人，很有可能他们心中都有一只巨大的“大毛怪”，这只“大毛怪”让他们经常睡不好觉，让他们担心自己会被“大毛怪”控制，战胜不了它，没有安全感。

3. 想要有安全感，可以狠，但不要虐

吕后做出非人所为的事，被她的亲生儿子唾弃。难道吕后这么做就没有任何原因吗？不是的。

吕后这一生，基本上时时刻刻都处在危险之中。最开始刘邦反秦，吕后跟刘邦的父亲被秦朝官吏追杀；之后楚汉相争，吕后跟刘邦的父亲又被项羽抓住，一直关在军营里，分分钟可能被杀、被凌辱、被剁成肉酱；大汉建立之后，吕后已经老了，刘邦又爱上了年轻貌美的戚夫人，还生了一个儿子，这个儿子的天赋强于自己的孩子，吕后依旧没有安全感。自从跟了刘邦，吕后尽管是皇后，尽管已经“一人之下，万人之上”，但从来没有过安全感。

在“不是你死就是我死，不是你活就是我活”的状态下，如何才能有安全感？这是一个很难回答的问题。一种方式就是像吕后一样狠起来，对世界狠起来，对周围的人狠起来。

即使如此，我也劝大家，要有法律底线，要有道德底线，要有良知。可以狠，但是不要虐，还是要把握一个度。在金线之上，你可以狠，但不要到金线之下，不要虐。

萧规曹随：
在管理上，不要为了创新而创新

汉惠帝二年，萧何去世，死前力荐曹参为相国。曹参当上相国后，所有的事务一点不变，完全依照萧何制定的规则——“清净治民”发展。周围有些朝臣看不过去了，认为他无所作为，就向汉惠帝参了他一本，说他因循苟且。惠帝也非常怀疑曹参整天只吃干饭，不好好干活。

曹参就跟惠帝做了一番沟通。曹参认为高祖和萧何都是难得的猛人，他们制定的法令易于执行，在民间也初见成效，那自己为什么还要改呢？只要遵循旧例就好。

在曹参当相国的三年里，他主张清净、无为而治，坚决不扰民，遵照萧何制定好的法律法规治理国家。西汉政治稳定，经济发展，人民生活水平逐渐提高，为“文景之治”开了一个好头。

1. 向上沟通的智慧：让上级主动说出自己认同的想法

酂文终侯萧何病，上亲自临视，因问曰："君即百岁后，谁可代君者？"对曰："知臣莫如主。"帝曰："曹参何如？"何顿首曰："帝得之矣，臣死不恨！"

人终有一死，英雄也难逃此劫。酂文终侯萧何病了，而且病得不轻，惠帝亲自去看他。这时候，惠帝难免要问，万一您有什么不测，谁能接替您呢？萧何回答得非常有技巧，他没有直接给出答案，而是这么说的："最了解臣子的人一定是皇帝，您比我更知道该用谁，也更知道我心里想的是谁。"

萧何有两种方式说出自己心中的继任者：第一种是直接告诉惠帝，谁来接替自己合适；第二种就是现在的方式，和惠帝说他对臣子的了解比臣子自己还要清楚，让他自己来说。两种方式，哪种更好？我认为萧何实际用的这种方式无疑更出色。

为什么？如果萧何提出一个人选，皇帝不同意，那还要争论；如果皇帝提出一个人选，萧何同意，这事就解决了；如果萧何不同意，那他还有机会跟皇帝再争取。

相比起来，皇帝主动提出一个人选，萧何认可，比萧何提出人选，皇帝被动认可更好。这个由皇帝和萧何共同认可的人，未来工作起来也会更顺畅。逻辑稍微有点绕，但这是一个很重要的向上沟通的方法：引导上级主动说出我们认同的话，比我们自己说出观点让上级被动认同要好。

皇帝说，曹参如何？萧何立刻顿首说，您选对人了，我死而无憾了，您选的正是我心目中认为特别对的人，您果然比我还要了解自己。

2. 岁月静好靠的是继任者不折腾

癸巳，以曹参为相国。参闻何薨，告舍人：“趣治行！吾将入相。”居无何，使者果召参。始，参微时，与萧何善；及为将相，有隙；至何且死，所推贤惟参。参代何为相，举事无所变更，一遵何约束。

曹参真的当了相国。萧何刚死，曹参就告诉手下，安排行装吧，我要当相国了。曹参为什么会有这样的信心和判断？我想，这得益于他对汉初的政治局势、对萧何和皇帝的为人处世都有深刻了解。对人性，尤其是对核心人员做事习惯的了解，能够帮我们预先判断很多事情。

曹参还是一个小人物的时候，就跟萧何、刘邦都是同乡，那时候他和萧何的关系相当好，大家没什么利益纠葛，也不一起共事，就是吃吃喝喝、在马路上游荡。后来曹参当了大将，萧何当了相国，同朝为官，为将为相，对一些事情的看法很可能产生冲突，彼此就有了不少矛盾。但是到了萧何将死之时，推荐的人只有曹参。曹参接手相国后，什么都没变，做事的方式方法跟萧何还活着时一样。

择郡国吏木讷于文辞、重厚长者，即召除为丞相史；吏之言文刻深、欲务声名者，辄斥去之。日夜饮醇酒；卿、大夫以下吏及宾客见参不事事，来者皆欲有言，参辄饮以醇酒；间欲有所言，复饮之，醉而后去，终莫得开说，以为常。见人有细过，专掩匿覆盖之；府中无事。

曹参当相国时，专把那些不太擅长说话的“重厚长者”招过来组建相国班底，专用老实本分、忠诚厚道的人组队。那些会舞文弄墨、对人苛刻不厚道、特别贪图名声的人，曹参都让他们走了。

组队完成，老实人继续按过去萧何的规矩办事，曹参自己则日夜饮酒。曹参在相国这么一个关键的位置上，一定有人求他办事，那些人一旦想谈正事，曹参就敬他一杯酒，让他先把这杯喝了再说。要是这个人喝完这杯还想说，曹参就再敬他一杯。如果对方一直想说，曹参就一直灌他酒，直到他喝多。喝多了之后，这个人就走了，从始至终都没能开口和曹参说所谓的正事。曹参的态度就是，我这里只喝闲酒，只聊闲天，不谈正事，正事都去找我的老实人组成的班子，按前相国萧何交代的方式方法办。

曹参看到有人犯了小的过错，也不闻不问，掩盖过去就算了。这样一段时间下来，相国府平安无事。

参子窋为中大夫，帝怪相国不治事，以为“岂少朕与？”使窋归，以其私问参。参怒，笞窋二百，曰：“趣入侍！天下事非若所当言也！”至朝时，帝让参曰：“乃者我使谏君也。”参免冠谢曰：“陛下自察圣武孰与高帝？”上曰：“朕乃安敢望先帝！”又曰：“陛下观臣能孰与萧何贤？”上曰：“君似不及也。”参曰：“陛下言之是也。高帝与萧何定天下，法令既明。今陛下垂拱，参等守职，遵而勿失，不亦可乎！”帝曰：“善！”

曹参有个儿子叫曹窋，也在朝廷里当官，在皇帝身边服侍。惠帝怪曹参不努力，整天饮酒不干正事，就让他的儿子曹窋私下里问曹参，到底为什么不努力干活？

儿子带着皇帝的话来问曹参，曹参大怒，打了他的儿子二百鞭，说：“赶快回宫伺候皇上，天下的事不是你应该议论的。”到了第二天上朝时，惠帝不干了，和曹参说，你儿子跟你说的那番话是我让他说的，我让他劝你认真干活，做出一番功绩来，不要老躺在过去的方式方法上念旧功，要立新功，做出新的、伟大的东西来。

曹参把帽子摘下来说，我问您一个问题，您觉得自己和高帝刘邦比，谁更圣明？惠帝说，我哪敢跟我爸比？曹参接着问，那您觉得我的能力和已故的相国萧何相比，谁更强？惠帝说，您似乎不如萧何。曹参说，我同意您说的话。

曹参用这种以退为进的提问方式，让皇帝说出了他想告诉皇帝的话——您不如您爸，我不如萧何，咱们这一代都不如上一代。刘邦、萧何定天下，已经把天下应该如何治理说得很清楚了。您现在就按部就班执行，不生事；我就按部就班尽职尽责，就不会错。这样不是挺好吗？惠帝说，你说得不错。

参为相国，出入三年，百姓歌之曰："萧何为法，较若画一。曹参代之，守而勿失；载其清净，民以宁壹。"

曹参当了三年相国，照着萧何定的规矩做，百姓很开心，还写了首歌，歌是这么唱的，萧何的法令如同精确的线条一般清晰明了，曹参替萧何"守而勿失"、不动不偏，天下清净，老百姓很安宁。

3. 管理的目的不是创新，而是提高效率

一代人才定下了规矩，而时代并没有大的变化，那继任者就老老实实地按照上一代定下的规矩去做，这种看似不作为的方式方法反而有可能是最对、最好、最合理的。

从管理学角度总结这个案例：

第一，最重要的道理是不折腾、少折腾。这看起来似乎很简单，但是只有那些有大才的人才能做得到，多数人没有这样的大才，终于等到自己上任了，抑制不住地就要烧"三把火"。上任"不烧火"的领

导少而又少，上任“不烧火”的领导，才是有大才的领导。

霸道总裁更霸道的体现是不霸道、不乱改，实事求是。曹参能够服萧何，其实不容易，能不作为就更难。管理的目的不是创新，而是提高效率，成事、持续成事、持续多成事。管理上不要为了创新而创新，如果不动不改就是最好的提升效率和成事的方式，那就请自重，稳住自己想改的心，摁住自己想改的手，让万物安安静静地生长。岁月静好，靠的就是不折腾。

第二，选择继任者，一定要问在任的这个人。问他的想法，看他想要挑什么样的人。

唯有具备大才能的人不折腾。想起以前我进入某些优秀的机构，刚担任领导职务时，在相当长的一段时间里，出现事情，我首先问的是以前都是怎么做的。如果我想不出按原来的方式做会有什么大问题，我就继续这么做，一点不改。哪怕我自认在管理上有相当的优势和经验，具备相当的专业性，但是能不改就不改，能不折腾就不折腾。

冒顿戏吕后：示弱有时是比打更好的手段

汉惠帝时期，冒顿单于势力强大，知道他最强悍的对手刘邦已经死了，于是写了一封信羞辱吕后。吕后看了信后勃然大怒，召集将相大臣，说了两点：一、杀掉冒顿单于的使者；二、攻打冒顿单于统治的国家。

樊哙一听，马上说，给我十万兵马，我去横扫匈奴。但是中郎将季布当廷反驳了樊哙的要求。在季布的劝说下，吕后放弃了攻打匈奴的心思，反而赐给他们财物。冒顿单于看到后，佩服吕后的心胸，暗中害怕吕后的凶狠，于是也派使者来感谢。就这样，冒顿单于被吕后的示弱降服了。

1. 有时候，示弱是更强悍的表现

以宗室女为公主，嫁匈奴冒顿单于。是时，冒顿方强，为书，使使遗高后，辞极亵嫚。高后大怒，召将相大臣，议斩其使者，发兵击之。

刘邦死后，由于冒顿单于非常强大，汉朝决定采取和亲的方式，把宗室女嫁给了冒顿单于。这已经算是服软了，但冒顿是什么反应呢？

冒顿这种狠人，得了汉朝宗室的闺女还不满意，写了封信，让使者送给吕后。这封信写得极其亵渎无礼。吕后看了大怒，把将相大臣召集在一起，说要杀了他们的使者、派兵去攻打冒顿单于。

这时候，樊哙跳出来了。

樊哙曰："臣愿得十万众横行匈奴中！"中郎将季布曰："哙可斩也！前匈奴围高帝于平城，汉兵三十二万，哙为上将军，不能解围。今歌吟之声未绝，伤夷者甫起，而哙欲摇动天下，妄言以十万众横行，是面谩也。且夷狄譬如禽兽，得其善言不足喜，恶言不足怒也。"高后曰："善！"

樊哙是吕后妹妹的老公，看到关系这么近、地位这么崇高的吕后被侮辱了，跳出来说，我愿意带兵去打匈奴，给我十万兵马，我要横扫匈奴。

但是中郎将季布马上反驳，说樊哙是匹夫之勇，这么说应该被杀头。为什么这么讲？当初匈奴把高帝围在平城，汉兵有三十二万，樊哙作为上将军，带兵解围了吗？没有。如果没有陈平的计策，刘邦就死在平城了，樊哙自己也不见得能活着回来。现在樊哙说给自己十万兵力，就能横行匈奴，这是意气之言，是胡说八道。

如果季布就此结束，最后能不能达到说服吕后的目的？不一定。同样是"仗不能打"这个信息，季布如果骂完樊哙就停，很可能会让吕后非常难做，但是季布骂完樊哙之后又补了一句，这些匈奴、蛮族，他们还没进化完全，就跟禽兽一样。他们对您说好话，使劲夸您，您也不应该高兴；他们拼命骂您，说些非常难听的话，您也不应该生气。您生气就是您输，您开心也是您输，因为他们就是禽兽，他们的国家也不是礼仪之邦，他们说什么太不重要了。“毁誉听之于人”，别人说您好，说您差，您就听着，何况说这些话的，还是禽兽不如的蛮族。

吕后有了这个台阶，立刻说好。她毕竟是经过大风大浪、吃过大苦的人，立刻就明白了，知道打不过，有台阶，我就下，我就认㞞。

2. 在商场上，不要轻言“商战”

令大谒者张释报书，深自谦逊以谢之，并遗以车二乘，马二驷。冒顿复使使来谢，曰：“未尝闻中国礼义，陛下幸而赦之。”因献马，遂和亲。

吕后写了封信，让张释带给冒顿单于。信里说得非常客气，使者还带了礼物——车二乘、马二驷。

冒顿看到这么平和的一封信，深深地体会到了吕后内心的凶悍。这是一个什么样的人啊？我写了那样一封充满侮辱性词语的信，人家非但没有怒火中烧，反而回了一封客客气气的信。能有这样反应的人，绝不是一般人，我跟这种人为敌，有可能要冒巨大的风险。冒顿被吓到了，被这种平静、不俗、旷世非凡的反应吓到了、折服了。

冒顿派出使臣到长安谢罪，说我不太了解中原的礼仪，您让我知道了，谢谢您不生我的气。冒顿也献了战马，接受了和亲，这场仗没有打起来。吕后用堪比刘邦一样的“不要脸”，折服了北方的蛮族，避免了生灵遭受战火的涂炭，挽救了不少性命。

当一个行业形成寡头垄断的局面，特别是第一名跟第二名实力相当的时候，有可能会出现很惨烈的商业战争——第一名要按住第二名，第二名想争当第一名。如果势均力敌的第一名和第二名打起来，很可能会在很长一段时间内破坏价值，比如说打价格战、互相挖墙脚等。

在这种状态下，不要轻言开战，能和平相处尽量和平相处，能用做大市场的办法来避免竞争，就不要陷入两败俱伤的境地。“英雄一旦拔剑起，又是苍生十年劫”，一旦开打，很可能对交战的双方，甚至三方都造成很大的价值损失。所以尽可能保持理性，能不打就不打。

3.CEO 承担的风险和压力远大于常人

避免恶战的关键，很有可能就是一方领导有足够的心胸，像吕后这样能忍不可忍、能容不可容。即使别人写了一封具有如此侮辱性质的信，她还能心平气和地回信，还能用这种心平气和的力量折服对方，让对方意识到自己面对的是一个多么强大的对手，这是非常人所能为的。“承天下辱，为天下主”，有时候，人们光看到霸道总裁、CEO 吃香的、喝辣的、挣很多钱，但是也要知道，如果真出了事，霸道总裁也好，CEO 也好，他们要承担常人无法想象的压力、羞辱、风险，甚至伤残和死亡。

就像上古时代的巫师和王，风调雨顺时，他们受到大家的供养，衣食无忧。一旦出现大灾难、大困难、大不祥，巫师或者王就不得不跳出来惩罚自己，为了族人的福祉牺牲自己。当然，前提是巫师是个好巫师，王是个好王。

好的 CEO、霸道总裁，同样遵循这一原则。平常时候，他们的确挣得比常人多一些，名声比常人高一些，但是在危险、倒霉的时候，他们也要比常人承受的多得多。

老子在《道德经》第七十八章是这么说的：“受国之垢，是为社稷主；受国不祥，是为天下王。”如果你能够承担一个国家蒙受的耻辱，承担一个国家遭遇的祸殃，你才能是这个国家的君王、天下的君王。“欲戴王冠，必承其重”，能吃多大的苦，能受多大的罪，才能成多大的名、成多大的事。所以，要综合地看待霸道总裁和CEO，他们并不只有旁人看到的、想象的、表面上的光鲜。

总结一下这个案例，要切记三点：第一，不要轻言战争，包括商战；第二，承天下辱，为天下主；第三，有时候示弱是更强悍的表现，是比打更好的手段。

改过不吝：
标榜自己从不犯错是件很荒谬的事

汉朝第二个皇帝汉惠帝，为避免清道戒严给百姓带来的不便，决定在未央宫和长乐宫之间修架一条空中通道。

叔孙通对汉惠帝说，修建这样的通道，岂不是让后世子孙在他们祖先的宗庙要道上方走来走去，成何体统？汉惠帝大吃一惊，忙要拆掉通道。叔孙通接着说，不着急，君主是不能犯错的。不如在渭河北边再建一座宗庙，以后就到那座新庙去祭奠，这样就没有任何问题了。于是汉惠帝立刻下令，让人在渭河以北重新修建宗庙。

这种一把手没错误、一把手从来都正确的传统，就是从那个时候开始的。但是如果一个人标榜自己从不犯错，那也太荒谬了。从中长期看，实事求是永远好过文过饰非。

1. 管理者追求的不是不犯错，而是错了就改

帝以朝太后于长乐宫及间往，数跸烦民，乃筑复道于武库南。奉常叔孙通谏曰："此高帝月出游衣冠之道也，子孙奈何乘宗庙道上行哉！"帝惧曰："急坏之。"

汉惠帝经常要去看望他的母亲吕后，皇帝出行不是一件小事，要封路，要把闲杂人等挡在一定距离之外，很麻烦。汉惠帝觉得这样是扰民，让百姓很不舒服，所以就想建一条通道。这样一来，不碍百姓的事、不用封路，也不用担心有刺客。于是他就在长乐宫和未央宫之间建了一条复道。

这时候，叔孙通担任奉常一职，他曾在汉朝初年帮助刘邦建立了汉代礼仪。叔孙通觉得盖复道大逆不道，简单来说，就是如果盖了一条复道，惠帝出行的时候，会在他父亲刘邦衣冠出游的要道上方走来走去。这在礼数上是大不敬。

惠帝听了非常害怕，立刻意识到自己错了，准备赶快拆掉复道。叔孙通是怎么反应的？他并没有马上遵守皇帝的命令，他是这么说的：

通曰："人主无过举；今已作，百姓皆知之矣。愿陛下为原庙渭北，月出游之，益广宗庙，大孝之本。"上乃诏有司立原庙。

"人主无过举"，CEO 不会有错，一把手不会有错，皇帝就更没有错。现在您已经盖了复道，百姓都知道了，那就不要改，不要认错。陛下您在渭北建一座原庙，每月去原庙祭拜，这样可以让祖宗的庙宇变得更大，也能凸显您的孝道。皇帝很高兴，心想，我盖了复道，虽然犯了错，但是叔孙通的说法让我显得没错，没人提出异议，我就是没错。而且我还能留下一个大孝的美名，有什么不好？于是立刻命令

相关部门去盖原庙。

叔孙通似乎完美地把皇帝的过错掩盖过去了，但这意味着什么呢？

臣光曰：过者，人之所必不免也；惟圣贤为能知而改之。古之圣王，患其有过而不自知也，故设诽谤之木，置敢谏之鼓；岂畏百姓之闻其过哉！是以仲虺美成汤曰：“改过不吝。”傅说戒高宗曰：“无耻过作非。”由是观之，则为人君者，固不以无过为贤，而以改过为美也。今叔孙通谏孝惠，乃云“人主无过举”，是教人君以文过遂非也，岂不缪哉！

司马光说，犯错这件事，只要是个人，就不可能避免。这看上去是个常识，但是只有真正的圣贤能觉察并改正。在日常生活和工作中，因为意识不到这句话而出现问题的情况比比皆是。你会听到太多人说，我没错，都是你的错，不管是谁的错，反正不是我的错。

过去，了不起的帝王最害怕自己犯了错而不自知。为了避免这种情况，皇帝特意设了“诽谤之木”，欢迎别人挑自己的毛病。挑毛病的人敲着木头，在木头下方跟相关官员讲皇帝错在哪儿了，哪怕说得不对，哪怕有诽谤之意、诽谤之嫌，都没关系，说就行了。也有皇帝设置了“敢谏之鼓”，人们想跟皇帝说什么，就敲鼓，这样的人，还怕百姓知道他做错了什么吗？

现实生活中，哪怕是极其出色的 CEO，特别有成事之道、成事之德的 CEO，都很少有人能设“诽谤之木”，能置“敢谏之鼓”。更多的霸道总裁、CEO 是要提防别人打小报告和检举揭发的。作为一把手、CEO、霸道总裁，你是人，不是神，不能以不犯错为第一追求，而是要以能够知错就改、可以快速知错就改为美德。

叔孙通对孝惠帝说，君主是没有错的。他这么说是协助一把手、君主文过饰非，用扭曲的、夸张的、不切实的语言去美化错误，试图用这种表达技巧把错误赶走。能赶走吗？错就是错了，赶不走的。这种文过饰非不是错得更厉害吗？

2. 改过不吝才是对待错误的正确态度

不怕错，错就改。如果一个一把手能做到这一点，那才是真正的霸道总裁。只要是人就会犯错。所以要追求的不是不犯错，不是百战百胜，要追求的是错了要认、要改。

我们先来看，应该避免的几种对待错误的态度。

第一种，死活不承认错误。我就是没错，就是找借口，就是用自己的歪理。但不好意思，你只是从你的角度说你没错，希望你能跳出来。要知道，或许从集体的、更多的、更大的、更全的角度看，你就是错的。

第二种，文过饰非。什么意思？错没错？错了，但是我做点别的事，把这个错变成对。用这种方式曲折地、间接地改变了这件事的性质。原来这件事单看是错，但是因为做了某些改变、装饰和美化，让错变成了对，坏事变成了好事。

第三种，知错不改。我错了，但你能拿我怎么样？

这三种面对错误的错误态度，其实在现实生活和真实的管理环境中，比比皆是，几乎占了 99.9%。真能做到及时发现错误、马上承认并及时修正的 CEO、霸道总裁、君王寥寥无几。真能做到改过不吝的人，才是百里挑一、千里挑一、万里挑一的霸道总裁。

所以，如果一个已经很强的 CEO 想再上层楼，百尺竿头更进一步，第一个要考虑增进的能力就是改过不吝。说到这儿，再补充一点，CEO 或重要高管出错了，如果公司要做危机公关，有两点一定要注意：一是不要说谎，二是不要找借口。你需要做的、应该马上去做的就是找个角度把实情说一遍。不要试图掩盖错误，而是找个更合适、更能让人接受的角度，争取得到别人的理解。

3. 要创造“有错就改”的企业文化

在一个“君君，臣臣，父父，子子”的系统里，在一个一把手有相对大权威的机构中，如何设立纠错机制、如何有效纠错，是管理中非常重要的事。

为什么这么说？我们沿着“金线原理”打深一层：

第一，一把手是不是经常是对的？是的，一把手经常对，他出错的时候不多或者非常少。

第二，一把手有没有可能出错？有的，避免不了，只要是活人都会出错。

第三，一把手出错造成的危害是巨大的。虽然一把手出错的概率不高，但是他一旦出错，整个公司、机构都会跟着去做，造成的风险、危害、价值损失是难以估量的。

第四，要纠正一把手犯的错误，困难是巨大的。再打深一层，为什么困难是巨大的？首先，足够聪慧的人才能意识到，一把手这次的判断错了；其次，他们要有足够的胆量，敢去提出不同意见；再次，他们的不同意见要能够有渠道被一把手听到；最后，一把手要有足够的心胸，能接受不同意见，甚至是否定意见、严厉批评；再往下说，一把手还要能够马上行动，不要这张脸。“不着急，不害怕，不要脸”，把脸放在事之后，敢于纠正自己的错误。

这五点都是非常难的，在这么一个状态下，我不得不说，还是需要好的一把手培养出自身改过不吝的态度、行为，并用这种态度和行为去影响整个组织，培养出整个组织有错就改的风格、文化，充分激励、奖励那些敢于提出反对意见的人，让一把手能够及时意识到自己的错误。

汉纪五

公元前 187 年

公元前 178 年

大封诸吕：成事第一，脸面第二

公元前 188 年，汉惠帝刘盈驾崩，吕后打算封吕氏族人为王。王陵以“白马之盟”为由强烈反对。吕后再问陈平、周勃，他们的答复跟王陵不一样，换了一个逻辑，顺着吕后的心思说。吕后非常开心。

王陵指责陈平、周勃一味迎合吕后，忘了当初的誓约。陈平说，虽然我们没有当廷与吕后对抗，但有更长远的想法。以后能够保全、维护刘氏后人的人，肯定还是我们。

借着大封诸吕这个案例，我们来讲讲，假如和公司一把手、大老板发生了实质性的严重冲突，应该如何处理？

1. 事儿先于脸面，甚至先于风骨

公元前 188 年，秋天，汉惠帝死了，享年 24 岁。

初，吕太后命张皇后取他人子养之，而杀其母，以为太子。既葬，太子即皇帝位，年幼；太后临朝称制。

在汉惠帝去世前，吕后就已经让张皇后把别人的孩子抱来，当成自己的孩子养。不仅如此，她还凶残地杀掉了孩子的亲生妈妈。汉惠帝驾崩后，这个不是汉惠帝儿子的孩子被立为太子。但孩子还小，吕后临朝称制。简单地说，就是吕后虽然没有称帝，但已经变成了实际意义上的皇帝。

吕后拿到皇权，想的第一件事就是重分权力。要如何加强巩固自己的权力基础？应该如何给那些最亲、最近、最忠于自己的人分权？分权是常见的政治手段，也有着相当大的风险。分不分？分了，之前掌权的人权力就会变少。不分，新加入的势力就会产生怨气，这种事在公司里比比皆是。“一朝天子一朝臣”，天子要给帮他上位的人、那些他认为能够维持他的权力统治的人分利。这对于吕后来说，是非常容易想明白的一件事。

高皇后元年（甲寅、前一八七）

冬，太后议欲立诸吕为王，问右丞相陵。陵曰：“高帝刑白马盟曰：‘非刘氏而王，天下共击之。’今王吕氏，非约也。”

吕后实际掌权之后，当年冬天就跟大臣讨论，要立吕家人当王，要立自己的兄弟姐妹、父亲，以及那些吕姓的侄子当王。虽然吕后有足够的权威，但还是希望争取更多人的支持，特别是那些关键人物的赞同。

吕后率先问的就是文官中级别最高的人——丞相王陵。王陵是这么说的，高帝刘邦杀了一匹白马，跟大家立下盟誓，汉朝是刘家的天下，只有姓刘的人才能称王。

王陵继续说，现在太后要封吕氏为王，这跟“白马之盟”的约定不一样，他们不姓刘，不是刘家人。王陵说出这番话，是知道自己冒了多大的风险的，他知道自己在跟谁说话，也知道这么说会得罪多少人，更何况这些人是当时天下最有权势的人。从这个角度看，王陵是条汉子，坚守了先帝刘邦所立的誓约。

太后不说，问左丞相平、太尉勃，对曰：“高帝定天下，王子弟；今太后称制，王诸吕，无所不可。”

吕后不开心了，她已经是实质意义上的皇帝，之所以去问王陵，是想让对方给自己一个台阶下，让所有人觉得这不是吕后一个人的主意。没想到王陵竟然敢直接顶撞自己。接下来吕后做了什么？她去找了左丞相陈平和太尉周勃。

陈平、周勃说的话跟右丞相王陵截然不同，陈平、周勃是顺着吕后说的，找的角度似乎也合情合理。他们俩是这样说的，高皇帝定天下，他姓刘，封刘氏弟子为王。现在您称制了，把吕姓的亲人封为王，跟高皇帝刘邦当时做的是一模一样的事，有什么不可以呢？至于“白马之盟”，马死了，刘邦也死了，现在是您说了算。

2. 如果遇到难题，不妨用时间解决

太后喜。罢朝，王陵让陈平、绛侯曰：“始与高帝啑血盟，诸君不在邪！今高帝崩，太后女主，欲王吕氏；诸君纵欲阿意背约，何面目见高帝于地下乎？”

吕后听了陈平和周勃顺着她说的这番话，感觉有里有面，决定就

这么办。

退朝后，王陵不干了，他抓到陈平和周勃，当着他们的面大骂。当初跟高皇帝刘邦一块儿打天下、得天下、坐天下、歃血为盟时，你们俩也在现场，封刘氏弟子为王，是大家约定好了的。如今高帝刘邦去世，太后掌权，她要封吕氏为王。二位背信弃义，阿谀奉承，将来二位去世，到了阴间地府，要以何面目见高帝刘邦？

陈平、绛侯曰："于今，面折廷争，臣不如君；全社稷，定刘氏之后，君亦不如臣。"陵无以应之。十一月，甲子，太后以王陵为帝太傅，实夺之相权；陵遂病免归。

陈平、周勃一方面脸皮厚，另一方面也是实话实说，在朝堂上议事的时候，驳太后的面子，当着她的面去争个是非曲直，我们俩不如您王陵。但是保全国家、保全社稷、保全刘氏之后，让刘氏政权永远姓刘，还是要靠我们俩。"留得青山在，不怕没柴烧"，王陵无法反驳。

农历十一月甲子，吕后让王陵去当皇帝的老师，实际上是夺了他的相权。王陵就称病回家去了。

在现代公司中，经常会遇到这样的问题。有一个非常强势、掌握一切关键决策权的一把手，作为幕僚、核心团队的成员，你发现你要做的事跟他想的不一样，他要做的事跟你想的不一样，你们的想法甚至针尖对麦芒。就像这个案例中，吕后是绝对的一把手，手握生杀大权，但是她要背叛"白马之盟"，封诸吕氏为王，和刘邦说的不一样。这时候，如果你是核心团队的成员，你该怎么办？

这是一个非常两难的情境，从一方面看，像右丞相王陵这样坚守当时的约定，忠于自己的初心，对不对？百分百没错。容易不容易？不容易，他需要很大的勇气。但是像陈平、周勃这样做事就是错的吗？其实也未必。虽然他们违背了"白马之盟"，没有以死力争，但是他们保全了实力，赢得了时间，战胜了自己想一死了之、一退了之这种简单的处理方法，战胜了自己的冲动。

转一个弯，退半步，就能让时间解决一些在当下解决不了的事。如果跟吕后正面对抗，结局就是死；但如果退半步，等吕后死了，用时间换空间，用时间换解决同一问题的灵活度，那些事可能还有再翻案的机会。如果现在就据理力争，跟王陵一样不知死活地往前冲，那很有可能陈平、周勃也会被剥夺权力核心的位置。如果真的是这样，坦率讲，刘氏江山很有可能再也不姓刘了。

3.“不要脸”能赢得时间，保存实力

之前讲过“不着急、不害怕、不要脸”，特别是“不要脸”。“不要脸”不是简单的臭不要脸，而是不用太在意别人的评价。别人骂你还是夸你，那是别人的事，你只要想两件事——关我什么事、关他什么事。这是“不要脸”的一层意思。

“不要脸”的另外一层深刻含义，也是“不要脸”这个原则充分体现成事之道、成事之德的地方，就是事先于人，事先于脸面，事甚至先于风骨。

成事第一，其他第二；成事第一，脸面第二。怎么讲？如果只是为了要脸，为了个人的荣誉，那陈平、周勃可以加入王陵的队伍，说吕后您要封吕氏为王，这和“白马之盟”相悖，我们不赞同。即使吕后当廷打死王陵，打死陈平，打死周勃，那他们的美名也留下了。但是如果这么做，刘氏江山自此之后很有可能易主，有可能就姓吕了，中国历史有可能就被彻底改写了。

陈平、周勃优先考虑的是完成任务，是把事办成。“白马之盟”的

核心要义是维持刘氏的统治，而不是简单的“非刘氏而不王”，深层意思是守护刘家的传承和血脉，确保天下依旧姓刘。如果从这个角度看，王陵虽然做得没错，但是陈平、周勃做得更高明，他们牺牲了自己的一些颜面和风骨，保持了未来发力、未来发难的实力和权力。从中远期看，他们暂时的隐忍和“不要脸”，为他们赢得了时间，保存了实力，为他们能最后成事奠定了至关重要的基础。

吕后之死：
更换CEO是一件很有风险的事

在现代管理中，CEO、霸道总裁如何选择、如何坐稳是一个关键问题。然而，有时候如何换帅是一个更棘手的问题。这对一个组织的稳定和发展来说至关重要。

1. 向领导汇报，要先说结论

吕后死前，发生了一件蛮有意思的事。

陈平患诸吕，力不能制，恐祸及己；尝燕居深念，陆贾往，直入坐；而陈丞相不见。陆生曰："何念之深也！"陈平曰："生揣我何念？"陆生曰："足下极富贵，无欲矣；然有忧念，不过患诸吕、少主耳。"陈平曰："然。为之奈何？"陆生曰："天下安，注意相；天下危，注意将。将相和调，则士豫附；天下虽有变，权不分。为社稷计，在两军掌握耳。臣尝欲谓太尉绛侯；绛侯与我戏，易吾言。君何不交欢太尉，深相结！”

陈平很担心吕氏家族的势力，但是掂量了一下吕后和她手上的政军大权，很清楚自己无力抗衡，又怕招致灾祸，所以经常闭门不出，殚精竭虑。他的朋友陆贾去见他，询问他因何事如此纠结？

陈平没有直接回答，而是巧妙地选择了反问。这里值得特别注意，别人问你问题，别着急答，先审题，甚至可以通过反问问出对方心中的预设，如果对方能说出来，有时候能省很多事。陈平反问陆贾，您觉得我在想什么？您觉得我深念的是钱、色、权，还是什么？陆贾直接说，您极尽富贵，不可能对富贵再有什么欲望。然而您还是很忧虑，那只有一种可能——您担心吕氏家族会带来麻烦，以及现在皇帝还太小，无法稳固朝政。陈平坦然承认，是的，但是怎么办呢？我想来想去，想不出好办法。

陆贾没有遮着掩着，直接给出了答案以及分析。天下太平的时候，要注意丞相、注意文官；天下危急的时候，要注意将军、注意掌兵之人。丞相和将军一心一意、同心同德，其他的士大夫就会跟将相形成一个阵营、一个力量、一个声音。现在这种状态，为了社稷江山考虑，最重要的是掌握南、北二军，掌握军权，注意将相和。有军权、能掌军权的是太尉周勃，您为什么不去跟他加深交情、好好深谈？

因为陈平画吕氏数事。陈平用其计，乃以五百金为绛侯寿，厚具乐饮；太尉报亦如之。两人深相结，吕氏谋益衰。陈平以奴婢百人、车马五十乘、钱五百万遗陆生为饮食费。

陈平接受了陆贾的结论和策略，陆贾又为陈平仔细谋划了吕氏的事。

这里有一个很关键的沟通策略。在向领导汇报时，好多人一开始就说一些细枝末节，但面对高级领导时，哪怕在古代，也要先直接给出核心结论和论点。如果对方接受，就直接执行，如果对方还想听一些细枝末节，再展开细讲。反过来，如果先说那些“陈谷子烂芝麻”、众所周知的事，领导很可能会说，对不起，我时间不够，您先找我的幕僚聊聊。听到这句话，往往意味着你已经失去了一个很重要的机会。

陆贾跟陈平头脑风暴，上来就告诉他结论和大方向，上来就指出最关键的问题，简单、坦诚、阳光。陈平采用了陆贾的计策，去笼络周勃，付出金钱和时间，跟他一块儿吃、一块儿喝、一块儿聊天。反过来，周勃也用类似的态度对待陈平，两个人成为好友，将相成为一体。这样，吕氏集团就遇上了强劲的对手。

2. 形成力量制衡，才能实现破局

从管理角度看，陈平为什么面临困境？因为他发现在现有的力量对比下，自己很难突破。为什么陆贾能破局？因为陆贾知道只有陈平一个人的力量不行，但要是加上周勃，将相联手，就可以办到。有时候战略规划的核心就是力量对比，就是寻找如何破局的策略。陈平一个人力有不逮，但是联合太尉周勃，达到将相统一，以此为基础，士大夫和官吏很有可能凝聚成一个强大的联盟。一旦整个官僚集团思想一致、方向一致、目标一致，那就是一股相当强大的力量，足以对抗皇权。

再往下深挖一步，当皇权出现继承问题的时候，有统一思想、目的的官僚集团能起到举足轻重的作用。这个团结统一的官僚集团虽然不可能百分百保证让哪一方继承皇位，但可以起到决定性的作用。这一点在吕后死后也得到了充分验证。

所以，陈平和陆贾的这番谈话虽然不长，但是至少有两个要点值得注意。

第一，哪怕是特别聪明的人，哪怕是非常有经验、有背景、有阅历的大聪明人，也有困惑，也需要另外一个聪明人跟他一起头脑风暴。头脑风暴的力量是非常惊人的。

第二，考虑战略、考虑继承、考虑大的权力变更时，一个重要的出发点就是权力的平衡。评估手中的筹码，你有几张牌？什么是你的权力核心？谁是你的主要支持者？谁是你的主要反对方？你要把这些都盘算好，把自己的核心力量、权力基础都维护好。

3. 注意自己的名声，也是成事之道

陈平和陆贾在头脑风暴后，制定了官僚集团最终的战略方向和战略部署。

三月，太后祓，还，过轵道，见物如苍犬，撠太后掖，忽不复见。卜之，云“赵王如意为祟”。太后遂病掖伤。

吕后年纪大了，有一次外出祭祀，在回来的路上看到有个像白狗的东西，这东西撞到了她的腋窝，然后忽然不见了。事后，吕后算了一卦，卦象说是赵王如意作祟，他的鬼魂因为怨恨而冲撞了吕后。太后就这样病了。

秋，七月，太后病甚，乃令赵王禄为上将军，居北军；吕王产居南军。太后诫产、禄曰：“吕氏之王，大臣弗平。我即崩，帝年少，大臣恐为变。必据兵卫宫，慎毋送丧，为人所制！”辛巳，太后崩。遗

诏：大赦天下，以吕王产为相国，以吕禄女为帝后。高后已葬，以左丞相审食其为帝太傅。

七月，太后病重。临死前，她做好了最好的安排——让赵王吕禄做上将军，居北军，让吕王吕产居南军，把两大禁军、中央附近以及京师的所有军权都掌握在吕氏手里。不仅如此，太后还告诫吕产、吕禄，吕氏当王，有现在的天下，官僚集团是不认可、心里有不满的。我马上要死了，皇帝年纪还小，官僚集团很可能会生变，你们手上一定要握住军权，一定要守住京师、守住皇宫。在我死后，你们千万不要去送丧，如果失去皇上、失去皇宫、失去京师的掌控权，就会为人所制。

后来，吕后死了，遗诏大赦天下，不仅给吕氏兵权，还让吕产作为相国，让吕禄的女儿成为皇后。刘邦死了，跟随刘邦的那些英雄也基本都死光了。刘邦的对手死了，现在吕后也死了，汉朝进入了一个新的阶段。

古代帝王将相要讲究名声，在现在的商业环境里，如果想成事、持续成事、持续成大事，也要注意自己的名声。“一命二运三风水，四积阴德五读书，六名七相八敬神，九交贵人十养生”，其中“六名”就是强调名声的重要性。如果我问三个人，三个人都说这个霸道总裁有问题，手太黑、人太笨、太傲慢，那我很有可能不会跟这个人一起做事，不会跟这个人合作。

注意名声也是成事之道、成事之德的一部分。名声和做事不矛盾，好名声会让做事容易一些，坏名声会让做事难一些。特别好的名声可以让做事变得相对容易，特别差的名声会让做事陷入举步维艰的境地。

诸吕之乱：
从长期看，赢得人心很重要

有时候人心能起作用，有时候人心不起作用。在过去的王朝更迭、权力转移中是这样，在现代管理环境里，公司的权力迭代也是这样。人心到底是如何发挥作用的?

简单说，人心有可能并不直接发挥作用，不能决定某场战役或战斗的胜败，但是有可能左右整个战争的结局。在短期内，它有可能并不能改变什么，但就像水之于健康，它会不断对一些短期结果进行修正；从长期看，它总能笑到最后。所以，从成事者或组织的角度来说，要不要关注人心？要。怎么关注人心？要从一个更长远、更宏观、更底层的角度去关注人心，多为这个世界创造美好，多让人心得到鼓舞，才能持续多成事。

转一个角度，哪怕关注人心、鼓舞人心、让人心站在自己这边有可能会损失短期的、局部的利益，也值得去做。因为很大程度上，我们是希望能够成事、持续成事、持续成大事，而不只是以一时的胜败论英雄，不只是以某场战役的结果替代整个战争的最终走向。

1. 犹豫不决就会败北

诸吕欲为乱，畏大臣绛、灌等，未敢发。朱虚侯以吕禄女为妇，故知其谋，乃阴令人告其兄齐王，欲令发兵西，朱虚侯、东牟侯为内应，以诛诸吕，立齐王为帝。

吕后死了，名义上的皇帝还是刘家人。吕氏集团想作乱，但是害怕周勃、灌婴这些手握军权有着巨大军队影响力的老臣，害怕他们不答应，所以没敢动。这里看似平淡无奇，但是大有深意。吕氏集团的犹豫是最要不得的，铤而走险可能会失败，也可能有胜算，但是如果想作乱又不敢行动，基本上是死路一条。

朱虚侯刘章是刘邦的孙子，吕禄的闺女是他的老婆。他洞悉吕氏的阴谋，知道吕氏想灭除刘氏，所以让人暗中告诉他的兄长齐王，让齐王发兵向西，派朱虚侯、东牟侯作为内应，干掉吕氏势力，立齐王为帝，这是他们当时的筹谋。

相国吕产等闻之，乃遣颍阴侯灌婴将兵击之。灌婴至荥阳，谋曰："诸吕拥兵关中，欲危刘氏而自立。今我破齐还报，此益吕氏之资也。"乃留屯荥阳，使使谕齐王及诸侯与连和，以待吕氏变，共诛之。齐王闻之，乃还兵西界待约。

当时吕产除了有兵权，手上还有相权。他听到齐王起兵，不让自己的亲信去打，反而给了老将灌婴一支军队，让他去平叛。

灌婴到了荥阳，和核心团队商量，现在吕氏在关中握着重兵，他们想灭掉刘氏，而我现在如果打败了齐王，实际上是在帮助吕氏做事。灌婴作为刘邦的旧部，没有行动，把军队驻扎在荥阳，告诉齐王咱们是一伙的，我们坐观其变，如何？齐王听了他的话，也叫停了军队，等待事态的发展。

吕禄、吕产欲作乱，内惮绛侯、朱虚等，外畏齐、楚兵；又恐灌婴畔之，欲待灌婴兵与齐合而发，犹豫未决。

吕后死后，诸吕试图夺权，但他们有三点犹豫不决。第一是吕后刚死，诸吕就想作乱，但是顾虑太多，没敢马上行动。第二是齐王已经起兵，吕禄、吕产对内害怕绛侯周勃、朱虚侯刘章，对外害怕齐、楚的兵，还担心灌婴背叛他们，所以想静观其变，犹豫不决。

除此之外，还有一点犹豫不决。

太尉绛侯勃不得主兵。曲周侯郦商老病，其子寄与吕禄善。绛侯乃与丞相陈平谋，使人劫郦商，令其子寄往绐说吕禄曰："高帝与吕后共定天下，刘氏所立九王，吕氏所立三王，皆大臣之议，事已布告诸侯，皆以为宜。今太后崩，帝少，而足下佩赵王印，不急之国守籓，乃为上将，将兵留此，为大臣诸侯所疑。足下何不归将印，以兵属太尉，请梁王归相国印，与大臣盟而之国。齐兵必罢，大臣得安，足下高枕而王千里，此万世之利也。"吕禄信然其计，欲以兵属太尉；使人报吕产及诸吕老人，或以为便，或曰不便，计犹豫未有所决。

绛侯周勃手上没兵权，于是和丞相陈平商量，想出了一个计策。曲周侯郦商又老又病，他有一个儿子叫郦寄，跟赵王吕禄关系很好。周勃、陈平就让人劫持了郦商为人质，让他的儿子去说服吕禄。

郦寄是这么说的，第一，高帝跟吕后一起夺得天下，刘氏立了九个王，吕氏立了三个王，这都是大家商量好的，是没有异议的，也昭告诸侯了。第二，现在的局势是吕后死了，皇帝还小，而您带着赵王印，不回赵国，反而在这儿带着兵当上将，大臣们对您很怀疑，您还不如放下将印，把兵交给太尉周勃。第三，如果您这么做，齐国、楚国的兵马也会应声而撤。不打仗了，官僚团队也会安静下来，接着辅佐皇帝管天下。您呢，就在赵国当大王，有什么不好？

这三方面听上去不错，吕禄信了，把兵权交给了周勃。但是吕产和其他吕氏老人商议时，有人同意，有人不同意，久久不决。

第三点犹豫不决，比前两个还可怕。交了兵权，还不走，还不安顿。如果想干就干，不要交兵权；如果不想干就走，不要在关中流连。举棋不定才最致命，从战略层面讲，吕氏集团的三点犹豫不决已经基本决定了它必败的结局。虽然之后还有好几个起伏转折，但是对大局而言，已经无法影响最后的结果。

太尉欲入北军，不得入。襄平侯纪通尚符节，乃令持节矫内太尉北军。

虽然太尉周勃和陈平用了计谋，借着郦寄的嘴让吕禄交了兵权，但是太尉想进北军的时候，北军不让他进。幸好太尉深得人心，有人相帮。当时襄平侯纪通掌管符节，又心向太尉、忠诚刘氏，就给了太尉方便，让他进来。

太尉入军门，行令军中曰："为吕氏右袒，为刘氏左袒！"军中皆左袒。太尉遂将北军；然尚有南军。丞相平乃召朱虚侯章佐太尉；太尉令朱虚侯监军门，令平阳侯告卫尉："毋入相国产殿门！"

太尉终于进入了北军的营盘，跟军中的士兵、军官说，愿意为吕氏而战的，把右肩露出来；愿意为刘氏而战的，把左肩露出来。整个军队的军官和士兵无一例外都袒露了左肩，昭示了立场：我们愿意为刘氏而战，我们不喜欢、不支持吕氏。这又是人心向背的一个表现。

朱虚侯曰："所患独吕产；今已诛，天下定矣！"遂遣人分部悉捕诸吕男女，无少长皆斩之。辛酉，捕斩吕禄而笞杀吕媭，使人诛燕王吕通而废鲁王张偃。戊辰，徙济川王王梁。遣朱虚侯章以诛诸吕事告齐王，令罢兵。

朱虚侯刘章说，我们唯一担心的就是吕产，现在他已经被诛杀了，天下稳定了。之后就是风卷残云的杀戮，你死我活，我活你死。刘氏派人到各处搜捕吕氏人员，无论男女长幼，全部杀死。

2. 愿意与之长期共事的人，是能给足安全感的人

因为吕氏集团的关键人物犹豫、犹豫再犹豫，痛失良机，加之人心向刘，向着为刘家做事的官僚集团，所以官僚集团在一些操作细节上执行得非常顺利。两者作用下，最开始在力量对比上并不占优的官僚集团胜出，灭掉了吕氏集团。

这时候，一个新问题出现了，之后怎么办？如果现在的皇帝难当大任，又该选谁？重新选就没风险了吗？不是的，如果选错，风险会更大。

或言："齐王，高帝长孙，可立也。"大臣皆曰："吕氏以外家恶而几危宗庙，乱功臣。今齐王舅驷钧，虎而冠；即立齐王，复为吕氏矣。代王方今高帝见子最长，仁孝宽厚；太后家薄氏谨良。且立长固顺，况以仁孝闻天下乎！"乃相与共阴使人召代王。

有人说，选齐王，他是刘邦的长孙，可以把他立为皇帝。但是所有大臣都说不行，吕家品行太差，太不讲江湖道义，几乎破坏了刘氏

宗庙，乱杀功臣。他们之所以不行，就是因为自家德行太恶劣。现在齐王的确是刘邦的长孙，但他的舅舅驷钧就是一只戴了人帽子的猛虎，是吃人不吐骨头的。如果把齐王立为皇帝，那吕氏专权的故事还会重演。

有人提出另外一个方案，立代王。代王是现存的刘邦的孩子中，年岁最大的，而且他有一个很重要的特点——仁孝宽厚，跟他爸刘邦有类似的地方。此外，他的妈妈薄氏又恭谨又善良，吕氏的故事很有可能不会再重演。大臣们商量完，暗中派人召代王入首都长安。

从讨论的结果讲，这又一次体现了两个要点：第一，人心向背。大家还是希望能找一个宽厚长者，宽厚长者能给大家一定的安全感，而不会找一个特别生猛、特别凶残的人；第二，不仅要挑选一个人，还要挑选他身边的人。放在现代管理中，甚至要考察他周围的朋友。

所以，如果你立志做一个成事的修行者，想成事、持续成事、持续多成事，那么在找伴侣、找长期共事的朋友时，都要小心。他们在某种程度上也代表了你，代表你是一个什么样的人，代表你是不是能够宽厚待人，是不是能够给大家安全感，是不是能够成事、跟大家一起成事。

3. 成事路上，要持续关注人心

代王听到官僚集团召他去长安，心里一定是有疑问的，所以就问了自己的左右，而左右的意见也是各不相同。

代王问左右，郎中令张武等曰："汉大臣皆故高帝时大将，习兵，多谋诈。此其属意非止此也，特畏高帝、吕太后威耳。今已诛诸吕，新啑血京师，此以迎大王为名，实不可信。愿大王称疾毋往，以观其变。”

其中一个叫张武的郎中令说，现在这些大臣、官僚机构中主事的人，都是您父亲那个时代的大将，生生死死，杀人无数，都是从死人堆中爬出来的，有很多的计谋和权诈，他们的心思很难揣测。他们到底要干什么，我们不知道。我觉得大王应该称病不去，静观其变。

这时，另外一个人站了出来。

中尉宋昌进曰：“群臣之议皆非也。夫秦失其政，诸侯、豪桀并起，人人自以为得之者以万数，然卒践天子之位者，刘氏也；天下绝望，一矣。高帝封王子弟，地犬牙相制，此所谓磐石之宗也；天下服其强，二矣。汉兴，除秦苛政，约法令，施德惠，人人自安，难动摇，三矣。夫以吕太后之严，立诸吕为三王，擅权专制；然而太尉以一节入北军一呼，士皆左袒，为刘氏，叛诸吕，卒以灭之。此乃天授，非人力也。今大臣虽欲为变，百姓弗为使，其党宁能专一邪！方今内有朱虚、东牟之亲，外畏吴、楚、淮阳、琅邪、齐、代之强。方今高帝子，独淮南王与大王；大王又长，贤圣仁孝闻于天下，故大臣因天下之心而欲迎立大王。大王勿疑也！”

宋昌进言说，群臣怕有危险，不让您去，认为您面对的是一堆奸臣、权臣、坏人，这不对。

当初，秦朝实行暴政，诸侯并起，想当皇帝的人成千上万，最后只有刘邦当上了皇帝，如今并没有很多人想当皇帝，这是第一。天时说完，再说地利，刘邦分封刘姓子弟，让他们的辖地、所属国“犬牙相制”，如磐石一般坚固，天下都知道刘氏很强，这是第二。另外，汉朝兴起之后，废除了秦朝的苛政，“约法三章”，保护百姓的人身和财产安全，每个人都很开心，大家都不愿意改朝换代，这是第三。

接着，宋昌又说，吕后这么狠、这么严，立三个吕姓为王，把军政大权都把握在手里，而太尉周勃一个人进入北军，振臂一呼，所有的将士都袒露左肩，支持刘氏，背叛吕氏，最后吕氏被歼灭。这是天授而非人力，这是人心向背，人心向刘，人心反吕。现在大臣想改变这一基本情况，百姓也不会答应，大臣一意孤行也干不动。

最后，宋昌补了一句说，在关中，有朱虚侯和东牟侯，他们都是刘姓；在外边，有吴、楚、淮阳、琅邪、齐、代。刘邦的孩子现在只有淮南王和您，您又年岁更长一些，并且圣贤仁孝，名闻天下。大臣们并不傻，他们因天下人心向背以及刚才我说的这些缘由，希望能够把大王接到长安立为新的皇帝，这是可以相信的，您别再怀疑了。

代王仍有疑虑，又问了母亲薄氏，薄氏也有几分犹豫，后来他们算了一卦，卦象非常好，于是代王才安心出发，继承了天子位，他就是历史上的汉文帝，并开启了后来的“文景之治”。

命悬二人：向上管理，也要管理领导身边的人

代王刘恒入主长安，登基称帝，立刘启为太子，太子生母窦氏为皇后。一个叫窦广国的人上书，说自己是窦皇后小时候被拐卖的弟弟。窦皇后召见了他，确认了他的身份，又让他和他的哥哥窦长君在长安安家。

周勃、灌婴为了确保未来能够平安无事，决定从此刻起谨慎地为窦氏兄弟挑选老师和宾客，避免他们效仿吕氏集团。自此之后，窦氏兄弟为人谦和礼让，不敢以皇亲身份欺凌他人。

“命悬二人”的故事讲的是向上管理。在自己还有影响力的时候，向上塑造上级或者塑造上级身边的人。从这个故事中，我们能看到周勃、灌婴作为臣子是如何说服领导、选好继任者、培养继承人以及其身边的人的。放到现代管理中，我们可以从中借鉴哪些经验？

1. 霸道总裁身边的人，同样要认真对待

三月，立太子母窦氏为皇后。皇后，清河观津人。有弟广国，字少君，幼为人所略卖，传十馀家，闻窦后立，乃上书自陈。召见，验问，得实，乃厚赐田宅、金钱，与兄长君家于长安。

窦皇后的弟弟被厚赐了田宅、金钱，在长安安家，表面看上去风平浪静，但周勃和灌婴深感不安。

绛侯、灌将军等曰："吾属不死，命乃且县此两人。两人所出微，不可不为择师傅、宾客；又复效吕氏，大事也！"于是乃选士之有节行者与居。窦长君、少君由此为退让君子，不敢以尊贵骄人。

绛侯周勃、灌婴灌将军看到皇子立了、皇后立了，以及皇后认下的弟弟和哥哥的出现，立刻感到后脖颈有点发凉，意识到这是件大事。皇后的弟弟和哥哥在未来很可能会影响到自己的安危生死。

绛侯、灌婴是这么说的，虽然他们现在刚刚认皇后为妹妹、姐姐，但是这两人将来一定有权力、有本事、有方法弄死我们。特别是他们小时候在街头长大，没受过什么好的教育，和当年起兵反秦时的我们没什么区别。为了避免将来小命不保，我们必须现在就行动。方法既简单，又复杂，那就是走一条相对慢但稳妥的路，让时间做我们的朋友。

从今天开始，我们给他们选最好的老师，就像教育皇子一样教育他们，给他们选品行出众的宾客，让他们周围环绕的都是正能量，是"君君，臣臣，父父，子子"的道理，是谦和恬退的人，让他们领略到什么是礼仪，什么是进退，什么是成事之道、成事之德。否则，他们很有可能去学吕产、吕禄。

一段时间后，窦氏兄弟都变成了谦逊君子，不因为他们是皇后的亲弟、亲哥而骄傲自满、胡作非为。这二人的危机处理好了，周勃、灌婴的命也就不那么悬了。

向上管理，是管理上级，也是管理跟上级相关的人。在霸道总裁、CEO、皇帝身边的人，看上去似乎没有所谓的人事权、管理权，但是这些人有沟通渠道，能说悄悄话，能吹枕边风。无论世界如何起伏，他们都能在霸道总裁及其亲人周围说得上话，见得着人，传递信息。

窦皇后在成为皇后之后已经没了父母，本身又温良恭俭让。但看到诸吕之乱，周勃、灌婴已经意识到了管理好皇帝小舅子有多么重要。这看似是小题大做，但不是小题，是大题。能影响到皇后，能影响到皇帝，能跟皇帝、皇后有充分沟通渠道的人，就是重要人物。他们的好坏能关系到自己的安危，他们的贤良与否能关系到自己的性命。

他们为什么那么重要？人类就是这样的动物。“三人成虎”，有三个人连续说那边来了一只老虎，有三个人连续说某某是个蠢人，有三个人连续说某某是特别棒的人，虽然三个人很少，但这三个人有可能比那些沉默的大多数人，比那些无法直达天听的三万人、三十万人、三百万人，更能左右关键人物的判断。

虽然只是三个人，且他们的意见很可能带有偏见，甚至他们可能已经暗中勾结，但是他们不断在关键人物耳边唠叨，且长期近身相伴、巧言令色，他们的力量就是巨大的。关键人物很有可能就会认为街边有老虎、这个人是坏人、那个人真的能干，但实际情况完全不是这样的。由此可见，沟通渠道是很重要的，关键人物的身边人、有沟通渠道的身边人是值得被认真对待的。

2. 和上级保持一定的亲密度非常必要

如果自己不是这个身边人，该怎么办？有一个建议，我曾经讲过的信任公式——信任等于可靠度乘可信度，乘可亲度，除以自我导向。也就是说，这个人如果可靠、可信，又相对可亲，他又没有总是从自己出发，那你和这个人之间的信任感会非常高。在三个相乘的因子中，可亲度很关键，它能不能占到三分之一？不一定，但一定是一个重要因素。

所以，跟自己的上级、主要领导要形成一定的亲密度，怎么形成？见面、吃饭、喝酒、聊天，一块儿消磨一些有的没的的时间，不一定要有正经事才去见他，不一定要有正经事才去跟他聊天，有事没事，多坐坐，多待待。

工作生活中我也见过一些人，有意无意中在领导身边。大多数时候，他们也没有说一些特别漂亮、特别牛的话，但是这些人因为能长期在领导身边，就产生了一种巨大的力量。当然并不是说我们一定要这么做，但从这一现象中可以学到一些方法，要以一定的频率跟最重要的上级亲密接触，小范围吃饭、小范围喝酒、小范围聊天、小范围喝茶、小范围抽烟、小范围打球，要多增加接触机会，虽然这很有挑战性。

有一个误区是说，自己干得好、不给领导添麻烦，就是对领导最大的支持和帮助。错了，即使自己可以独立做得很好，也要经常到领导那里去报告、汇报，稍稍聊一聊。不见得是每天，但是如果三个月都没有跟领导一块儿坐下来吃顿饭，三个月都没有跟领导聊聊天、见见面，那通常来讲，你要对自己的处境有一点担心了。

3. 要有亲近领导的本事

当然，除了要有亲近领导的意识，还要有亲近领导的本事。

这个本事来自经常问问领导有没有时间吃饭、有没有时间一块儿聊聊天，哪怕您有十分钟，我也去坐坐，而且还要有一定的技能、技巧，还要有一定的讨喜度。领导不愿意把时间花给你，领导不愿意听你聊工作或是非工作的事情，怎么办？首先，帮助领导解决他时间不够的问题。比如，您没时间见我，我送您去机场；您没时间见我，我去机场接您；您没时间吃晚饭，那一起吃中饭；您没时间吃中饭，那咱吃早饭；如果您没时间吃早饭，那一块儿去散散步、抽根烟、喝杯咖啡。要找一个领导不反感，又能有效争取到关注和时间的机会。

其次，要让自己变得有趣、好玩一点，多读读各种类型的书，甚至听听相声、背背唐诗宋词，让自己在能够拿到领导时间的时候，让领导觉得自己是个有趣的人。听上去好像有些功利，但在管理上，这有可能是没办法的事。上下级中——特别是跟顶头上司形成良好的沟通，是特别重要的事，这种关系越早构建越好。

总结一下“命悬二人”带来的向上管理的经验。如果说，自己有足够的权力、关系能够影响领导身边的人，那就尽早给他们非常好的教育，让他们周围有德行很好的老师，让他们在一个好的团队里锻炼，甚至给他们立规矩：外戚不要干政。

不过回归现实，在现代管理里，让领导身边的人不要影响领导的管理决策，听上去容易，其实很难。特别是想充分地、系统地影响领导及其身边人，可能性不是太大。可以去努力，应该去努力，尽管成功概率或许不高。

更有效的做法是发出自己的声音，跟领导建立相对亲密的关系，以一个相对平衡的频率，跟领导做有效的、亲近的沟通，抽烟、喝茶、喝咖啡、喝酒、吃饭，一起做运动、一起有个爱好、一起去出差、一起去开会。这不是小题，这是关乎职业发展的大题，这种跟领导小范围充分沟通的习惯，越早养成越好。沟通最好一周一次，两周一次尚可接受，如果少于一个月一次，那就会有一定的风险，而且风险还不小。

朕不受献：管理好自己是CEO的一门必修课

有人向汉文帝进献千里马，汉文帝得知后很不解。皇帝出行阵仗很大，随行人员众多，实际上走不了多久，也走不了多快，那要千里马做什么呢？于是汉文帝把千里马还了回去，还下诏说自己不仅不要千里马，也不要任何贡品，全国都不必来进献宝物。

作为一个CEO，很多人会研究他的喜好，投其所好，所以管理好自己是CEO的一门必修课。借着汉文帝“朕不受献”这个案例，我们讲讲霸道总裁应该如何做好对自己的管理。

1. 管项目、管团队的起点是管理自己

汉文帝除了救济最底层的弱势群体，让朝堂基础安稳，还做了一件非常重要的事。

时有献千里马者。帝曰："鸾旗在前，属车在后，吉行日五十里，师行三十里；朕乘千里马，独先安之？"于是还其马，与道里费；而下诏曰："朕不受献也。其令四方毋求来献。"

这事一点不复杂，但意义重大。当时有人进献了一匹千里马，可日行千里，速度又快、耐力又持久，实属罕见，一般皇帝看到都会非常开心。不管我用不用它，我至少拥有了；我有别人没有，我心里就会很爽。

但是汉文帝说了几句质朴无华的话，讲了一个浅显的道理。他是这么说的，我出行的时候要有一定的仪规，前后都有车，就算加快速度，每天最多走五十里，如果速度慢了，一天也不过走三十里，我要一天能跑一千里的马有什么用呢？汉文帝发出了灵魂拷问。他不喜欢千里马吗？不喜欢好而稀有的东西吗？不是的。他的了不起就在于，能站在管理的角度问出一个极具常识性的问题——我要它有什么用？如果要它不仅没用，还有很多害处，那就不如把它送回去。汉文帝还把这一路上相关的费用也都报销了。

接着，汉文帝又说了一句让人特别敬佩的话，他由一推百，从单一事例推广到制定出一条好的规章制度。汉文帝立下一条规矩，不接受献礼，让各地不要来进献任何奇珍异宝，他统统不接受。这太难得了，为什么这件事重要？如果皇帝接受礼物，慢慢地别人能从他接受礼物前后的表情、肢体动作、语言来揣摩皇帝的喜好，之后就会发现，类似的礼物越来越多、越来越好、越来越少见。

有人会刻意逢迎，有人会投其所好。一旦他继续接受，形成别人进献大礼、他安之若素的习惯，那这个皇帝、这个CEO、这个一把手也就被拿捏住了。投其所好的那些人是无欲无求的吗？或许其中有极个别纯粹无私之人，但他们中的大多数人是想谋取更大的利益的。他们讨皇帝开心、讨霸道总裁开心，盘算的是一把手开心了，会让他们也开心。他们期待的是投一得十，投一得百，甚至投一得千。

2.CEO 要做好物欲管理

有一个爱好，好不好？总体来说，当然好，但是要看是谁，有什么爱好。越是权力大的霸道总裁，越是位高权重的人，越不能有爱好。过去有一句话说："人无癖，不可深交。"就是说一个人如果没有癖好，就不能与之深交。这话说得对不对？从很大程度上说是对的，但像所有古话、所有似乎有哲理的话一样，一句话是否准确不能脱离语境来判断，还要看它的背景和前因后果。普通人，没有大权、大势、大钱的人，有个特别深、特别长久的爱好或者特别喜欢的东西，这是好事。

一个人哪怕自己只有两万块钱，花一万五千元去买一块古玉装在兜里，时不时地摸一摸，好不好？挺好，因为他乐意，他甘愿拿剩下的五千块钱当之后一年的生活费。但是一旦他成为霸道总裁，成为手握重权的人，就不能有爱好，最好不要有无用的爱好。为什么？因为上行下效。试想，如果皇帝喜欢细腰的女子，宫里就会多好些要把自己的腰饿瘦的女子，社会上就更多了。因为自己的一项爱好，饿伤了很多美丽的女子，这是损阴德，将来会有报应。

历史上也有特别文艺的皇帝。宋徽宗喜欢画画、太湖石、假山、艮岳，这些看上去都是很小的爱好，结果北宋就亡在了他的小爱好上。即使这些爱好不是决定性因素，至少也是一条导火线，加速了北宋的灭亡。之后也有兴趣爱好特别多的皇帝，比如乾隆，从瓷器到玉器到青铜器，什么都爱。从某种程度上说，一个大清就这样在他手上被掏空了一大半。

所以，有人说霸道总裁看上去很威风，皇帝看上去过得很舒服，但真是那样吗？连个爱好都不能有，是不是也挺残酷？皇帝每天要早起上朝，要听大臣讲管理困境，要做艰难的决定，没有休息时间，有事没事也不能到处溜达。其实，手上掌着重权、重钱、重资源的人远远不像别人想象的那么自由、那么舒服。他们如果想做好，就要一直克服自己人性中的各种欲望。

3. 霸道总裁如果真想有爱好，要遵从三点

如果自己手握重权，是 CEO，但是真的特别喜欢某个东西，能不能有点爱好？可以有，但我有三点建议。

第一，保密。如果你不得不有个爱好，别宣传它，关起门来自己偷偷爱好。别大张旗鼓地跟别人说，以免被别人抓住当成把柄，投你所好，以谋求更大的利益。

第二，选择简单的、不花钱的、省事的爱好，比如静坐、读书。不要有需要投入很多金钱的爱好，这样就不会被这种爱好所束缚，别人也没有太多可以投你所好的地方，相对而言风险就会少很多。

第三，定下规矩。不管爱好费不费钱，都要定下规矩。什么规矩？比如不收礼，甚至可以进一步扩展：不办生日宴会，不给自己办，不给孩子办，不给伴侣办；在社交宴请上也有规矩，多数时候只有四菜一汤，多数时候一人最多半瓶红酒，多数时候要求红酒的价格在四百块以下，等等。一切以简朴为主，稍微有点奢侈也还能容忍，但是不能太奢侈。汉文帝是这么做的，曾国藩是这么做的，当然还有一些人也是如此，但做到这样水平的人不多，所以汉文帝成了汉文帝，所以曾国藩成了曾国藩。

做 CEO 不容易，做霸道总裁不容易，他们不只是发号施令、耀武扬威，不只是指点江山、杀伐占取、攻城略地、开疆拓土、逐鹿中原。

他们的底层核心还是约束自己、管理自己，让自己成为一个管理机器中最重要的驱动器，降低没必要的风险。做风险很低的驱动器意味着要抑制和化解自己很多的欲望，也意味着要一直控制自己的“大毛怪”，让自己不能按常理出牌，不能用一个普通人的标准去要求自己。官，不好当；大官，更不好当。

各司其职：少做点事有可能是更好的管理方式

平叛诸吕，迎立汉文帝，有两大功臣，一个是大将周勃，一个是大聪明人陈平。后来，周勃被封右丞相，陈平被封左丞相。有一次，汉文帝问周勃一些政务上的数据，周勃一个都答不上来。汉文帝又问陈平，陈平也不清楚，但他的回复让汉文帝很是欣赏。

这个案例，无论是对CEO还是对下属，都有典型的借鉴意义。哪怕不是CEO，仅仅是一个项目经理，只要身为管理者，都要懂得抓大放小，不用事无巨细，什么都知道。

让下属各司其职，看起来非常简单，但执行起来并不容易。从管理学角度出发，必须清楚：为什么要让下属各司其职？如何让下属各司其职？执行中要注意的要点有哪几个？

1. 各司其职看起来容易，执行起来很难

帝益明习国家事。朝而问右丞相勃曰：“天下一岁决狱几何？”勃谢不知；又问：“一岁钱谷入几何？”勃又谢不知；惶愧，汗出沾背。

汉文帝对管理国事日益精进。有一天上朝时，汉文帝问右丞相周勃，全国一年要判定多少案件？周勃很惭愧地说，我不知道。汉文帝又问，一年的税收、粮食进项是多少？国家一年的收入有多少？第一个问题推脱过去也就罢了，第二个问题的答案也不清楚，周勃非常惭愧，后背出了很多汗，衣服都粘在了身上。

上问左丞相平。平曰：“有主者。”上曰：“主者谓谁？”曰：“陛下即问决狱，责廷尉；问钱谷，责治粟内史。”上曰：“苟各有主者，而君所主者何事也？”平谢曰：“陛下不知其驽下，使待罪宰相。宰相者，上佐天子，理阴阳，顺四时；下遂万物之宜；外镇抚四夷诸侯；内亲附百姓，使卿大夫各得任其职焉。”帝乃称善。

文帝接着问左丞相陈平。陈平说，您问的这些事有人管。文帝说，是谁管呢？陈平回答，如果您问的是法律断案的事，要问廷尉；如果问有多少收入、多少粮食，就问治粟内史，他们管钱管粮。皇帝没停，又继续问，如果这些都有人管，那你管什么呢？

陈平是这么说的，您不嫌弃我的愚笨，让我当了丞相，我只需要做好这么几件事：向上辅佐天子，帮天子做事，做您的助手，让阴阳和谐平衡，让四时顺畅；向下让万物都各得其所；对外镇抚四夷诸侯，让边境周围的少数民族政权、四方的诸侯能够心服口服，至少不要没事找事、骚扰边境；对内让百姓同心同德。不仅如此，作为官僚集团的一把手，宰相还有一个职责，就是让各级的主要官僚各司其职，人

尽其用，把合适的人安排到合适的位置上，并且让他们能够发挥出其应有的作用。

文帝听了这番话，夸赞他做得好。

右丞相大惭，出而让陈平曰："君独不素教我对！"陈平笑曰："君居其位，不知其任邪？且陛下即问长安中盗贼数，君欲强对邪？"于是绛侯自知其能不如平远矣。居顷之，人或说勃曰："君既诛诸吕，立代王，威震天下。而君受厚赏，处尊位，久之，即祸及身矣。"勃亦自危，乃谢病，请归相印，上许之。秋，八月，辛未，右丞相勃免，左丞相平专为丞相。

右丞相周勃非常惭愧，出门就埋怨老朋友陈平说，咱俩同朝为臣，你平时为什么不教我应对这些事的方法和模板？陈平笑答，您在其位，难道不知道这个位子是干什么的吗？您不知道，难道都不问吗？如果陛下问得更细，问长安的监狱中有多少盗贼？您也要硬着头皮去强答吗？陈平没有直接回应周勃的指责，而是用反问的方式，让周勃意识到自己的问题所在。

这番谈话之后，绛侯周勃意识到自己不如陈平，虽然他是右丞相，官居左丞相之上，但他的能力不如陈平太多。

没过多久，有人跟周勃说小话，说您平定了几个吕氏的人，迎立代王为皇帝，威震天下，受了重赏，做了右丞相，是最高的文官，富贵逼人，千万不能再前进一步了，否则很可能招惹灾祸，引火上身。

周勃也是聪明人，知进退，他明白自己面对的风险，所以跟皇帝说自己身体不好，无法继续当宰相，文帝也顺势同意了。过了一阵，文帝选择了一个合适的时机罢免了右丞相周勃，大聪明人陈平成了唯一的丞相。

2. 管理边界要清晰，不要越级做事

各司其职，不必全知，不必全能，你只是整个官僚机构、整个管理机器中的一部分，哪怕你是 CEO、CFO、COO，也不可能知道所有的细节。

汉文帝问周勃，全天下一年办多少个案子？全天下一年的钱财收入是多少？粮食收成是多少？汉文帝有没有权力问这些问题？有。他是皇帝，他什么问题都可以问。他问的是不是重要的问题？是，很重要。他问的是不是好问题？也是好问题。他该不该问周勃？周勃是他身边官僚集团中和他关系最近的人，也是整个官僚集团中权力最大、位置最高的人。他问周勃一件自己不知道，但整个官僚机构应该知道的事，有什么不对？所以，站在汉文帝的角度看，他这么问没错。

周勃一问三不知，至少这两个问题都没有答上来，是对是错？这难以简单地评判其对错。他不知道汉文帝这两个问题的答案，陈平也不知道。因为汉文帝问的是全天下的收入、全天下的罪犯数量，这种数字不算小。有些关注细节、喜欢数字化管理的丞相，很可能心里就装着几百个这样的大数，偶尔自己还会刻意或无意地更新数据。但如果丞相不知道，其实问题也不大。

那周勃究竟在什么地方出了问题？是他不清楚自己为什么可以不知道。陈平同样不知道，但他很清楚自己可以不知道，以及为什么可以不知道，这就是两人的差别。听起来逻辑有些绕，简单来说，就是陈平知道各个职责的边界在哪里。所以当皇帝问陈平时，他能坦然地说自己也不知道，但是有人知道，您可以去问知道的这些人。

跳出来讲，假如你处在管理层，是 CEO、CFO、COO 这种级别，要知道几件事：第一，要知道你是干什么的，以及你不是干什么的。第二，要让你周围的人——上级、下级、相关的同级，非常清楚你是

干什么的，以及你不是干什么的，也就是管理边界要清晰。第三，不要越界，跟周围人的职责划分要非常清晰，沟通也要清晰。在清晰的基础上，有些模糊的地方，大家可以相互补位，反之，不要越位。上级不要越线太多，去干下级的事；平级不要越线太多，去干别人该干的事。向上，可以推功揽过，补上级的不足，但是不能越级去干事，这是大集团管理的基本规矩。

各司其职，前提是知道自己要干什么、能干什么，以及别人要干什么、能干什么。各司其职，有些东西不需要知道那么多，也不需要去逞能。反过来，有些东西则必须认识清楚。

自己的职责是什么？跟相关职责的边界是什么？本职必须干的是什么？这些事情定了之后，在管理幅度的问题上，假如你是上位者，那就是要少管一点，无为而治。其实管理很有意思，有时候干多了比干少了还差，甚至比不干还差，要记住这一点。无为而治不见得是错误，特别是在大机构里，如果能够无为而治，让中下层官僚机构发挥其主观能动性，反而是更好的选择。

3. 认清自己的能力是非常重要的本事

周勃出门后，觉得脸上有点挂不住，就马上数落陈平。这两人关系不错，说话也比较简单、坦诚、阳光。周勃埋怨陈平，您为什么不教我像您这样精彩的应对方法？陈平直言不讳，点出周勃在其位不知其政，以及他去回答本不属于自己职责范畴的问题，就是方向性的错误。

这里有三层意思，周勃能这么问陈平，就代表他不适合担任丞相这一要职。顶头上司有可能会问你的问题，你多多少少要能有所预判、有所应对，这是第一层。第二层，你这么大岁数了，又身处这么一个高位，需要别人来教你基本是不可能的事。也就是说德要配位，如果你的能力配不上现在你所处的位置，这不是位置的问题，不是别人的问题，是你的问题，是你的能力的问题。不该责怪别人没有教你，你已经是一人之下、万人之上了，别人要怎么教呢？第三层，如果皇帝一直问那些一层比一层更细致的东西，你真要回答他吗？

在这段对话之后，周勃明白自己做丞相的能力远远不如陈平，他清楚、他认。这个“认”尤为难得，毕竟承认自己不如别人这件事不容易，特别是对于那些已经功成名就、已经成了很多事的人来说就更难，但是周勃做到了。

周勃更了不起的地方在于，之后有人提醒他说，您当初杀了几个吕姓的人，扶汉文帝上台，名震天下。您现在收到了很多的钱财赏赐，又位极人臣，官已经做到最大，如果这种状态持续久了，灾祸就会主动招惹上您。周勃在承认自己做丞相不如陈平的基础上，又听到别人说自己权、钱拿得太多了，名声太响了，危险要来了，能够非常了不起地把两个信息排列到一起，迅速做出决断，马上从高位急流勇退。

在自己因为各种机会得到权、钱、资源之后，在自己明确感觉能力不足以支撑的时候，选择“走为上”，果断地“退”，这件事太不容易了。

以德服人：
公司之间要避免恶性竞争

南越王赵佗因为陆贾的出使而归顺了刘邦。刘邦死后，吕后临朝，汉朝与南越的关系开始恶化，后来赵佗自立为帝。汉文帝登基后，又让陆贾重走一趟南越，还带了一封书信给赵佗。这封信可以说是教科书一般的外交案例。赵佗很快回了信，并道了歉，表示愿意第二次臣服大汉，这次是臣服于汉文帝。

汉文帝在外交上的理念是以德服人，不打仗，不折腾，能不用兵就不用兵，用外交的手段和平解决，哪怕用兵可以打胜仗，也不做仗势欺人、以力服人的人。这样做的坏处是看上去没有很霸道，似乎没那么爽，但是好处是省钱、省人，能长治久安。对于现代公司的管理，我们能从中得到什么样的启发？怎样做才能以德服人，避免恶性竞争？

1. 好的谈判绝不是撂狠话

初，隆虑侯灶击南越，会暑湿，士卒大疫，兵不能隃领。岁馀，高后崩，即罢兵。赵佗因此以兵威财物赂遗闽越、西瓯、骆，役属焉。东西万馀里，乘黄屋左纛，称制与中国侔。

最开始，隆虑侯去打南越，正好赶上天气炎热，好多人都生病了，翻不过山岭，打不过去。坚持了一年，吕后死了，隆虑侯也就罢兵了。于是赵佗就用兵马威胁、财物贿赂周围的地方都归顺于他。现在南越有一万里的疆域，赵佗出门配车的规格、称号、礼制就跟汉朝的皇帝一样。

帝乃为佗亲冢在真定者置守邑，岁时奉祀；召其昆弟，尊官、厚赐宠之。复使陆贾使南越，赐佗书曰："朕，高皇帝侧室之子也，弃外，奉北藩于代。道里辽远，壅蔽朴愚，未尝致书。高皇帝弃群臣，孝惠皇帝即世；高后自临事，不幸有疾，诸吕为变，赖功臣之力，诛之已毕。朕以王、侯、吏不释之故，不得不立；今即位。乃者闻王遗将军隆虑侯书，求亲昆弟，请罢长沙两将军。朕以王书罢将军博阳侯；亲昆弟在真定者，已遣人存问，修治先人冢。"

赵佗原来是秦朝的大将，秦朝灭亡后，赵佗就势在征战之地占了一亩三分地，开始称王。但他的家、祖坟都在真定，都在中国的北方。汉文帝就善待他的祖坟，安排人把守，并且按时祭拜，又把他的兄弟招过来，封官、奖赏；同时，派之前去过南越国的陆贾进一步去跟赵佗直接交流，还让陆贾带去了一封亲笔信。

汉文帝在信中说，我是高皇帝侧室的孩子，被刘邦搁在外边，帮他看着北方的边界，那里实在太遥远、太闭塞了。我愚笨，孤陋寡闻，从来没给您写过信。高皇帝走了，孝惠皇帝继位，不幸生了病，也走了。如今，我继位了。我之前听说您给隆虑侯写过信，想要寻访您的兄弟，还请求罢免长沙的两位将军。我已经写了信，把博阳侯罢免了。另外，您的兄弟在真定，我已经让人去问候了，也给了他官职和赏赐，并且把您的祖坟也修了。

“前日闻王发兵于边，为寇灾不止。当其时，长沙苦之，南郡尤甚；虽王之国，庸独利乎！必多杀士卒，伤良将吏，寡人之妻，孤人之子，独人父母；得一亡十，朕不忍为也。朕欲定地犬牙相入者，以问吏，吏曰：‘高皇帝所以介长沙土也，’朕不得擅变焉。今得王之地，不足以为大；得王之财，不足以为富。服领以南，王自治之。虽然，王之号为帝。两帝并立，亡一乘之使以通其道，是争也；争而不让，仁者不为也。愿与王分弃前恶，终今以来，通使如故。”

前一阵听说您在边境发兵，与此同时，长沙饱受其苦，南郡的处境更惨。难道只有大汉受到损伤，您自己统领之地、自己的军队就一点损失也没有吗？这么打下去，双方的士卒、将士、官吏都将死伤无数。得一点小利，却失去十倍的利益，这种事我不忍心去干。

我看长沙和南越国的交界犬牙相错，本想稍稍做一些变动，但这是高祖刘邦定下来的疆界，我不好擅自更改。从这句话开始，汉文帝放了一些软中带硬的话。现在如果我得了您的土地，大汉的疆域也不会扩大多少；得了您的财富，大汉也不会富多少。咱们就讲和吧，服岭以南的土地都是您的，您自己管就好了。

下边的话就更狠一点，但听上去还是温文尔雅。即使这样，您自号为帝，我也是皇帝，天下有两个皇帝，咱们俩之间又没有使者往来，这么做就是在争天下。我们打来打去，不让彼此，这种争斗不是仁义的人会做的，我希望跟您尽弃前恶。之前彼此的恩恩怨怨就算了，从今天开始到天长地久，我们恢复通使往来。

汉文帝通篇没撂狠话，即使在最后提出会让他不舒服的那一点——两帝并立时，都没有说你不能再称帝，只有我一个人能称帝。

拆解这封信，汉文帝在其中说了三层意思。

第一层，先说我并非显赫正统的出身，一直想跟您联络，但联络不上。机缘巧合下，我当上了皇帝，把您的祖坟、您的亲戚照顾得都不错。

第二层，多了您的这块地，我的领土不会变大；多了您的这些钱财，我也不能变得更富，我不想打，不想争了。但是您现在还自封皇帝，就这样，咱们别争了，至于怎么不争，您自己琢磨琢磨。

第三层意思就是别打了，虽然您自封皇帝让我不舒服，但咱们还是互通使节。

作为堂堂大汉的皇帝，他都没有跟赵佗说你不该称帝，而是说两个人都称帝不合适。试想，如果两个人各自称帝，彼此还不沟通消息，这就是争，仁义的人不会争而不让。这话说得轻描淡写，举重若轻莫过于此。

2. 以德为宝，才有持续的胜利

贾至南越。南越王恐，顿首谢罪；愿奉明诏，长为藩臣，奉贡职。于是下令国中曰："吾闻两雄不俱立，两贤不并世。汉皇帝，贤天子。自今以来，去帝制、黄屋、左纛。"因为书，称："蛮夷大长、老夫臣佗昧死再拜上书皇帝陛下曰：老夫，故越吏也，高皇帝幸赐臣佗玺，以为南越王。"

陆贾出使南越，把汉文帝这封非常客气，但绵里藏针的信交给了南越王。南越王也是明白人，看过信后内心恐惧，顿首谢罪，跟陆贾说，我愿意听汉皇帝的话，他能这么写，实在是比我强太多了。我甘愿一直做他的藩臣，岁岁进贡。然后对全国下令说，我听闻天下两雄不能共立，两贤不能并存。汉皇帝是非常贤明的天子，从今以后我不称帝了。

汉文帝给赵佗的信很客气，但赵佗害怕了，他知道这个人以德服人，其能量可怕。于是，赵佗回了一封信，这封信说得更客气，我是夷蛮部落的酋长，是老臣，我不怕死地给您再拜上书。您听我说，我就是南越这块地方的一个官吏，高皇帝刘邦看得起我，才封我为南越王。

“孝惠皇帝即位，义不忍绝，所以赐老夫者厚甚。高后用事，别异蛮夷，出令曰：‘毋与蛮夷越金铁、田器、马、牛、羊；即予，予牡，毋予牝。’老夫处僻，马、牛、羊齿已长。自以祭祀不修，有死罪，使内史藩、中尉高、御史平凡三辈上书谢过，皆不反。又风闻老夫父母坟墓已坏削，兄弟宗族已诛论。吏相与议曰：‘今内不得振于汉，外亡以自高异。’故更号为帝，自帝其国，非敢有害于天下。”

高皇帝走了，孝惠帝继位，不忍恩断义绝，给我的赏赐非常丰厚。但是，吕后主事后，欺负我们这些少数民族，下令不许给我们金器、铁器、田器，也不能给我们牛、马、羊，如果给，也只给公的，不给母的，我们的马、牛、羊难以繁衍。我待的这个地方太偏僻，马、牛、羊年岁都大了，连祭祀都很难进行下去了。我派了三个人去长安上书，他们却都没能带回任何音信。

我又听说我父母的坟墓被破坏了，兄弟宗族也都被杀了。我和官员们商量，大家都说，我们现在得不到大汉的支持，在外边就和全凭自己没什么区别，那我们就改号为帝，自己过自己的日子。其实我们并不是想争天下，并不是想打大汉。

“高皇后闻之，大怒，削去南越之籍，使使不通。老夫窃疑长沙王谗臣，故发兵以伐其边。老夫处越四十九年，于今抱孙焉。然夙兴夜寐，寝不安席，食不甘味，目不视靡曼之色，耳不听钟鼓之音者，以不得事汉也。今陛下幸哀怜，复故号，通使汉如故；老夫死，骨不腐。改号，不敢为帝矣！”

高皇后吕雉听闻我称帝一事，大怒，削去南越的属籍，让使者不再相通，我的人到不了长安，长安也不向我这里派使节。我严重怀疑长沙王说我坏话，所以才发兵打他。我在南越已经四十九年了，已经是抱孙子的老人了，还是整天整夜睡不好觉，吃不下饭。我之所以如此悲伤地过日子，是因为我太想跟汉称臣，太想做汉朝的臣子了。现在我终于等到了这一天，吕后走了，您当了皇帝，您可怜我，恢复我南越王的称号，派使臣来看我。我即使死了，也是开心和满足的。我现在就改号，不再称自己为皇帝。

赵佗年岁很大，经历很多，知道自己的实力并不如大汉，也知道比自己实力强大好几倍的汉朝皇帝能俯下身来，愿意交他这个朋友，愿意让他自治，已经是最好的结果。所以赵佗写了一封情真意切、言语自谦的信回给汉文帝，避免了一场巨大又持久的战争。

3. 实力再强也要以德服人

如果两个国家接壤，如果两家公司有共同的业务领域，之间难免会有一些纠纷和争议，如何妥善解决是有学问的。

建议各位霸道总裁、各位特别能干的管理者，哪怕自己实力已经强到可以碾压对手的时候，还是要做人留一线，跟别人好好讲讲、好好谈谈，别打别闹，大家都退一步，这是从强者的角度讲怎么以德服人。

第一，强者要先有强者的实力。第二，即使有实力能打赢，也要选择不打。第三，要跟争议方进行沟通。第四，沟通的时候要谦虚谨慎，言语不要充满火药味，要给别人足够的面子，要给别人足够的台阶可下。第五，留出回旋余地的同时，还是要把硬话、狠话藏在谦虚谨慎的话里，老虎没有咬人，但它是有牙齿的。

从相对弱者的角度看，实力弱于人，那就要识时务者为俊杰，不要逞一时痛快，不要心存侥幸。自己实力不如人，别人已经主动讲和，先退一步，那自己就退更大的一步，这样才能实现和平共处。

转回来，从现代管理的角度看，身处市场地位第一的老大，跟老二、老三也应有不同的做法。做老大、做一把手的，不要想着把别人斩尽杀绝，独霸整个市场，那不是你该做的。老大要有老大的样子，要给老二、老三、老四、老五留下足够的生存空间，要跟他们定下规则、规矩，要和大家共同分享这个市场。

文帝纳谏：
CEO 要创造听到不同意见的企业环境

作为一个霸道总裁，你该如何让别人提出反对意见？又该如何接受这些意见？“冯三点”讲三点。

第一，这件事非常必要。第二，这件事非常难。第三，只要有组织，有一把手，有霸道总裁，这件事就一直存在。但是，为什么提出反对意见那么难？为什么有些人能听到反对意见，有些人就听不到？

汉文帝和刘邦一样，是中国历史早期有明确记载能从谏如流的皇帝，但是汉文帝面对的情况比刘邦更复杂，做得也比刘邦更系统。因为他身边的多数人没有与他一起长大的经历，没有更多的成长和共事基础，如何让这些人相信自己是能听得进反对意见的，需要技巧。

1. 有时候 CEO 很难听到不同意见

癸卯晦，日有食之。诏：“群臣悉思朕之过失及知见之所不及，匄以启告朕。及举贤良、方正、能直言极谏者，以匡朕之不逮。”因各敕以职任，务省繇费以便民；罢卫将军；太仆见马遗财足，馀皆以给传置。

在文帝说这番话之前，发生了两件事：第一件，大聪明人陈平善终了。第二件事，自愧不如陈平的周勃又当了丞相。

有一次，汉文帝跟大臣说，看啊，发生日食了。当时出现这种现象，皇帝往往会认为是自己出了差错，被上天警示，才出现天象的大变，于是下诏书说，各位群臣想想我的过失，想想我的见识不及之处，请大家启奏告诉我。另外，希望你们举荐那些有才能、品行贤良正直、敢于直言相劝的人才到我身边，让他们把对我的意见说出来，帮我把做不到的地方补足。此外，汉文帝还实施了一系列清政富民的举措，包括减少徭役负担、罢掉卫将军、减少戍边的劳役，还让太仆只留下够皇家日常使用的马匹，其余的马都留给驿站使用。

颍阴侯骑贾山上书言治乱之道曰：“臣闻雷霆之所击，无不摧折者；万钧之所压，无不糜灭者。今人主之威，非特雷霆也；势重，非特万钧也。开道而求谏，和颜色而受之，用其言而显其身，士犹恐惧而不敢自尽，又况于纵欲恣暴、恶闻其过乎！震之以威，压之以重，虽有尧、舜之智，孟贲之勇，岂有不摧折者哉！如此，则人主不得闻其过，社稷危矣。”

灌婴的团队中，一个名叫贾山的人向皇帝上书，讲治理国家避免风险的方法。他是这么说的，雷霆之力无坚不摧，千钧顶一压，没有不被压死的。现在皇帝您的威严比雷霆和千钧顶还厉害，无人不怕。

哪怕您号称跟以前所有的贤君、贤人一样，鼓励臣民进谏，希望别人跟您说不同的意见，有人说不好听的您就鼓励他、奖励他，甚至封他官。即使这样，士大夫阶层、做官的、有文化的这些人还是会心怀恐惧，不敢说真话，不敢给您提意见，不敢说让您不高兴的话。

更何况您根本就不想听不同的意见，根本就不想听那些说您不好的话。你用雷劈他，用千钧顶压他，用您的皇权制衡他，即使您有尧舜的智慧，有孟贲的勇气，也没用。如果您断了言路，听不到不好的声音，社稷就会很危险。

“今陛下使天下举贤良方正之士，天下皆䜣䜣焉曰：‘将兴尧舜之道、三王之功矣。’天下之士，莫不精白以承休德。今方正之士皆在朝廷矣；又选其贤者，使为常侍、诸吏，与之驰驱射猎，一日再三出。臣恐朝廷之解弛，百官之堕于事也。陛下即位，亲自勉以厚天下，节用爱民，平狱缓刑，天下莫不说喜。臣闻山东吏布诏令，民虽老羸癃疾，扶杖而往听之，愿少须臾毋死，思见德化之成也。”

如今陛下您让天下人推荐特别能干的人，天下人都非常开心。大家都说我们马上要向尧、舜看齐，造就三王之功指日而待。天下能干的人都励精图治，希望能够做出一番事业。现在能干的人都在朝廷里了，但是您却开始犯错了。您在这些能干的人中选出最优秀的，让他们到您身边。结果呢，您不是跟他们讨论管理，而是带他们出去打猎，和他们一同游乐。我担心这么下去，朝廷、百官就荒废了，他们就不想成事了，更不想持续成事了。

您继位后，天下欣欣向荣。您省吃俭用，爱民如子，无为而治，不大动刑狱，天下百姓都非常开心。我听说，山东有官吏颁布您的诏令，百姓即使年迈、病重，仍然要拄着杖上前去听。他们都希望能多活一阵，能看到盛世，看到德化之成。

“今功业方就，名闻方昭，四方乡风而从；豪俊之臣，方正之士，直与之日日猎射，击兔、伐狐，以伤大业，绝天下之望，臣窃悼之。古者大臣不得与宴游，使皆务其方而高其节，则群臣莫敢不正身修行，尽心以称大体。夫士，修之于家而坏之于天子之廷，臣窃愍之。陛下与众臣宴游，与大臣、方正朝廷论议，游不失乐，朝不失礼，轨事之大者也。”上嘉纳其言。

现在您刚刚成了一些事，天下人觉得您治国有方，四方都仰慕跟从。您选用了这些又能干又正直的大臣，您不跟他们好好商量怎么管理国家，整天跟他们打兔子、打狐狸，这么下去会损伤您的大业，也会伤了天下人的心，让天下人失望、绝望。我深深地为您感到惋惜。

皇帝听进去了，认为他说得很好。

2. 能真实地听进不同声音，是一种能力

上每朝，郎、从官上书疏，未尝不止辇受其言。言不可用置之，言可用采之，未尝不称善。

汉文帝希望大家多说他不爱听的话。每天上朝，有人向他进言，他一定停下车驾，接受这些人进呈的折子。对于那些不靠谱、没道理的建议，他就把这些建议放在一边，并不责骂。如果这些建议可以被采纳，他一定大加赞赏。

这是非常重要的一点。希望大家对自己说一些不好听的话，这只是第一步。更关键的是第二步：无论别人说什么，都要虚心接纳，对好的建议要大声赞扬，如果建议毫不靠谱，也要一笑置之，不要骂人。

很多霸道总裁宣称自己想听到不同的声音，在大庭广众之下说希望各位畅所欲言，但是说出这番话的人，十有八九在面对逆耳忠言时，

很难做到接纳，很难做到微笑倾听，很难做到哪怕不靠谱，也不批评人家。

当然他们比一般人聪明，比一般人有能力，正是因为他们经常能把事情做对，所以更难听进去不同的声音。他们可以从理论上、从实践上欢迎各种异议，但是如果做不到第二步——真正聆听并接纳，慢慢地，也就听不到多元的声音。哪怕自己大声疾呼，希望大家简单、坦诚、阳光地说出心里话，但自己无法践行，时间久了，大家也就不愿费劲去说了。

号召大家发表不同意见是相对容易的，也是很多霸道总裁、一把手会做的。但是在实践中，真的听到不同意见之后，能够认真对待，能够不生气，能够不报复特别爱提意见的人，这样的霸道总裁已经很少了。文帝不仅做到了喊出口号，广开言路，也做到了在实践中能乐呵呵地听进大多数的不同意见。有则改之，无则加勉，这是一种能力。

3. 听不同声音，是为了降低风险

五月，诏曰："古之治天下，朝有进善之旌，诽谤之木，所以通治道而来谏者也。今法有诽谤、妖言之罪，是使众臣不敢尽情而上无由闻过失也，将何以来远方之贤良！其除之！"

汉文帝说，古代治天下，在朝廷上立着鼓励大家提不同意见的旗子，还立了诽谤之木，希望大家说一些不同的意见。"诽谤"这个词放到现在不是一个好词，但是在古代它是备受推崇的行为。

这简简单单几句话，其实是非常重要的，是打开言路的最后一条，也是最重要的一条。什么意思？喊口号容易，实施难，保障制度更难。皇帝也是人，反对意见听多了，也会心烦。听到那些离谱的意见，也会生气。如果没有制度定下来，哪怕号召说怪话、说不同意见，哪怕在现实中绝大多数时候能够有则改之，无则加勉，但多数人还是担心，还是不敢做，所以要给这些人制度的保障。

神奇的是，汉文帝都做到了，不仅身体力行，而且在制度上除掉了诽谤罪、妖言罪，希望大家多说、放开说，希望说得越直接、简单、坦诚越好。这不是一件容易做的事。如果能做到汉文帝所践行的这几点，你很有可能已经成为霸道总裁中最强、最棒的那百分之一了。听不同，要有心胸；听不同，也要有制度保证。

如果你时常能听到不同的声音，听到反对的声音，听到让你不舒服的声音，那么你和你所处的组织，面临的风险就越小，你就越强大，领导的组织也就越强大。不过这本身就是一个悖论，如果你本身就是一个特别强的霸道总裁，出错的机会就少，这个时候就容易不喜欢听否定的意见，不喜欢听不同的意见，不喜欢听那些会让自己生气的意见。但恰恰在这个时候，你置身于信息茧房，个人和组织的风险就非常大。

如果在自己很强的时候，还能听到不同的意见，听到让自己不开心的意见，听到让自己改进的意见，哪怕他们说得不对，至少反映了一点——我很强大，组织面临的风险完全可控。那为什么要听不同？是为了能够及时地发现问题并降低风险。

到这里，我要提醒我自己，也要提醒大家，如果有很长一段时间，没有听到让自己不舒服的反对声音，就要有所警惕了。当然，不舒服的声音、反对的声音不一定是对的声音，但是无论对错，学会集思广益，才是一个健康的状态，这样才能让自己和身处的组织风险变小。

圣主不乘危：
CEO 要做好个人风险管理

汉文帝身边有很多大臣愿意劝谏他，其中一个名臣叫袁盎。袁盎不仅在国事上劝谏汉文帝，在家事和私事上同样敢于直言。

但汉文帝都听进去了，充分说明皇帝的私事也并非独立于国事之外，甚至跟国事紧密相连。皇帝作为一国的决策核心，不仅要管理好国事，同时也要管理好自己和身边的人，这就是个人的风险管理。

现代管理也是一样，公司的 CEO、董事长的身体状况，甚至会引发上市公司的股价波动。借着这个故事，我们来聊一聊个人风险管理的问题。

1. 皇帝既要管好国事，也要管好私事

帝从霸陵上，欲西驰下峻阪。中郎将袁盎骑，并车揽辔。上曰："将军怯邪？"盎曰："臣闻'千金之子，坐不垂堂'。圣主不乘危，不

徼幸。今陛下骋六飞驰下峻山，有如马惊车败，陛下纵自轻，奈高庙、太后何！”上乃止。

有一次，汉文帝想向西飞驰下山，这时中郎将袁盎赶过去，与文帝车驾并行伸手将马缰绳挽住。文帝说，将军您害怕了吗？

袁盎说，微臣听说富家之子和有很多钱的人从来不坐在堂屋的边缘。明君是不涉险、不心存侥幸、不做极限运动的。您现在的车上配有六匹骏马，您就这样从山顶飞驰而下，如果马惊了、车坏了，您就会受伤，甚至丧命。哪怕您愿意享受这一时多巴胺、荷尔蒙的分泌，但是江山怎么办？社稷怎么办？太后怎么办？文帝很不高兴，但是作为一代明君，作为能够听进不同意见的明君，文帝还是停了下来。

上所幸慎夫人，在禁中常与皇后同席坐。及坐郎署，袁盎引却慎夫人坐。慎夫人怒，不肯坐；上亦怒，起，入禁中。盎因前说曰：“臣闻‘尊卑有序，则上下和’。今陛下既已立后，慎夫人乃妾；妾、主岂可与同坐哉！且陛下幸之，即厚赐之。陛下所以为慎夫人，适所以祸之也。陛下独不见‘人彘’乎！”于是上乃说，召语慎夫人，慎夫人赐盎金五十斤。

汉文帝有个很宠爱的妾室慎夫人，在皇宫内经常与皇后同席而坐、平起平坐。有一次，到了郎署，慎夫人又坐在了皇后和皇帝身边。袁盎站出来，把慎夫人引到了后排就座。

慎夫人大怒，很生气，不肯就座。皇帝看到自己心爱的女人生气了，被他的团队蔑视了、怠慢了，也很生气，起身回宫。

袁盎跟皇帝说，我这么做是有原因的。我听说“尊卑有序，则上下和”，有了尊卑，要有秩序，有了这种秩序，上下才能和睦，在上位的人才有安全感，周围的人才能安心。如今陛下您已经确立了皇后，慎夫人是您的妾，不是皇后，哪有妾和皇后同排就座、并肩就座的道理？

您这样打破尊卑的秩序，其实恰恰是害了慎夫人，您不是帮她，您是害她。虽然她暂时开心，您暂时开心，但长此以往，她一定会因此增加很多祸患。祸患增加了，将来她因此受到的伤害也会增加。当年吕后对戚夫人所做过的事情，您难道忘了吗？前车之鉴其实并不遥远啊。

听到这里，汉文帝明白了，认为袁盎做得很对，于是把慎夫人召过来，告诉她袁盎为什么这么做，他是怎么想的，以及自己对袁盎做法的认同。慎夫人虽然心里不舒服，但也认可了袁盎的做法，并赐给袁盎五十金。

2.CEO 的言行、安危关系到整个公司的安危

试想，如果你是一个君王，被人告知：一要勤政，勤奋地处理政事、处理政务，管理国家，管理人民。二要组织好队伍，维护、培养官僚集团、官僚体系。三要接待重要外宾，参加重要活动。四不能玩耍，不能到处乱跑，不能随便出宫，更不能随便出首都。你不是你自己，你是国家最重要的资产。你不是一个人，你是最重要的一块“肉”。哪怕想开心玩耍，周围人也绝不答应。如果你是霸道总裁，被周围人这样要求着管理自己一天、一年，甚至几年如一日，十年如一日，你会觉得这辈子过得有意思吗？

但是说回来，欲戴皇冠，必承其重。在了高位，有了大名，有了大权，有了大钱，你就不只是你了，是一个机器中重要的一环。你的一言一行、你的安危以及你周围人的安危，跟整个机构的安危密切

相关。

你如果只是一个普通人，跟人打架，折了一条腿，甚至丧命，那只是你自己的事情；而如果你是一个大机构的CEO，你丧命了，那整个机构都会受到影响。别说丧命，如果你塌房、名声受损，那也不只是你一个人的事，公司的价值会遭受重创，员工、核心团队乃至他们的生计和生活也会受到巨大困扰。

创业期对于领导人的要求相对低一点，但是守成阶段就不一样了，如果要维持一套秩序，运转好一套官僚机构，那就不得不尊卑有序，这样才不会乱，这样上下才能和睦。曾国藩讲“大处着眼，小处着手”，以及“群居守口，独居守心”，很多人在一块儿，好几个人在一块儿，谨言慎行，以免留下把柄。

从这个角度去看，简单总结CEO的个人修养，什么叫圣主不乘危？哪些是CEO一定要避免的事？

第一，不要做极限运动。第二，注意男女关系，要极端谨慎。第三，不偷税漏税，尽量多交税。第四，不乱说话，不破坏公序良俗。第五，少出席一些非必要活动，少做线下活动，低调行事，没事别出来。

3.CEO身边的人，要以让为本

在霸道总裁的个人风险管理中，CEO挺惨的，CEO特别爱的人，其实也有惨的地方。

袁盎把慎夫人请到后排就座，就是其中一个表现。不仅是座位，还包括餐桌上的位置，包括称呼“您”还是“你”，包括方方面面跟人打交道的地方，CEO最爱的这些人，不得不谨慎小心，还是那句话“欲戴皇冠，必承其重”，没有一件事能尽善尽美。如果是CEO、霸道总裁身边的人，那么你也要进行个人风险管理。其实这么做，也是在帮助 CEO 降低他的风险，因为你不只是你，你们是一个整体。

再往下打深一层，霸道总裁身边亲近的人，该如何做好个人风险管理？如何帮助 CEO 降低风险？一个字——让。让着别人，一路让着别人，把好处留给别人，把显眼的位置留给别人，把好吃、好玩的留给别人。自己已经是 CEO 爱的人、CEO 身边最亲近的人，自然会有一些躲不开的好处，那么在能让的时候，尽量把好处让给别人。这样看似很委屈，但实际上你才是最后的受益者，CEO 也会因为这种谦让而最终受益、长期受益。

圣主不乘危，圣主身边的红人要谦让，以让为本。

积贮大命：
现金流管理是一个公司的命脉

汉文帝时期，有一个非常有名的人物叫贾谊，他写了一篇著名的《论积贮疏》。他说，积贮是国家的命脉，如果让百姓都重返农业生产，重返他们的本源，国库就会充足，天下才会安定和太平。文帝被贾谊的话打动，下诏重视农业生产，亲自耕作，为天下臣民做出表率，并减免了百姓的田租。

贾谊的这番话，充分说明了国库储备的重要性、现金的重要性和现金流的重要性。只有国库充足才能应对未来的天灾、人祸和外患。

现在的企业管理也是如此，只有企业拥有充足的现金储备，拥有非常稳定的现金流，才能充分应对未来的内忧外患。反之，可能会出现资金链断裂等一系列问题，最终被人兼并收购。

企业想基业长青，一定要重视现金储备和现金流管理。具体该怎么做？我们展开讲讲。

1. 自古以来，吃饱都是最重要的一件事

贾谊向文帝上书《论积贮疏》，是这么说的：

贾谊说上曰：“《管子》曰：‘仓廪实而知礼节，衣食足而知荣辱。’民不足而可治者，自古及今，未之尝闻。”

贾谊先引用了《管子》中管仲的一个说法，人只有吃饱了才懂得道理，才知道进退，才能有羞耻心，才能追求荣誉。如果百姓吃不饱、穿不暖，很大概率会引发社会动乱。贾谊说对了一件事：温饱是天下的基础。

“古之人曰：‘一夫不耕，或受之饥；一女不织，或受之寒。’生之有时而用之无度，则物力必屈。古之治天下，至纤，至悉，故其畜积足恃。”

贾谊又引用了一段古话，男人不耕地，有人就要饿肚子；女人不织布，有人就要没有衣服穿。这种说法放在古代有可能是对的，放在今天就要画一个问号。

人一辈子的时间有限，但贪婪是无限的，总是渴望在有限的时间内，能用尽天下的好东西。人心不足蛇吞象，虽然一天只需要吃三顿，一年只有 365 天，一辈子只有 3 万多天，但普通人的人性就是贪得无厌，希望有取之不尽的吃穿用、用之不竭的好东西，每个人都一样。如果放任这种想法，物力一定会耗竭。

古代治理天下非常仔细、非常小心、非常勤俭，人性切不可过分张扬。一定要把一些东西积攒起来，让危时、饥时、苦时、困时也有足够的物资可用。

“今背本而趋末者甚众，是天下之大残也；淫侈之俗，日日以长，是天下之大贼也。残、贼公行，莫之或止；大命将泛，莫之振救。生之者甚少而靡之者甚多，天下财产何得不蹶！”

现在是什么状态？现在不务农的人越来越多。这些人不务农之后，去干什么呢？去做那些末流工作。什么是末流？工、商，特别是商。商人是做流通的，贱买贵卖，是一门心思想挣钱的末流。不干农活的人都去当手艺人，都去当商人，产不出粮食，这对天下来说是极大的伤害。

另外，有供给，就有需求。谁需求？就是这些骄奢淫逸的人。喜欢小物件，沉迷无用之物的人越来越多，社会就形成了风气，这也是天下的大危险。

一方面，负责供给的人不去种田，去弄那些无关紧要的东西。另一方面，需求方不再满足于吃饱穿暖，开始渴求那些奢靡之物。这一方供给和一方需求综合起来，相互反应，容易形成天下的大祸害。危险就在眼前，危险日益变大，但是没有人去制止。简单地说，生产得少，但使用得多；生产得少，但消费得多，那天下的物力怎么可能不枯竭、不被耗尽呢？

以上属于理论部分，那汉朝的实际情况是什么样的？

“汉之为汉，几四十年矣，公私之积，犹可哀痛。失时不雨，民且狼顾；岁恶不入，请卖爵子。既闻耳矣，安有为天下阽危者若是而上不惊者！”

西汉建国已经有40年了，刘邦死了，那些开国老臣也死得差不多了，公家、百姓两方面的积累，看着实在少得可怜。

如果今年风不调，雨不顺，百姓就会很狼狈。如果今年风非常不调，雨非常不顺，有点大灾大难，那些原本拿粮食换官的富人，就要卖了官换粮食，这还是富裕的人，能勉强有口吃的，贫穷的百姓可能就要卖掉自己的孩子。这种事情皇帝您应该已经有所耳闻，天下已经这么危险，摇摇欲坠了，您怎么还能不震惊、不惊醒，不做点什么呢？

2. 健康的商业模式才是公司之本

总结一下这个故事对后代的启示，对现代管理的启示。

第一点，温饱非常重要。我妈说过一句话，家里有一根葱就不往外冲。也就是说，家里有根葱，就不会上街打架，就不去闹事。日子虽然很苦，但是勉强能过。所以温、饱这两件事，特别是饱这件事，是重中之重，一定是历朝管理者最要小心、最要重视的事。

第二点，吃饱饭就要重视农业。贾谊的这些思路、建议、对问题的分析——通过重农解决吃饭问题——从这个角度看，我是同意的。他的本质是要有底线思维。国家有粮，家里有粮，心里不慌，所以一定要想清楚如何保住基本的粮食供给。未来一、二、三年甚至四年、五年，基本的粮食供给怎么保证？为了确保粮食安全应该怎么做？是否需要倾全力重视农业。

第三点，我不同意贾谊“什么是本，什么是末”的观点。难道只有农业是本，商业、奢侈品都是末吗？我觉得这么想有非常大的问题。一个地方出产了很多粮食就意味着天下都能吃饱吗？就意味着能运输出来吗？就意味着能有效分发到各地吗？就意味着能让需要的人都吃上饭吗？不是的。这个地方不产粮食，就意味着这里的人吃不饱饭吗？也不是。

贾谊是明确提出重农主义的人，他认为农是本，而商业、奢侈品都是末。但站在现代商业管理、现代企业管理的角度看，我可以很负责地说“农”不一定是本，“商”和奢侈品不一定是末，更应该从整个商业模式去考虑。如果把“农”定为起点，定为RND（Research and Development，即为研究与开发），定为研发，定为生产、产品的研发、产品的生产、服务的研发、服务的提供，没问题，它可以是起点。但是光有起点并不意味着有了一切，起点不一定是根本的根本。难道营销不是吗？渠道不是吗？

一个产品、一种服务只有通过有机的、系统的商业模式才能让潜在用户知道、购买，让他们成为真正的实际用户，进而重复购买、口耳相传，让更多的人知道，留住用户，反复购买，把产品进一步传播出去，带来更多用户，才能实现人、财、物的真正流动，才能把蛋糕越做越大。产品、宣传、销售渠道、销售、售后服务，再反馈到产品，产品再迭代，这样才能形成真正健康的商业模式，这才是公司之本，才是国家之本。

自贾谊这篇文章开始，中国开始了漫长的重农主义、轻商主义之路。轻视商业，轻视流通，轻视在流通中增加附加值。与此相配，不重视奢侈品，甚至抑制商业，抑制科技的产生和发展。这些轻商主义、不重视科技的习惯，源头可以说是这篇文章的圣手贾谊，但是，让这种传统、这种风气、这种轻商重农的习惯变得更严重、更厉害、走向极端的是中国古代的统治方式。统治者希望控制，如果让他们选择，一边是低物质生活水平上的强控制，另一边是高物质水平上的弱控制，几乎无一例外地，历朝历代的统治者都会选择第一种。

统治者不喜欢大商人，不喜欢奢侈品吗？他喜欢奢侈品，但是不喜欢因为奢侈品发了大财的这些商人。统治者希望这些富可敌国的商人都回家去种地，别在都城里晃悠，别结交那么多权贵，别把那些权贵都当成自己的某种工具。富可敌国之后，他们必然会成为国家潜在的敌人，很有可能会给皇帝造成麻烦。所以中国古代的管理模式，造成了管理者都非常喜欢贾谊的轻商重农主义。

3. 企业管理最需要关注现金和现金流

打深一层，落到今天的管理上，一定要重视两个概念：一个是现金，一个是现金流。

现金，是指手上的现金，或者可以迅速变成现金的等价物——二级市场流通性很好的证券和资产，某种程度上都算现金及其类似物品。

一个 CEO、一个霸道总裁，一定要清楚公司现在的 Burning rate (烧钱速率)。一种是 Normal burning rate（日常公司支出），正常的消耗，手上的现金能支撑多久？另外一种考量是在非常紧缩的情况下，公司每月、每季度、每年要消耗多少？在这种紧得不能再紧的消耗下、最严格的支出控制下，手上的现金还能让公司撑多久？假设公司不能造血，现在的“血”，敞开了用，能用多久？正常用，能用多久？掐着脖子、勒紧裤腰带，能用多久？这是现金管理最重要的出发点——能活多久。

再来是现金流管理。光花钱，不发展，钱会越花越少，发展还是硬道理。光重视农业，光重视研发，光重视现在成形的业务，光重视现在能带来现金的业务，但是不重视发展，不重商，不重奢侈品，不重科技，光依靠手上的农业，光靠现在能挣钱的业务，是不可能变成一个富人的。或许能维持现状，很稳定，但是变不成一个富裕的国家，变不成一家非常强悍、强有力的公司。

必须建立起一套完整的、系统的并且富有活力的商业模式。既要重视农业，也要重视商业。不仅生产食物，也要生产各个等级、各个品类的奢侈品。在研发、生产奢侈品的过程中，重视在过程中产生的科技、手艺和能力。光种粮食，无法富甲天下，只有建立好的生意模式和商业模式，平衡发展各类产品和各类服务，既能做好宣传又能卖出去，现金流才能够正常流转。

在流转的过程中，钱也就有了，财富也就产生了，价值也就创造出来了，国家会变成一个富裕的国家，公司会变成一个富裕的公司，你也会变成一个有钱人，团队也将变得富裕、富足。

总结下来，重农对不对？对，这是生死线，不重农很可能无法满足温饱。但是光重农，在重农的同时轻商、抑商，对不对？我认为不对。重农解决了生死问题，但是解决不了变富裕的问题。只有重农又重商，才能维持平衡和健康的流转。有现金，还要有现金流，有现在能够稳定的现金流，还要有未来更加强劲的现金流，这样时间长了，才能产生一家真正的百年老店，人民才能真正富足，国家才能真正强盛。

汉纪六

公元前 177 年

公元前 170 年

不拜啬夫：成事比口才更重要

有一天，汉文帝到禁苑闲逛，负责驯养禽兽的官员上林尉在旁陪同。汉文帝询问关于珍禽异兽的事，上林尉答不出。这时，旁边负责饲养老虎的下属知道细节，如数家珍，替上林尉回答了汉文帝的提问。汉文帝非常满意，觉得这个人很厉害，想破格提拔他为管理禁苑的上林令。

这时张释之跳出来劝谏汉文帝，说您这么做有欠考量。文帝听了张释之的一番话，觉得很有道理，没有给这个养虎人升官。不仅如此，回去的路上还让张释之陪同，问了他一路有关秦朝政治的弊端，张释之都给出了基于自身理解的简单、坦诚、阳光的回答。就这样，十年未曾升迁、差点就要辞官的张释之，被汉文帝升为公车令。

这个案例对当下很多人的困境或许都有所启发。在职场上，很多人说，某人的智慧不如我，能力不如我，就会写报告、写 PPT、讲 PPT，凭什么他就能升职？老板为什么会任命这样的人？如果你碰上这样的事，该怎么办？

1. 了解细节的基层员工会更吃香

初，南阳张释之为骑郎，十年不得调，欲免归。袁盎知其贤而荐之，为谒者仆射。

南阳人张释之是一个骑郎官，十年都没有升迁，正打算辞职回家。袁盎知道他德才兼备，就把他推荐给了汉文帝，随行在侧。之后，张释之果然得到了显山露水的机会。

释之从行，登虎圈，上问上林尉诸禽兽簿。十余问，尉左右视，尽不能对，虎圈啬夫从旁代尉对。

一次，皇上到上林苑闲逛，张释之也陪在身边。去了哪儿呢？去了虎圈。这时候，汉文帝问陪同的上林尉，园中的禽兽都是什么状态？每种禽兽的数量都是多少？它们几岁了？稀有程度如何？健康程度如何？接连问了十几个问题。

文帝是个很好的皇帝，是一代明主、一代明君。他性格特点鲜明，喜欢问问题，喜欢追问细节，喜欢周围人对数字和具体情况了解得很清楚。但上林尉一个问题也答不出，什么都不知道。

于是他的手下——虎圈啬夫，就在旁边替上林尉回答了皇帝的提问。通常来讲，上林尉如果没有给出明确的指示，他的下属不该说话。但这次上林尉的确给出了指示，这个虎圈啬夫就相当积极地跳出来，抓住了在皇上面前答复的机会。

上所问禽兽簿甚悉，欲以观其能，口对响应无穷者。帝曰："吏不当若是邪！尉无赖！"乃诏释之拜啬夫为上林令。

文帝问得非常细，他希望能看到虎圈啬夫的水平到底如何。是只知道第一层，还是可以打深，再知道一层、两层、三层？结果虎圈啬夫张口就来，拍脑袋就有数据出来，信息、数据如倒豆子一般倒给汉文帝，完全没有被汉文帝的问题难倒。

这个时候，汉文帝慨叹，做官吏的不就应该这样吗？问啥知道啥，不问啥还能知道啥。上林尉的水平不怎么样，没才没能。于是文帝跟张释之说，拜啬夫为上林令。

2. 能成事比会表达更重要

汉文帝要把虎圈啬夫提拔上来，让张释之去落实这件事。

释之久之前，曰："陛下以绛侯周勃何如人也？"上曰："长者也。"又复问："东阳侯张相如何如人也？"上复曰："长者。"释之曰："夫绛侯、东阳侯称为长者，此两人言事曾不能出口，岂效此啬夫喋喋利口捷给哉！且秦以任刀笔之吏，争以亟疾苛察相高，其敝，徒文具而无实，不闻其过，陵迟至于土崩。"

张释之沉吟了很久，还是决定上前向皇帝提出不同意见。毕竟跟皇帝说话是件风险挺大的事，如果说不好，得罪了皇帝，这辈子就完了。

他用了提问而不是直接给答案的方式，说陛下您觉得绛侯周勃是什么样的人？皇帝说，宽厚长者。张释之又问，您觉得东阳侯张相如是什么样的人？文帝又说，宽厚长者。绛侯、东阳侯这两人都是宽厚长者，他们曾经想说话说不出口，想讲事讲不出来，您觉得他们俩应该像虎圈啬夫这样对答如流、伶牙俐齿吗？

接着，他又引用过去的例子向皇帝说明，如果您过于推崇伶牙俐齿的人，会出现什么样的后果，会面临什么样的风险。张释之以秦朝为例，秦朝喜欢用刀笔吏，嘴狠、手狠、嘴快、刀快，每个人都以伶牙俐齿、能言善辩、网罗罪状、苛查到底为高明，谁话说得漂亮，谁事办得狠，谁就厉害。这样做的坏处是只有表面文章，没有实际效果。于是了不起的秦朝、像高山一样的秦朝，很快从高山变成丘陵，再从丘陵变成一堆散土，土崩瓦解。

“今陛下以啬夫口辨而超迁之，臣恐天下随风而靡，争为口辨而无其实。夫下之化上，疾于景响，举错不可不审也。”帝曰：“善！”乃不拜啬夫。上就车，诏释之参乘。徐行，问释之秦之敝，具以质言。至宫，上拜释之为公车令。

今天您因为虎圈啬夫说话漂亮，干脆利落，有结构化思维和结构化表达，就破格提升他，我担心全天下都会上行下效。您是天子，万人之上，您的偏好就会变成全天下的风向标，您指哪儿就会有人打哪儿。

您这么喜欢能言善辩的人，大家就会放下书本，放下手上的事，都去做结构化思维和结构化表达的训练，整天琢磨事情，整天学习表达，都去练这些嘴皮子上的功夫。不求实际的功效，只根据上位者的喜爱投其所好，是非常自然、非常迅速的反应。所以针对您偏好的举措，一定要谨慎小心，对于破格提升这种动作一定要谨慎小心。文帝听了张释之的劝谏，夸了一句，说得好。

劝谏很难，让别人说出不同意见，说出反对的话，是很难的。作为 CEO，要制定相关的规章制度，鼓励不同意见，并且还要配套形成文件，指明如果说得不对，不会被惩罚。即使这些配套政策都有了，为什么这么多朝代、这么多皇帝还是听不到有建设性的建议、有建设性的负面意见？原因很简单，因为大多数皇帝都不会纳谏，也不善于纳谏，不能像文帝那样，对于好的意见，特别是好的反对意见，可以简简单单地说你是对的，你说得很好，然后简简单单地跟着去做。

简单其实是很难的一件事，简单从来就没有简单过。文帝不仅没生气，不仅听从了张释之的意见，不拜啬夫，而且叫张释之一块儿到车里坐。文帝问张释之，看来你很了解秦朝，很了解秦朝之所以亡国的原因，那你说说秦朝的弊端都有哪些？张释之也简单、坦诚、阳光地做了回答。到了宫里，文帝拜张释之为公车令。

3.CEO 更应该着眼于大处

我们从现代管理的角度，重新讲讲这个案例。

这个案例涉及四个人物：文帝、张释之、上林尉、虎圈啬夫。

先说文帝。第一，汉文帝喜欢问问题，这很正常。领导如果不问问题，只靠拍脑袋、拍胸脯、拍屁股解决问题，早晚会出事。问问题是 CEO 该做的事，汉文帝问问题没错。

第二，是不是应该问很细的问题？我觉得即使问很细的问题，也不能说是错，只能说是他的风格。但是要告诫自己，要稍稍收敛。因为如果问了太多的运营细节，很有可能会在组织结构里产生很多紧张情绪，会让大家过分从小处着眼。某种程度上，如果 CEO 过度地、过分地从小处着眼，就会失去大处着眼的方向，失去大处着眼的精力。

第三，霸道总裁、CEO、文帝喜欢那些能言善辩、伶牙俐齿、知道细节、能把事想清楚、说明白的官吏，对不对？坦率说，没错。谁会喜欢说不出话，讲话没头没尾、不清不楚的官吏？所以，文帝在整个故事里的做法 90% 没大错，唯一一个做得有争议的地方，就是因为看到了一个手下的手下，能把事想明白，能把事说清楚，就要破格提拔他。这件事做得有点过了，甚至要提拔他问题都不大，只要不是破格提拔。

当然，之后文帝及时意识到自己的错误，在别人的劝说下马上改正，以及觉得这个人劝谏自己的能力很强，那就进一步让他多说说还有哪些自己想知道的，包括自己还有哪些不足。针对这个案例，文帝在其他地方的表现已经是满分中的满分。

下一个人是上林尉。毕竟作为一个操作型的官吏，当领导提出问题的时候，一问三不知，肯定不能说一点问题都没有。

再往下说，虎圈啬夫的表现怎么样？基本没什么大问题。当上级答不上来，一直用眼神提示让自己说两句，恰好自己又知道的情况下，上前表达没有问题。你升不升我，那是你的事，我开始回答问题，只不过是因为您问了，我的上级答不出来，那我替他答了。所以虎圈啬夫是不是一个好官吏？有可能，而且他很有可能胜任更多事。

第四个人物，张释之。张释之劝文帝不要“超迁”，不要因为伶牙俐齿就超迁某人，对不对？我觉得做得特别对，说白了就是不要坏了规矩，这是第一。第二，不要太看重口头之利，不要太贬低老实、扎实、本分、朴实的人，不要逞口捷之利，不要贵口捷之利。能说会道，能掐会算，能言善辩，能写会道，好不好？好，但是还要用业绩说话，而不是只靠表面文章。第三，张释之做得非常对的就是，点出文帝要充分留意自己的喜好。您的好恶非常重要，您做一件事往往会起到榜样的作用。树什么样的榜样，您要三思而行。所以张释之在处理这件事情上，至少对了三个方面：一是守规矩，二是不贬低老实、不贵口捷之人，三是榜样的作用是巨大的，要小心。

4. 表达能力是可以练出来的

如何提升表达能力?“冯三点”说三点。

第一，要练。只要有人的地方，和人打交道本身就具备某种表演性质。世界是舞台，我们都是某种程度的演员。既然是演员，就必须重视口才和文采。否则，没有口才，没有文采，别人怎么能知道你?特别是你的领导和上司怎么能在短时间内知道你的能力和潜力?如果张释之不善表达，说得不清楚，文帝能听进去的可能性会降低很多，提拔他的可能性也会降低很多。所以关于表达能力、口才和文采，我的第一个态度是：这件事很重要，要练，要好好练，要认真刻苦练。

第二，这事能练出来。我天生写文章还行，但口头表达一般，所以我就借助结构化思维，借助我能把事想清楚的特点，来克服口头表达能力的不足。我怕跟生人讲话，厌恶在大众面前讲话，害怕镜头，虽然现在还有恐惧，但基本已经克服了。克服的方式是什么?一是把事想清楚，多沿着我的书《金线》中提到的“金线原理”去练习，把事想清楚是好口才的前提条件，特别是对于那些没有口才天赋的人来说尤为重要。二是要多练。越是重要的事情，越害怕就越要多练习，比如对着镜头说话。

第三，光有口才、光有文采是不够的。它们能够帮助你获得很多资源、很多机会，但是说到底还是要成事，还是要把事做成。如果一个极端是这个人口才很好、文采很好，总是能说漂亮话，能写漂亮文章，但是事做得稀烂。另外一个极端是一个人话说不出来，文章写不出来，但事都干得干净、利落、漂亮。时间长了，大家互相了解得多了，会更愿意选择口才好但是不成事的人，还是口才不好但能成事、能持续成事、能持续多成事的人?我想答案是非常清楚的，一定是后者。所以尽管口才重要，但是跟成事相比，还是成事更重要。

有法必依：
想成事就要按规定执行

如果你进入一家大公司，遇到一件相对复杂的事情，你该做的第一件事是什么？在一个不熟悉、复杂的系统里遇上事，作为一个不熟悉这套系统的新人，第一个要问的问题应该是什么？就是以前这种情况是怎么处理的。先不要自作主张，不要别出心裁，先问问之前是怎么做的，再考虑之前这么做是否合适。如果没有绝对的反对理由，先守规矩，再说其他。

在“有法必依”的案例中，张释之向我们展示了汉代司法官吏有法必依、执法必严的决心。那么对于一家公司而言，制度、条例、法规确定之后，应该如何执行？如果执行中出现特殊情况，又该如何应对？

1. 依法办事，是为了让所有人安心

顷之，太子与梁王共车入朝，不下司马门。于是释之追止太子、梁王，无得入殿门，遂劾“不下公门，不敬”，奏之。薄太后闻之；帝免冠，谢教儿子不谨。薄太后乃使使承诏赦太子、梁王，然后得入。帝由是奇释之，拜为中大夫；顷之，至中郎将。

张释之劝谏文帝不要破格提拔人才没多久，太子和梁王乘坐同一辆马车进宫，过司马门时没有下车。一个是太子，一个是梁王，位高权重。换作别人，可能就放他们过去了，但张释之说不行。不仅不行，还要追过去拦住，不仅拦住，还要上奏弹劾他们，不下宫门，是为不敬。并且张释之还把他们不尊重规矩、不尊重皇权的事告诉了皇帝和薄太后。

通常情况下，有人做出张释之这种举动，一定会招人怨恨，甚至会遭报复，但张释之遇到了良主，遇到了明君。文帝把皇冠摘下来道歉说，不好意思，我教导儿子教得不好，是我的错。薄太后这才让使者带着诏书跟张释之说，皇帝都免冠致歉了，就赦免太子、梁王，让他们进来吧。

张释之据理力争，按规矩办事，得到了太后和皇帝的尊重。文帝也因为这件事认定张释之是个有奇才、有德行的人，先任命他为中大夫，后又晋升他为中郎将。

2. 管理公司很复杂，要按规矩办事

是岁，释之为廷尉。上行出中渭桥，有一人从桥下走，乘舆马惊，于是使骑捕之，属廷尉。释之奏当：“此人犯跸，当罚金。”上怒曰：

“此人亲惊吾马；马赖和柔，令他马，固不败伤我乎！而廷尉乃当之罚金！”

这一年，张释之做了廷尉，是中央判案机关的负责人，主理各种案件。一次汉文帝出行，过中渭桥时，被一个在桥下走的人惊了车马。文帝命令随从把这个人抓了，并交给廷尉张释之去审理。

张释之审查一番后，对皇帝说，这个人犯了应该回避但没回避的错，按律当罚钱。汉文帝很生气，这个人惊了我的马，幸亏我的马比较老实，否则我今天非死即伤。这个人差点害死我，你竟然只罚他的钱而已。

很有意思的一点，张释之之前劝皇帝不要涉险，现在发生了险情，却只是罚钱了事，张释之为什么这么想？为什么这么做？

释之曰：“法者，天下公共也。今法如是；更重之，是法不信于民也。且方其时，上使使诛之则已。今已下廷尉；廷尉，天下之平也，壹倾，天下用法皆为之轻重，民安所错其手足！唯陛下察之！”上良久曰：“廷尉当是也。”

张释之是这么说的，法律法规、政策、规定是天下共有、天下共知、天下共守的。如今，法就是这么定的，冒犯了皇上的车队要罚款，不是杀头，不是杀他们全家。您现在如果把他罚得更重，是让人民不相信法律，法律无法再取信于民。如果当时您就让卫兵把他杀了，跟法没关系，毕竟您是皇帝，在那个时候您凌驾于法律之上，谁也拿您没办法。

但是您现在已经把他交给了我，交给了廷尉来判处。廷尉是维护天下公正的天平，如果廷尉不能依法办事，有法不依，那天下就都不知道用法是该轻，还是该重？我到底是遵守这个法，还是不遵守这个法？如果法律可以打折，该打多少折？处罚要加重，该加多重？这样一来，百姓就不知道该怎么干事了。您好好想想，我遵守规矩，依法办事，对还是不对？哪怕您生气，但是这件事我做得真没道理吗？汉文帝想了许久，最后说，廷尉就该这么当。

之后又有一个案子。

其后人有盗高庙坐前玉环，得；帝怒，下廷尉治。释之按“盗宗庙服御物者”为奏当弃市。上大怒曰：“人无道，乃盗先帝器！吾属廷尉者，欲致之族；而君以法奏之，非吾所以共承宗庙意也。”

有人盗窃了汉高祖刘邦庙里神位前的玉环，汉文帝很生气。他认为这个贼胆大包天，便把他交给了廷尉去治罪。

张释之说，按照规定，盗宗庙衣服、用品，偷宗庙东西的人要砍头。汉文帝大怒，说这个人无道，盗窃了自己父亲庙里的东西，我把他交给你，就是想让你诛杀他全家，灭他一族，而你却用法律来搪塞我，这不是我的本意。你这么做不能替我解恨，也不能彰显我对高祖的孝心。

释之免冠顿首谢曰：“法如是，足也。且罪等，然以逆顺为差。今盗宗庙器而族之，有如万分一，假令愚民取长陵一抔土，陛下且何以加其法乎？”帝乃白太后许之。

张释之把官帽取下来，叩头谢罪，说汉朝的法律就是这样，杀他一个人就够了。法律上是这么写的，的确都是死罪，但死罪也有轻有重，一个人死算轻，一族死算重。现在他盗宗庙里的东西，就杀他全家，灭他九族，那之后如果有人直接挖长陵呢？再也没有更严苛的手段来处罚他了。陛下，您觉得这样好吗？

张释之没有点出这样不好的地方，但其实言外之意就是，如果不同的罪行是同样的处罚，那实际上是在鼓励罪犯犯重罪，而不是轻罪。如果偷宗庙东西和盗皇陵是同罪，那大家都去盗皇陵好了。汉文帝是明君，他明白这个道理，于是向太后汇报，最终同意了张释之的做法。

3. 好的公司管理，是让所有员工都知道自己该做什么事

在现代的管理环境中，应该如何看待规矩和执行规矩？我总结三点。

第一，有法可依。“法”是一个泛泛的概念，不是说国法，也不是说家规，而是说一个公司里的规章、制度、规定。公司该怎么管，财务该怎么管，行政该怎么管，人事该怎么管，等等，要做到有法可依。制定这些法规需要花时间、花人力，要上心。有法可依不是说拿来就用，不是凭空想象、胡编乱造，要认认真真制定适合公司实际情况的章程。好的公司无论大小，都会有一本管理手册，明确整个公司的员工大多数情况下该干什么事，应该遵守什么样的规矩，这就是“有法可依”。

第二，有法必依。规章制度一旦确立，就要严格按照规章制度办。规章制度里一定有一些灵活度，它不可能是 1 一定对应 A，很有可能是 1 会对应 ABC。但到此为止，不能超出 A，不能超出 C。也就是说管理者、经营者可以有一定的灵活度，但这个灵活度要在法律法规给它的灵活度之内，否则就变成了有法不依。

第三，适时修法，选择合适的时间去修订规章制度。规章制度是人定的，也会有漏洞，随着时间的变化、情况的变化，原来适应的规章制度现在有可能不适用了，现行的规章制度有可能不适应现在的形势，那怎么办？按照规定的节奏、流程来修订这些规章制度。

修订规章制度是件大事，不是儿戏，不能想修订就修订。比如规章制度刚刚颁布还没到一个月就要修订，这是不可以的。通常建议一年、两年组织审核修订一次，让大家提提意见，一起权衡、修改。除非出现重大的问题，否则修改的时间建议不要短于半年。即使出现重大问题，在新的规章制度没有颁布之前，应继续依照现行的规章制度来做管理，做判断。该说什么话说什么话，该怎么处理怎么处理，参考第二条有法必依。

有法可依，有法必依，适时修订，否则动辄就说这是个案，要特事特办，对于公司的规章制度，动辄就说要修改，那最开始定规章制度干吗呢？公司是个复杂的“动物”，比单体的人还要复杂，需要有章可循、有规可依。所以有法可依、有法必依和适时修法在管理中极其重要。

周勃入狱：
在管理上，一把手也不能为所欲为

开国元勋周勃不做丞相后，就在自己的封地待着，但心里很不踏实。曾经位高权重，现在党羽广布，很怕汉文帝随时会治他的罪，所以就把自己过分地保护起来。每有朝臣巡视，他都穿着一身铠甲去见。后来这类事情多了，有人就举报，说周勃要造反。

汉文帝把这件事交给廷尉处理，廷尉将周勃逮捕下狱。审讯过程中，周勃用重金贿赂狱吏，狱吏就给周勃提示，后来文帝赦免了周勃，恢复了他原来的爵位和封地。周勃获释后，大为感慨，自己统率过雄兵百万，却不知道一个狱吏可以有如此大的权势和神通。

一个小小的狱吏，居然能对周勃这样的开国功臣，产生如此大的影响。从现代公司的角度看，公司总部一个小小的职员，他获得的信息和产生的影响，在某些时刻、某些情况下甚至会超过一级公司的一把手。有时候一级公司一把手还需要总部职员的帮忙，总部官僚系统的帮忙。

面对这种情况，我们应该如何权衡？如何进？如何退？如何思考？如何把握？如何说话？如何行动？

1. 要多和 CEO 身边的人做朋友

先讲两个小插曲：一个关于季布，一个关于贾谊。

上召河东守季布，欲以为御史大夫。有言其勇、使酒、难近者；至，留邸一月，见罢。季布因进曰："臣无功窃宠，待罪河东，陛下无故召臣，此人必有以臣欺陛下者。今臣至，无所受事，罢去，此人必有毁臣者。夫陛下以一人之誉而召臣，以一人之毁而去臣，臣恐天下有识闻之，有以窥陛下之浅深也！"上默然，惭，良久曰："河东，吾股肱郡，故特召君耳。"

文帝把河东太守季布召来，想任命他为御史大夫。这时文帝周围有人说小话，称季布非常勇猛，原来带兵打仗，杀过很多人，手上沾满了鲜血。爱喝酒，甚至有酒瘾。精神上、思想上、肉体上都非常难靠近，缺乏团队精神。季布到了长安的官邸，待了一个月，皇上没头没尾地说，不见了，你回去吧。

季布临走之前跟汉文帝说，我没有什么功劳，仗着您喜欢我，让我驻守河东。您无缘无故召我来，很有可能是有人骗您说我能干，应该对我有所安排。我到了，一个月过去无所事事，现在您让我回去，很有可能有另外一个人诋毁我，说我品性不好、能力不足或者忠心不够，不管怎样，让您犯了犹豫，也放弃了原本想任命我的决定，让我回去。您是一国之君，因为一个人夸我，就把我找来，又因为另一个人说我坏话，就把我赶回去。我怕天下的聪明人知道了这件事，会窥探出您为人的深浅、度量和见识。

汉文帝脸上有些挂不住，沉默了许久，说河东是我非常在意的，对我来说有战略意义。我召你来，又让你去，就是想看看你，因为你负责的这块地太重要了，就这么简单。

在朝廷做官，特别是一方大员，负责损益表，负责一摊事，自己有一个相对小而全，甚至中而全、大而全的“独立王国”，是有很大风险的。上边有皇上，有所谓集团的一把手、CEO、董事长，在他们周围有一圈人——管战略的、管审计的、管财务的、管人事的、管法务的，能跟CEO、董事长说上话的大概有十几人。这些人，哪一个都不能得罪，至少在明面上，都要跟他们保持相对良好、和善的沟通关系。

这些人中有一个说你好，霸道总裁都会听进去，如果说你不好，那霸道总裁多多少少也会听进去一点。做利润中心一把手不容易，对于京官、对于朝廷上的人更要在意，不要因为自己平常“将在外，君命有所不受”，就忽略这些人。将在外，君王身边这些人可以不搭理，甚至百分之九十九的时候都没关系，也感觉不到这些人的存在。但是在某些时刻，这些人可以轻而易举地让你出现某种情况。切记。

另一件事是关于贾谊。

上议以贾谊任公卿之位。大臣多短之曰：“洛阳之人，年少初学，专欲擅权，纷乱诸事。”于是天子后亦疏之，不用其议，以为长沙王太傅。

汉文帝非常欣赏贾谊，之前也采纳过他的很多建议，于是让大家讨论能不能把贾谊提拔为“部级”官员。通常来讲，这种情况不会有什么反对意见，但这一次多数大臣都不赞同。当官僚集团形成一致意见的时候，霸道总裁也好，皇帝也好，都会忌惮三分。因为霸道总裁不是一个人在战斗，皇帝也需要官僚集团去执行他的政令。如果整个官僚集团坚决反对一件事，哪怕在汉朝，哪怕是文帝也难以强行推进。

所以说表面上皇帝是天子，是天之下，万人之上，似乎有着无穷无尽的权力。但官僚集团的力量不容小觑，CEO 身边的人也是有力量的。官僚集团在任命贾谊这件事上达成共识，多数人都说贾谊太年轻了，真才实学还没有被验证过，刚刚学习管理，还没有业绩，就想抓权，就想生事，不应该给他部级干部。

一代明君汉文帝听到官僚集团的统一意见，也开始疏远贾谊，不再采用他的建议，并把他从长安派到外地，任命为长沙王太傅去辅佐长沙王。这个案例说明什么？除了说明贾谊太着急了，还说明皇帝在管理上也不能为所欲为，着重要表达的就是皇帝的身边人——官僚集团，如果形成共识，皇帝也得怕，CEO 也得让三分，甚至让五分，让六分，让七分。

在一个公司基本稳定之后，在一个朝代基本稳定之后，皇帝身边的人在很大程度上会影响他的想法、做法、说法。因此，对皇帝、CEO 身边的人要多加留意。至于怎么留意，根据不同情况，会有不同变化，总之不要得罪，多沟通，在底线之上多交朋友。

2. 一个小职员能产生的影响可能会超过一把手

绛侯周勃既就国，每河东守、尉行县至绛，勃自畏恐诛，常被甲，令家人持兵以见之。其后人有上书告勃欲反，下廷尉。廷尉逮捕勃，治之。勃恐，不知置辞，吏稍侵辱之。勃以千金与狱吏，狱吏乃书牍背示之曰：“以公主为证。”

绛侯周勃回到封地，每次有河东官员来访，周勃总是担心被这些带刀、带枪、带兵的人敲门，进门后说跟我们走一趟。因此周勃非常害怕，怕被带走、被凌辱、被折磨、被杀害。于是他经常身披铠甲，让家人拿着兵刃，以这种状态和官员见面。这样的次数多了，就有人上书告周勃谋反，应该被抓走。汉文帝竟然同意了。

廷尉逮捕了周勃，扔到监狱。周勃害怕了，不知道该怎么办。但周勃毕竟是从枪林弹雨中过来的，他用千金贿赂分管他的狱吏，狱吏没有直接告诉他，而是拿了一个木牍，木牍的背后写了五个字——以公主为证。

公主者，帝女也，勃太子胜之尚之。薄太后亦以为勃无反事。帝朝太后，太后以冒絮提帝曰：“绛侯始诛诸吕，绾皇帝玺，将兵于北军，不以此时反，今居一小县，顾欲反邪？”帝既见绛侯狱辞，乃谢曰：“吏方验而出之。”于是使使持节赦绛侯，复爵邑。绛侯既出，曰：“吾尝将百万军，然安知狱吏之贵乎！”

公主是文帝的女儿，也是周勃的儿媳。除此之外，薄太后也不认为周勃有谋反之事、谋反之心。有一天，皇帝去见太后，太后摘下头上戴的棉帽掷向皇帝，说你用用脑子。周勃把吕氏杀了，手上拿着皇帝印，掌着北军的兵，那个时候他不谋反，现在只掌管小小一个县，他怎么反？他会这么干吗？

汉文帝一看太后动怒了，同时看到了廷尉的报告，就说都已经调查清楚了，周勃没有谋反。于是让身边人拿着相关的信物去赦免周勃，并让他官复原职。周勃从监狱出来，看着蓝天白云，长叹一口气，说我曾经带过上百万的军队，从来没有意识到一个狱吏可以这么厉害，起到这么大的作用。

3. 遇事不决，多和 CEO 身边的人交流

借着周勃入狱的案例，我有几个感慨。

第一，不要总认为权贵之家就一定幸福。权、钱、名这些东西虽然都是大家喜欢的，多数人想追逐的，但不见得有大名、大权、大钱的人就像大家以为的那样幸福快乐，不是这样的。高处不胜寒，“奈何生在帝王家”，孤峰顶上，再无上升之路，孤峰顶上，小风也是大风，小危险也是大危险。

第二，要重视官僚机构。哪怕你是利润中心一把手，哪怕你觉得能自给自足，已经顺风顺水、手握大权、关系众多，也要重视官僚机构。稍稍延伸一点，就是重视上级身边的人。落实到现在的管理状态下，就是总部的职能部门一把手、二把手，总部各个职能部门的班子，比如战略部、财务部、法务部、审计部、人事部等等，要充分重视他们。怎么重视？只要提高重视度，自然会找到合适的方法。

第三，遇事前后多跟他们沟通和商量。他们比你更了解霸道总裁，更了解公司一把手，多问问他们这类事应该怎么办，请他们帮忙支支着。当然这是在建立了良好沟通、良好关系的基础上，如果跟他们关系相对良好，他们也愿意说真话，那就按他们说的去做。如果关系一般，那就多问几个人，问一些脑子好使又相对善良的“老人”，让他们告诉自己应该怎么办，应该找谁，应该问什么，问到的答案，再找他们印证一下，这么做合适不合适、妥当不妥当。

最后的最后，要记住：功成名就之后，该躲就躲，该走就走，该撤就撤，不要总贪恋名，不要总贪恋权，不要总贪恋利益。和周勃那时相比，现今社会最好的地方就是你有选择，可以离开。但那时候的周勃走不了，他再担心、再害怕，他身上没翅膀，不能飞过喜马拉雅山，也不可能飞到夏威夷，他能做的只是外人来了，穿上铠甲，让家人持着兵器保护他，即使这样也没能保住他。他能做的就是对狱吏行

贿，用千金买狱吏一句真话，如何处理他遇到的灾祸。他能做的就是出狱之后长叹一声，说“吾尝将百万军，然安知狱吏之贵乎”。我们的自由度比他高，可以选择离开，走好自己的路。

贾谊痛哭：
长治久安对个人和公司同样重要

汉代的著名人物贾谊，除了《论积贮疏》还写过一篇很有名的文章《治安策》，探讨如何实现国家长治久安。贾谊认为长治久安是一个重要的问题，并提出了一个方向，那就是一个国家长治久安的基础是制度，是流程，是几个关键点。

他的建议真的对吗？照此实施真的会有好结果吗？不一定。不过有一点可以肯定，长治久安，对一个人、一个组织、一家公司和一个国家来说，都是非常重要的事。

1. 长治久安是个重要的问题

太傅贾谊被贬到长沙，但他还是希望皇帝能听到他的声音，所以用了一个常规方法——上疏。有一次，贾谊写了一篇很长的文章。

梁太傅贾谊上疏曰："臣窃惟今之事势，可为痛哭者一，可为流涕者二，可为长太息者六；若其他背理而伤道者，难遍以疏举。进言者皆曰：'天下已安已治矣。'臣独以为未也。曰安且治者，非愚则谀，皆非事实知治乱之体者也。夫抱火厝之积薪之下而寝其上，火未及然，因谓之安；方今之势，何以异此！陛下何不壹令臣得孰数之于前，因陈治安之策，试详择焉！"

文章开头就先用了数字化的表达，气势很足。贾谊写道，我今天要跟你说几件事，并且我的态度非常悲愤，可以痛哭的事有一件，可以流涕的事有两件，可以长叹息的事有六件，加起来共九件。贾谊用了沟通的"金字塔原理"，只说九件最重要的事，拎出最痛苦、最影响长治久安的事来说，其他伤天害理、背道而驰的事，太多了，很难一一举例。

贾谊又用了一个常见的写议论文的方法，先列出自己的观点，但很有可能这些观点会被其他人反对，于是他就先驳斥了这些反对意见。他是这么说的，您身边的一些人可能会说现在天下安定，已经治理好了，但为什么只有我不这么认为？因为说天下已安、已治、已定的那些人，不是傻，就是阿谀奉承，都不是真正知道如何治理、如何治乱、如何长治久安的人。打个比方，这就好像把火种放在堆积的木柴之下，然后睡在上边，虽然暂时来看，火还没烧起来，但这个时候就认为很安全，对吗？显然不对。现在的情景、现在的形势和这个道理是一样的。陛下，您为什么不给我一个机会，让我把我所看到的问题列在您面前，向您陈述长治久安的方针政策，仔仔细细地说出我心中所想？

"使为治，劳志虑，苦身体，乏钟、鼓之乐，勿为可也；乐与今同，而加之诸侯轨道，兵革不动，匈奴宾服，百姓素朴，生为明帝，没为明神，名誉之美垂于无穷，使顾成之庙称为太宗，上配太祖，与汉亡极，立经陈纪，为万世法；虽有愚幼、不肖之嗣，犹得蒙业而安。以陛下之明达，因使少知治体者得佐下风，致此非难也。”

接下来贾谊给文帝吃了一颗“宽心丸”。贾谊担心文帝害怕，怕做改变、做治理、做长治久安的方式方法，会让局面产生重大的变化，特别是让文帝觉得自己这辈子会过得特别辛苦。贾谊在很大程度上抓住了皇帝的这种“倦勤”心理，所以先补一段，告诉皇帝不要害怕，其实工作没多做，力气没多花，能量还是一个级别的，但效果可以有天壤之别。如果不这么做，不能长治久安；而一旦这么做，花的力气一样，但可以达到长治久安。

2. 有时候最好的时机就是现在

“夫树国固必相疑之势，下数被其殃，上数爽其忧，甚非所以安上而全下也。今或亲弟谋为东帝，亲兄之子西乡而击；今吴又见告矣。天子春秋鼎盛，行义未过，德泽有加焉，犹尚如是；况莫大诸侯，权力且十此者虖！

然而天下少安，何也？大国之王幼弱未壮，汉之所置傅、相方握其事。数年之后，诸侯之王大抵皆冠，血气方刚；汉之傅、相称病而赐罢，彼自丞、尉以上遍置私人；如此，有异淮南、济北之为邪！此时而欲为治安，虽尧、舜不治。”

这段话稍稍有点绕，但意思是非常清晰的，如果设立诸侯国，并且让他们变得很强大、很巩固，那他们跟天子、跟中央政权之间就一定会产生对立，互相猜疑。历史上诸侯国多次犯上作乱，中央政权也多次受到威胁，这么安排诸侯国不是一个可以让上下心安的好方法。

陛下您现在年富力强，是妥妥的仁君，对诸侯国德泽有加，即使这样，现在还有人有谋反之心，还有人有谋反之计。未来，如果您稍微有些过失，身体又日渐衰弱，一旦诸侯国联合起来，形成十倍于现在任何一国的力量，到那时会出现什么情况？

现在这些诸侯也可以联合起来犯上、谋反，他们为什么没动？因为皇帝您现在还年富力强，这些大诸侯国的王年纪还小，中央政权给他们安置的太傅、相，派去看着他们的人，正当壮年。可再过几年呢？他们变得强壮了，他们手下的人也成长起来了，中央政权派去的人都称病或被罢免，到那时，您再想安定，再想长治久安根本不可能。淮南、济北这种谋反的情况也势必会再次发生。到那时，哪怕您比尧舜还英明，但是天下大势如此，治安一定保证不了。

“黄帝曰：‘日中必熭，操刀必割！’今令此道顺而全安甚易，不肯蚤为，已乃堕骨肉之属而抗刭之，岂有异秦之季世虖！其异姓负强而动者，汉已幸而胜之矣，又不易其所以然；同姓袭是迹而动，既有征矣，其势尽又复然。殃祸之变，未知所移，明帝处之尚不能以安，后世将如之何！”

贾谊又强调了诸侯国坐大是非常讨厌的一件事，是可以为之痛哭的大风险。他引用了黄帝的话说，有阳光的时候，该晒就晒；拿起刀的时候，该砍就砍。也就是说，时机到了，该干就不得不干。现在如果去整治诸侯国，安全最容易保证，事做得最顺，耗工最少，效率最高。如果不肯现在就干，很可能会骨肉相残，陛下如此英明的皇帝在位时都不能平安，后世又会怎么样呢？

3. 想要长治久安，就要想得长远

贾谊讲了为什么要痛哭？因为天下不安稳，因为诸侯国太强大，那聪明的贾谊想出了什么样的治理办法呢？

“令海内之势，如身之使臂，臂之使指，莫不制从，诸侯之君不敢有异心，辐凑并进而归命天子。割地定制，令齐、赵、楚各为若干国，使悼惠王、幽王、元王之子孙毕以次各受祖之分地，地尽而止；其分地众而子孙少者，建以为国，空而置之，须其子孙生者举使君之；一寸之地，一人之众，天子亡所利焉，诚以定治而已。如此，则卧赤子天下之上而安，植遗腹、朝委裘而天下不乱，当时大治，后世诵圣。陛下谁惮而久不为此！”

把诸侯国数目变多，把诸侯国实力变小，以此实现国家长治久安，这是贾谊提出的策略。让中央集权和诸侯国之间的关系就像人的身体，核心躯干、核心肌群指挥手臂，手臂指挥手指，没有不听从指挥的。诸侯王不敢有异心，大家都像辐条聚拢到车轴一样，跟着天子一条心，天子让往前就往前，天子让往后就往后。

把那些大的诸侯国分为若干小国，让诸侯的子子孙孙、旁系亲属、直系亲属每人都拿到一块地，都能当个小王，直到把土地分干净为止。如果地很大，孩子很少，那就先把国建了，等他们有了孩子，再让这些孩子去做国王。汉文帝您一寸地、一个百姓也不用跟他们抢，“蛋糕”就这么大，您只是把“蛋糕”多分了几块，多分了十几块，多分了几十块而已，您一块都没多占，无非是安排多个诸侯王共分这块固定的“蛋糕”。

如果您能做到分而治之，国家就一定能实现长治久安，后世都会称赞您的圣明，您现在怕什么呢？怕谁呢？为什么不这么做呢？

贾谊接着又说：

“天下之势方病大瘇，一胫之大几如要，一指之大几如股，平居不可屈伸，一二指慉，身虑无聊。失今不治，必为锢疾，后虽有扁鹊，不能为已。病非徒瘇也，又苦蹠盭。元王之子，帝之从弟也；今之王者，从弟之子也。惠王之子，亲兄子也；今之王者，兄子之子也。亲者或亡分地以安天下，疏者或制大权以逼天子。臣故曰非徒病瘇也，又苦蹠盭。可痛哭者，此病是也。”

如今天下的大势是诸侯王尾大不掉，诸侯王太强大，一条小腿比腰还粗，一个脚趾比大腿还粗，平日里没办法屈伸自如。诸侯王不听皇帝的，皇帝还要忌惮诸侯王，一旦有一两个诸侯王发难，那整个天下的大势就会出现问题。现在不治，现在不管，将来必成大患，即便后世有扁鹊这样的神医，也治不好。

除了诸侯王实力太强，中央政权太弱之外，还有一个严重的问题，那就是亲疏关系颠倒。跟皇帝您亲近的诸侯王没有土地，国小力微，跟您疏远的一些远房亲属反而占着大国、手握重权，对您构成严重的威胁。和您最亲的人手中没权，和您相当远的人反而手握重权，您不觉得这种情况很可怕吗？您不觉得这种情况该痛哭吗？您不觉得这种情况要马上改善吗？

4. 解决问题的关键是找对问题

说完了削藩，贾谊又接着说了两件“可为流涕者”的事。

“天下之势方倒县。凡天子者，天下之首。何也？上也。蛮夷者，天下之足。何也？下也。今匈奴嫚侮侵掠，至不敬也；而汉岁致金絮采缯以奉之。足反居上，首顾居下，倒县如此，莫之能解，犹为国有人乎？可为流涕者此也。”

如今的天下大势是颠倒的。天子本来是天下之首，应该在上；蛮夷，是天下的足，应该在下。但现在一切都反着，匈奴一直在欺负我们，稍有不满，就抢我们的东西，抢我们的人。而我们的应对方式并不是增强武力装备，并不是强兵对抗，而是送他们金子，送他们丝绸，送他们好穿的、好吃的。

匈奴骑在我们的脖子上欺负我们，大势颠倒成这样，没有人能够解决这种问题，没有人能够处理这种情况。现在还说咱们有大将、有人才，简直太可笑了。我们被匈奴如此欺负，实在令人痛心。

“今不猎猛敌而猎田彘，不搏反寇而搏畜菟，玩细娱而不图大患，德可远加而直数百里外威令不胜，可为流涕者此也。”

现在您不想着去攻打匈奴这样的猛敌，反而去对付田地里的猪，您不去和那些大奸大猾的强盗搏斗，反而去找您豢养的兔子，您不觉得有些过于软弱了吗？整天沉湎于微不足道的娱乐，而不去认真处理这些祸患。您原本的德行、威望可以加之于天下，可以让四夷威服，可以让八方来朝，而您现在离开长安城数百里之外，没人怕您。您不觉得应该为此痛哭流涕吗？

5. 贾谊的六声“叹息”

根据《资治通鉴》里司马光记录的原文，贾谊只叹息了三次，但如果仔细梳理，能梳理出“六声叹息”，当然这只是我自己的看法。

第一声叹息：贫富分化，不重农。

“今庶人屋壁得为帝服，倡优下贱得为后饰。且帝之身自衣皂绨，而富民墙屋被文绣；天子之后以缘其领，庶人孽妾以缘其履。此臣所谓舛也。夫百人作之不能衣一人，欲天下亡寒，胡可得也；一人耕之，十人聚而食之，欲天下亡饥，不可得也；饥寒切于民之肌肤，欲其亡为奸邪，不可得也。可为长太息者此也。”

有些地位极低的男人，却可以享受得像皇帝一样；有些地位极低的女人，却可以穿戴得像皇后一样，这就没了王法，没了规章，没了制度。皇帝自己穿粗绸黑衣，而那些有钱的平民百姓却满屋绫罗绸缎。我认为这种现象是极不合理的，是拧巴的。

那些漂亮华丽的衣服，需要百人之力才能制成，却仅供一人享用，如果这样，想让天下人都能穿暖，那是不可能的。为什么？一百个人努力工作才能满足一个富人的穿衣需求，那这一百个人穿什么？同理，只有一个人耕田，十个人聚餐，那想天下所有人都吃饱，怎么可能？如果一个社会绝大多数人又饿又冷，想让他们保持仁义、不做奸邪之事，是不可能的。

如果能保障基本的温饱，天下就不会大乱。但是因为贫富分化严重，因为社会不以农业为本，社会的温饱就没办法保障。连温饱都保障不了，社会很有可能会动荡不安，长治久安更是无从谈起。

第二声叹息：礼义不行，社会风气不好。

“商君遗礼义，弃仁恩，并心于进取；行之二岁，秦俗日败。故秦人家富子壮则出分，家贫子壮则出赘……妇姑不相说，则反唇而相稽。其慈子、耆利，不同禽兽者亡几耳……若夫经制不定，是犹渡江河亡维楫，中流而遇风波，船必覆矣。可为长太息者此也。”

商鞅不重视礼仪、仁义这些儒家的理念，只专心于进取。他推行改革两年后，秦国的风俗就败了。富人家的孩子长大了就分家，单立门户；穷人家的孩子长大了就去入赘，再也没有了“父父子子”的说法。儿媳跟婆婆，儿媳跟大姑子、小姑子互相不满意，就开始斗嘴、骂街。秦国的人除了会稍加照顾小孩子，剩下的就是争名逐利，按现在的话说就是只在乎钱。如果这样，人和禽兽又有什么区别。所以我们不能不管仁义礼智信，不能只追求利益，要移风易俗，要提倡“君君臣臣、父父子子”，要把“仁义礼智信”传输到社会的各个层级，方方面面。否则，这个社会、这个国家就像一条想渡江的船，没有锚，没有缆绳，也没有桨，到了江中，稍稍遇上一点风波，就会翻船。

第三声叹息：教育太子要趁早。

“夏、殷、周为天子皆数十世，秦为天子二世而亡。人性不甚相远也，何三代之君有道之长而秦无道之暴也？其故可知也。古之王者，太子乃生，固举以礼，有司齐肃端冕，见之南郊，过阙则下，过庙则趋，故自为赤子而教固已行矣。孩提有识，三公、三少明孝仁礼义以道习之，逐去邪人，不使见恶行，于是皆选天下之端士、孝弟博闻有道术者以卫翼之，使与太子居处出入。故太子乃生而见正事，闻正言，行正道，左右前后皆正人也。夫习与正人居之不能毋正，犹生长于齐不能不齐言也；习与不正人居之不能毋不正，犹生长于楚之地不能不楚言也。”

如果不趁早教育太子，让他养成好习惯，这个国家就会很危险。夏、商、周，都是几十代的天子，而到了秦朝，天子二世而亡。都是人，都在这块土地上，为什么夏、商、周这几个朝代传了很长时间，而秦朝只传了两代就短命而亡？

最重要的原因就是早早教化太子。夏、商、周时，太子很小就开始接受教化，而且身边都是有能力、有德行的君子。太子自出生起，见的都是正事，听的都是正言，行的都是正道。长期和正人君子在一块儿，想不当正人君子都很难。反之，如果周围全是小人，从小就跟小人在一块儿，不变成一个小人，不变成一个坏人，不变成一个不正的人，几乎不太可能。

“孔子曰：‘少成若天性，习贯如自然。’”

人有没有天性？有天性。如果一个人天性好、天赋好，那么他长大之后大概率会成为一个优秀的人。即便天性不好、天赋不好，但因为从小受到教化，和正人君子在一起，时间长了，他呈现的状态也会跟天性很好、天赋很好的人一样，这就是先天和后天的辩证关系。哪怕先天不好，后天如果及时跟上，就能在很大程度上弥补先天的不足，这也就是早教的好处，原生家庭的好处。

“天下之命，县于太子，太子之善，在于早谕教与选左右。”

天下的大命、天下的安危系于太子，而太子是个好太子还是坏太子，将来成为一个明君还是一个昏君，关键在于早早教育以及选好他左右的人，选好他周围的人，选好和他一起长大的人。

第四声叹息：礼法不兼顾。

贾谊想说的是要礼法兼顾，不能光重视法。如果光重视法，光拿鞭子打人，光用刑罚来惩恶，不够。没有法行不行？不行。光有法行不行？不行。

“凡人之智，能见已然，不能见将然。夫礼者禁于将然之前而法者禁于已然之后，是故法之所为用易见而礼之所为生难知也。”

多数人的智慧，是能看到已经发生的，不太能看到未来还没有发生的。“仁义礼智信”的“礼”是防患于未然，让人不做恶事，而“法”是惩戒那些已经发生了的坏事。这也是为什么法的应用、刑罚的作用容易被看到，而礼的应用、礼仪的作用不太容易被人所理解。

但从常识讲，预防坏事发生远胜于事后应对。所以最了不起的圣人，比如孔子，能够防患于未然，让大家遵纪守法，让大家不做恶事。管理社会靠的是什么？靠的是法律，有法必依，更靠的是礼，大家因为知书达礼，所以不去犯法。

第五声叹息：尊卑不分。

“人主之尊譬如堂，群臣如陛，众庶如地。故陛九级上，廉远地，则堂高；陛无级，廉近地，则堂卑。高者难攀，卑者易陵，理势然也。故古者圣王制为等列，内有公、卿、大夫、士，外有公、侯、伯、子、男，然后有官师、小吏，延及庶人，等级分明而天子加焉，故其尊不可及也。”

皇帝应该像庙堂一样，群臣应该像台阶一样，小民应该像平地一样。九级台阶，高高的庙堂，这样皇帝才会不可接近，不能侵犯，尊不可及。反之，百姓就会觉得皇帝没什么了不起。同理，职位也要设清楚，官僚机构设立公、卿、大夫、士，封建等级设立公、侯、伯、子、男。贾谊希望文帝把这件事弄好，不要尊卑不分。

第六声叹息：刑不上大夫。

这一声叹息虽然贾谊说得最长，但反而是最不重要的一件事。贾谊想说的是皇帝身边的人如果犯了错，出了什么问题，也要善待他们。出大错让他们自杀；小错自己处理就好，不要动辄削他们的鼻子，在他们脸上刻字，让他们跟不在皇帝身边的人一样。特别是对一些位极人臣的人，要给予足够的尊重。

从另一个角度来看，贾谊这么说，也是为了更好地尊重皇权。皇帝把这些人选到身边，给他们充分的待遇，他们一旦坐上了这个位置，打他们的脸就是打皇帝的脸。所以皇帝身边的人您自己要善待，尤其不应让一些小官吏、小狱卒欺负他们。

6. 仁义道德和趋财逐利并不矛盾

贾谊的核心观点是什么？我们该如何用现代管理的视角去解读？

先概括一下贾谊痛哭的主要内容：为之痛哭者一，为之流涕者二，为之叹息者六，一共九点。这九点合起来最重要的意思就是尊重、尊崇皇帝的权力，尊重、尊崇中央集权。

其实从公司治理的角度来看，总体上我觉得贾谊的这一套是不该听的。皇帝也好，CEO 也好，不应该管得过多、过细，不能有太多的权力集中在他一人身上。轻商重农或许在某些阶段有先进之处，但人类的进步发展还是要依靠对钱的欲念，而不能试图泯灭对于钱财的追逐。逐利是天性，完全反对逐利，一做不到，二会有很大的负作用。在能保证社会温饱之上，在能保证整个公司基本的温饱之上，还是要旗帜鲜明地树立起业绩文化，要善用人类的基本动力——趋财逐利，这是我想说的最重要的一点。

另外，仁义道德不是利益的对立面，利益不是“猛兽”，利益是必须去管理的东西。好胜、趋财、逐利是人类巨大的能量源泉。它们和仁义道德不对立，它和整个人类社会变得更美好不对立，要学会如何管理它，不能一竿子打死。落到公司层面，就是所谓的业绩管理。在华润，有一句常唠叨的话，“业绩不向辛苦低头，价值观不向业绩低头”，价值观还是第一位的，但业绩是个好东西，光辛苦没业绩也不行。这是一对很好的辩证的关系，仁义道德和趋财逐利并不矛盾。

公元前 169 年

公元前 155 年

以夷制夷：最省钱的成事方式是用好别人的优势

汉文帝时期，匈奴屡次入侵，朝廷要么采取“兵来将挡，水来土掩”的消极抵抗政策，要么试图通过和亲来缓和与匈奴的紧张关系。但无论哪种举措，作用都不大。

这时，担任太子家令的晁错写了一篇《言兵事疏》。提出了以夷制夷的战略。他认为，汉朝可以招募愿意归降的蛮族，并且找一些能够带兵、能够笼络人心又了解蛮夷风俗的将军施行以夷制夷战略。这一战略具备相当的可操作性。

在现代管理中，我们同样可以借鉴这一思路，积极学习其他市场、其他所有制公司或其他类型企业已经成熟的技术和经验，化为己用，减少棘手的麻烦，为自己的企业赢得最终的胜利。

借着这个案例，我们来讲讲，具体应该如何借鉴以夷制夷的战略？如何把以夷制夷运用到现代管理中？

1. 打胜仗是需要特定因素的

时匈奴数为边患，太子家令颍川晁错上言兵事曰：“《兵法》曰：‘有必胜之将，无必胜之民。’繇此观之，安边境，立功名，在于良将，不可不择也。”

文帝时期，虽然国力相对强盛，但匈奴一直在边境上晃悠，一有机会就策马进犯，抢夺食物、衣物和牲畜，得手后立马撤退。如果边境防范不严，匈奴就入侵更深；如果防范加强，就避开此处，采用游击战。你强，我不碰你，你弱，我就打你，你特别弱我就灭你。

这时，担任太子家令的晁错上书《言兵事疏》，他先分析了能打胜仗的因素。《兵法》讲，有一定能打胜仗的将军，但是没有一定能打胜仗的部队。什么意思？如果把一组人交给一个特别能干的将军，这个将军从大处着眼，小处着手，审时度势，很有可能会百战百胜，先胜而后战，每战必胜。但是即使是很强悍的兵众、很强悍的部队，如果遇上一个孬种将军，一个无能之帅，还是会打败仗，这就突出了领导的重要性。从这个角度看，如果想安定边境，关键在于良将。

“臣又闻，用兵临战合刃之急者三：一曰得地形，二曰卒服习，三曰器用利。兵法，步兵、车骑、弓弩、长戟、矛铤、剑楯之地，各有所宜；不得其宜者，或十不当一。士不选练，卒不服习，起居不精，动静不集，趋利弗及，避难不毕，前击后解，与金鼓之指相失；此不习勒卒之过也，百不当十。”

良将之外，还有三个因素同样非常重要。第一，有利地形。第二，训练有素的军队。军队要经常训练，身经百战。第三，精良的武器。打仗是一门专业。兵法上讲，步兵、骑兵、弓弩、长戟、矛铤、剑盾，等等，都有各自优势，各兵种之间都应该相互配合，做好充分演练。关键在于配合，在于训练，在于专业。如果不好好挑士卒，士卒不好好演练，不知道如何前进、后退，互相不知道怎么配合，哪怕有一百人，也打不过对方十个人，哪怕有一万人，也打不过对方一千人。

“兵不完利，与空手同；甲不坚密，与袒裼同；弩不可以及远，与短兵同；射不能中，与无矢同；中不能入，与无镞同；此将不省兵之祸也，五不当一。故《兵法》曰：‘器械不利，以其卒予敌也；卒不可用，以其将予敌也；将不知兵，以其主予敌也；君不择将，以其国予敌也。’四者，兵之至要也。”

如果兵练得不好，不熟悉手上的兵器，那就跟赤手空拳差不多；披着铠甲，但铠甲不密，跟不穿铠甲没什么区别；射箭射不远，跟短兵相接没什么区别；射箭射不中，跟没有箭一样；射中了，不能穿透敌人的铠甲，不能形成伤害，跟没有箭头差不多。这些都是将领不会练兵、不会用兵、不会打仗造成的灾难，如果这样，那么五个人抵不了对方一个人，五十人抵不过对方十个人，五百人抵不过对方一百人。

所以《兵法》里说，如果器械不行，相当于白白让士兵去送死；如果士兵不可用，相当于把将领白白送给敌人；如果将领不知道如何带兵，相当于把君王送给敌人；如果国君没有挑好合适的将领，相当于把国家拱手让人。所以好将领、好地形、好军队、好兵器，是打胜仗非常重要的四元素。

2. 学会用他人的优势成事

晁错讲清了战争胜利的几个关键因素，但并没有就此停止，又说了两层意思。第一层，哪怕关键的成功要素相同，我们也要分析清楚彼此的优势和劣势，争取做到扬长避短。第二层，晁错给出了他最后的战略建议——以夷制夷。

“臣又闻：小大异形，强弱异势，险易异备。夫卑身以事强，小国之形也；合小以攻大，敌国之形也；以蛮夷攻蛮夷，中国之形也。”

大家实力不一，面积不同，强弱不同，占的地势是凶险还是有利也不同，所以采取的方式很有可能是不一样的，不能仰仗用一成不变的战略让自己永远胜利。“兵无常势，水无常形”，总有人妄想战略定了就可以一成不变，这是不可能的，这么做就是刻舟求剑。

晁错直接给文帝提出了具体做法。如果我们是小国，就要卑躬屈膝，讨大国欢心；如果彼此势均力敌，那就联合其他人一块儿攻打对方；如果自己是中原，面积大，边界长，不想总是用兵，就用以夷制夷，用蛮夷打蛮夷的方法。

接着，晁错展开讲了自己之所以这么说的原因。

“今匈奴地形、技艺与中国异：上下山阪，出入溪涧，中国之马弗与也；险道倾仄，且驰且射，中国之骑弗与也；风雨罢劳，饥渴不困，中国之人弗与也；此匈奴之长技也。若夫平原、易地、轻车、突骑，则匈奴之众易桡乱也；劲弩、长戟、射疏、及远，则匈奴之弓弗能格也；坚甲、利刃，长短相杂，游弩往来，什伍俱前，则匈奴之兵弗能当也；材官驺发，矢道同的，则匈奴之革笥、木荐弗能支也；下马地斗，剑戟相接，去就相薄，则匈奴之足弗能给也；此中国之长技也。以此观之，匈奴之长技三，中国之长技五。陛下又兴数十万之众以诛数万之匈奴，众寡之计，以一击十之术也。”

第一，中原跟匈奴各有优势，这些优势是不同的。匈奴所处的地形、生长的环境、习惯的打仗方式跟中原都不同。他们可以在环境非常复杂的山地、溪水里跑来跑去、进出自如，而汉朝的马匹难以适应。第二，在那些险道、窄道、地势险峻的地方，匈奴骑兵能一边骑马一边射箭，汉朝的骑兵却做不到。第三，匈奴人能够经风经雨，耐苦耐劳，在这一点上，汉朝的军队不如他们。以上三点，马不怕险阻，骑兵能够且骑且射，军队能够吃苦耐劳，匈奴强于我们。

晁错又说了汉朝军队的长处。第一点，在平原，在容易放马跑车的地方，匈奴的军队会不习惯，容易被打乱击溃。第二点，如果论及弓弩的强劲、射箭的精确、射程的远近，匈奴的弓箭不如我们。第三点，平原上的阵地战，靠铠甲坚固、兵器锋利，大家能够短兵相接、排兵布阵，近距离作战，这一类战争匈奴不太行。第四点，我们训练有素的射手使用制造精良的弓箭，可以做到万箭齐发，射向同一个目标。而匈奴军队用皮革和木头制作的防护用品，根本抵挡不住。最后一点，如果没了马，陆地格斗，无论用剑还是戟，匈奴人都打不过我们。匈奴人骑马骑惯了，腿劲不行，在地面上，他们打不过我们。

所以简单说，匈奴有三个地方比我们强，我们有五个方面比他们强。

“虽然，兵，凶器，战，危事也；故以大为小，以强为弱，在俯仰之间耳。夫以人之死争胜，跌而不振，则悔之无及也；帝王之道，出于万全。”

尽管如此，用兵是凶险的事，战争是危险的事，强大变弱小，强大变脆弱，只在一瞬间。而且拿人的生死去争胜负，一旦由生变死，不可复活，后悔也没有用。成为天下共主的帝王之道是如果没有百分之百的把握，这仗就不能打，这事就不能做。

面对现在这种形势和力量对比，到底该怎么办？晁错给出了建议——以夷制夷。

“今降胡、义渠、蛮夷之属来归谊者，其众数千，饮食、长技与匈奴同。赐之坚甲、絮衣、劲弓、利矢，益以边郡之良骑，令明将能知其习俗、和辑其心者，以陛下之明约将之。即有险阻，以此当之；平地通道，则以轻车、材官制之。两军相为表里，各用其长技，衡加之以众，此万全之术也。”

如今，已有几千名北方蛮族归降，他们的饮食、特长和匈奴相似。我们用坚甲、絮衣、劲弓、利矢这些好东西，来武装这些已经归顺的北方蛮族，同时再加上边塞各郡的精锐骑兵，用知道蛮夷习俗、能够笼络蛮夷人心的人去当将领，将陛下您明确的约定统率他们，有关责、权、利的事项给他们讲清楚，让蛮夷知道跟着我们干，对他们有益。

如果边境上有险阻之地，就让这些归顺的蛮族去抵挡，那些相对坦途的地方，就用我们自己的军队去制敌。让归顺的蛮夷部队和我们自己的汉军互相支撑，做彼此擅长的事。用归降的蛮夷对抗匈奴，同时用我们的军队加强这些以夷制夷的蛮族力量，双重保险下，我们和匈奴的战争就很难输掉了。

帝嘉之，赐错书，宠答焉。

汉文帝非常高兴，给晁错写了亲笔信，大为夸赞。

3. 花重金请人做事，反而最省钱

对于公司来讲，最省钱的方式是找人。要想学先进技术，学先进管理，最省钱的方式是找专家、找人。哪怕找的这个人是外人，跟现有公司文化有差异，只要他身上有需要的管理技术，有需要的能力，就花重金请他。

哪怕最后他没能留在公司，但至少做到了三点。

第一，他任职期间，公司充分利用了他的能力和技能。

第二，他跟团队碰撞，团队从他身上学到了期望团队能够具备的能力和技能。

第三，比起他之前的公司花在他身上的钱，花在他身上的精力，投放到他身上的机会，即使支付他上百万美元的年薪，成本仍然相对较低。

经常有人问，“空降兵”能不能用？“空降兵”来自异族，来自欧美，来自其他地方，他们有各种各样和我们文化不同的地方，能不能用？该不该用？我想说的是，如果这些人才身上真的有我们需要的技术，那该用还是得用。哪怕是“空降兵”，善用他们，好好用他们，尽量用他们，高薪聘请他们仍然是最省钱的方法。对于一家公司来说，这是走向国际化、追求卓越的捷径。

徙民实边：
管理要顺着人性

汉初，名臣晁错针对匈奴问题提出了一项对策——徙民实边。什么是徙民实边？说白了，就是想方设法让内陆百姓迁到边境去，激励大家在那里定居，帮助当地的军队共同抵御匈奴。只有让边境彻底变成一块有人民生活、繁衍的土地，不只是一块打仗之地，还是一块生活之地，才能实现长治久安。

这一策略换到现代管理中同样适用，这种因地制宜的方法，既可以用本土化策略去处理鸡肋市场、方兴未艾的市场，或是正在开疆拓土、做最艰难努力的市场，还可以用在国际化上。很多人不愿意去，不愿意失去眼前的熟悉生活、眼前的吃喝玩乐，但是如果给到他们合适的、足够吸引人的利益，他们有可能会改变主意。

如何运用晁错在西汉时提出的“徙民实边”策略，来管理现代鸡肋市场、新兴市场、艰苦市场？

1. 利益驱动是最基础的方式

晁错又给汉文帝上书，在以夷制夷的基础上，给出了新建议。

“陛下幸忧边境，遣将吏发卒以治塞，甚大惠也。然今远方之卒守塞，一岁而更，不知胡人之能。不如选常居者家室田作，且以备之，以便为之高城深堑；要害之处，通川之道，调立城邑，毋下千家。先为室屋，具田器，乃募民，免罪，拜爵，复其家，予冬夏衣、禀食，能自给而止。”

陛下您担心边境问题，派将士戍边来治理边塞，让百姓受惠很大。但是现在驻守边塞的将士每年轮转，这些轮转的人、这些守边疆的人，他们不知道胡人最擅长的是什么，因此不能很好地做出防备。双方真打起来，很可能会输，会输得很惨。

我认为，不如把边疆变成我们的常住地，派人建房、建家、建城市，居住在那里，长期生活下来，配合以夷制夷，配合我们派过去的汉人军队和曾经投降我们的蛮夷军队，大家共同构成防御胡人的长城。同时选择合适的地理环境，树立高城深堑，形成易守难攻的战略要塞。在要害之处、河流经过之处设立城寨，让它变成千户以上的城市，让它形成一个有规模的中型城市。

我们应该先做基础建设，盖房并配备耕种的农具。我们不逼迫百姓迁过来，而是招募人来。用什么办法招募？如果是罪犯，不想蹲监狱，可以直接到边疆去，房子已经盖好，农具已经备好。如果是无罪之人，到边疆就给他们提供加官晋爵的激励，确保他们有房住、有田耕，而且准备了充足的衣物和粮食，一直到他们能自给自足为止。

“塞下之民，禄利不厚，不可使久居危难之地。胡人入驱而能止其所驱者，以其半予之，县官为赎。其民如是，则邑里相救助，赴胡不避死。非以德上也，欲全亲戚而利其财也。此与东方之戍卒不习地势而心畏胡者功相万也。以陛下之时，徙民实边，使远方无屯戍之事；塞下之民，父子相保，无系虏之患；利施后世，名称圣明，其与秦之行怨民，相去远矣。”

在塞下、边疆地区，如果不给迁徙过去的百姓足够的利益，他们不可能长居。风险高、收益低，为什么要待下去？

那怎么跟他们分利？如果胡人进入边境抢东西，当地居民如果能够截获被抢走的财物，可以获得一半作为奖励。至于物品原主的损失，由官府补偿。这样一来，就可以激励当地人民跟强盗搏斗，面对胡人入侵时奋不顾身。

坦白讲，管理百姓的前提一定不是他们对朝廷有多忠诚，而是他们有利可图，他们想保全自己的家人、朋友、亲戚，而且贪恋强盗抢走的东西，重赏之下必有勇夫。这种与边民分利，激励边民跟胡人打仗的政策，比起当初秦朝威逼士卒去自己不熟悉的环境，带着无比畏惧的心态跟胡人去作战，成功的概率高出万倍。

晁错又补充了一句说，皇帝如果把内地的百姓移走，给他们足够的利益，让他们去充实边疆，那么边疆的人民也不会轻易被胡人掠走。如此一来，用不了多久，政策带来的好处就能显现，而且可以持续好几代。大家都会称赞您的圣明，既解决了边境问题，有效管理了匈奴，也不会惹得天怒人怨，甚至影响政权的稳定。您为什么不做呢？

上从其言，募民徙塞下。

汉文帝真的听进去了，招募百姓迁徙到边疆。

2. 顺着人性管理才不会失败

汉文帝听了晁错的建议，招募百姓填充边疆，但晁错有没有就此闭嘴，就此沉默，就此安静呢？没有。晁错又一次上书，又讲了更多的细节。

错复言："陛下幸募民徙以实塞下，使屯戍之事益省，输将之费益寡，甚大惠也。下吏诚能称厚惠，奉明法，存恤所徙之老弱，善遇其壮士，和辑其心而勿侵刻，使先至者安乐而不思故乡，则贫民相慕而劝往矣。臣闻古之徙民者，相其阴阳之和，尝其水泉之味，然后营邑、立城、制里、割宅，先为筑室家，置器物焉，民至有所居，作有所用。此民所以轻去故乡而劝之新邑也。为置医、巫以救疾病，以修祭祀，男女有昏，生死相恤，坟墓相从，种树畜长，室屋完安，此所以使民乐其处而有长居之心也。"

晁错上来就夸汉文帝，说您落实策略，招募百姓充实边疆，让屯戍这件事变得越来越减省，效率越来越高，运输给养的消耗越来越少。这对国家来说，是一件大好事。

如果您派遣到边疆的官吏能够仁厚，能够秉公执法，抚恤迁民中的老弱病残，善待迁民中的壮士，协调当地百姓的关系，不欺凌百姓，这样先过去的边民就会安居乐业，不再想家。中原的贫苦百姓听到那些先过去的人生活很好，甚至更发达、更富裕，就会相互劝告，有非常强的动力愿意徙边。

其次，只有硬件设施完备，百姓才会安居乐业，才会愿意徙边。所谓的硬件设施完备，是指医疗、房屋都安排妥善，男女婚配，种树种田、饲养牲畜，同吃、同住、同生长、同生活，这样边民就会安居乐业，就会有长居之心，爱上边疆。

除了选拔优秀的地方官和完善硬件设施，晁错还提出要制定当地的社会制度。

“臣又闻古之制边县以备敌也，使五家为伍，伍有长，十长一里，里有假士，四里一连，连有假五百，十连一邑，邑有假候，皆择其邑之贤材有护、习地形、知民心者；居则习民于射法，出则教民于应敌。故卒伍成于内，则军政定于外。服习以成，勿令迁徙，幼则同游，长则共事。夜战声相知，则足以相救；昼战目相见，则足以相识；欢爱之心，足以相死。如此而劝以厚赏，威以重罚，则前死不还踵矣。所徙之民非壮有材者，但费衣粮，不可用也；虽有材力，不得良吏，犹亡功也。”

把迁到边疆的边民组织起来，让他们成为一个有效的组织、有效的集体。选那些善于管理百姓、熟悉地形、知民心的人来管理这些边民。平时学习射箭，练习射箭，出去演练，战时则教导百姓如何应敌。如果能做到这样，对内就是非常安定的状态，对外就是不怕侵略的状态。

长此以往，大家就会形成习惯。不再四处漂泊，愿意在这里扎根，在这个地方成长，小时候一块儿玩，长大了一块儿做事，大家有事就可以相互救助、相互照应。

“陛下绝匈奴不与和亲，臣窃意其冬来南也；壹大治，则终身创矣。欲立威者，始于折胶；来而不能困，使得气去，后未易服也。”

最后，晁错还强调了非常重要的一点，文帝您拒绝了匈奴的和亲，我担心今年冬天匈奴势必来犯，如果我们能够抵抗住，狠狠地揍他们一顿，他们会终身害怕我们。如果此战我们不能扬威立万，不能给他们一个下马威，那以后我们就很难再制伏他们，让他们俯首听令。

晁错心里的巨大担心是对的。如果匈奴来犯，首战不胜，那这些战略，以及战略的执行都会打水漂。匈奴一来，没用，边民还是一触即溃，如果是那样，前功尽弃。所以晁错强调，在执行管理匈奴相关政策的第一年冬天要守好，也暗示汉文帝要多加防备，多派兵马提防胡人来袭。守住了第一年，第二年就相对容易，第三年就更容易。这就是战略执行过程中最初期的重要性，不仅首战必胜，而且前三个月、前一年一定要稳固出成果，至少不要出现重大意外。

3. 从长远看，利诱的效果往往好于威逼

透过这个故事，我想跟大家讲讲管理精髓。

第一点，管理是基于人性的。反人性的管理，永远不能被好好地执行。反人性的管理或许可以持续一阵，但是不可能持续很久。那些跟人性作对的管理都败了。

第二点，人性里有善有恶，可以威逼，也可以利诱。但如果有选择，利诱远远好于威逼。让团队、让大家乐意去做某件事，远远强于逼着大家、逼着团队做某件事。威逼看似见效快，看似花费小，但从中长期的角度来看，难以持久，成本还有可能更高，甚至可能导致公司的土崩瓦解。而利诱看似慢一些，看似成本高一些，但从中长期的角度来看，很有可能持续性要比威逼好很多，成本要比威逼小很多，风险也比威逼小很多。

第三点，哪怕是利诱，也要安排得仔细妥当、落实到底。要有好的组织结构，要有好的领导和好的政策。如果能把利诱落到实处，一些看似鸡肋的业务，一些看似非常难、刚刚起步的业务，一些看似非常不容易做的海外业务，都有可能被很好地处理。

再往下说，如何真实地占领一个地方？如何真正控制一个市场？说白了，是要把它用起来，要有真实的居民、真实的生活。安排好相关人的生活，给他们足够的驱动、足够的利益。大胆给利，认真分利。

再补充一点，从管理上来看，想要“诱使”团队小伙伴们去做某件事，无非三种方式：第一，给个理想，用理想、用事业激励人。第二，给个位置，给个机会，用官职、机会去激励人。第三，给钱，包括涨基本工资，包括分利、给奖金和期权。

给钱之外，还要讲理想、讲初心、讲愿景、讲目标，在适当的时候还要给机会，让团队成员得到更多的锻炼。但反过来如果光讲愿景，光讲目标，光给机会，但是不给钱，不涨基本工资，也不给奖金，不给期权，不好意思，估计长时间还是不行。理想驱动、职位驱动、金钱驱动，基础还是金钱驱动，“天下熙熙，皆为利来；天下攘攘，皆为利往”，别太抠，要多给团队分钱。

冯唐谏文帝：想要出业绩，就要学会放权、给钱

历史上有一位名臣叫冯唐，我的笔名正是借鉴了他的名字。有一次，汉文帝乘车遇到冯唐，谈到赵将李齐的才能，感叹自己没有像廉颇、李牧一样的将领可以抵御匈奴的侵犯。冯唐听后没有附和，直言您即使有这样的将领，也任用不了，他们不可能为您所用。汉文帝非常生气，起身回宫了。

随后，汉文帝传召冯唐做进一步的解释说明，冯唐说赏罚必须恰当，甚至赏多于罚，您目前的问题是对边防将领的赏赐过轻而处罚过重。后来汉文帝赞同冯唐的劝谏，一切按他说的去做，还任命他为车骑都尉。

历史上的冯唐，当面顶撞汉文帝的大胆举动先暂且不提，他提出的赏轻罚重问题，却值得我们细细琢磨。在战争中，局势瞬息万变，放权给一线将领是必要的选择，并且给一线将领足够的奖励是非常重要的举措。那么这样的行为需要如何权衡？完全没有弊病吗？有哪些弊病？应该如何缓解？对应到现代管理中，也是一个很好的问题。想

要手下出业绩，就要学会放权、给钱，但放权过度又容易脱离控制，给钱太多又容易肉痛。在实际管理中，我们究竟应该如何权衡？

1.和下属聊天是了解实际情况的重要手段

上辇过郎署，问郎署长冯唐曰："父家何在？"对曰："臣大父赵人，父徙代。"

汉文帝的车过郎署，问郎署长冯唐，你的老家在哪儿？冯唐回答说，我爷爷是赵国人，但我爸爸去了代国，从赵国迁徙到了代国。汉文帝有一个特点，爱跟别人聊天。这是不是一件好事？是好事，是一把手了解实际情况的一个重要手段。突如其来，出其不意，直接找一个中下级干部聊会儿天，不让准备，不预先通知，不让打腹稿，不让别人帮，就问问实际情况是什么样的。如果一把手掌握了这个方法，就会发现自己的信息没那么闭塞了。

再记住一点，如果你是霸道总裁，是领导，跟中下级聊天时，要跟人家套近乎，要反向套近乎，这样才会产生亲密感。有了亲密感，自然容易有信任度。

上曰："吾居代时，吾尚食监高祛数为我言赵将李齐之贤，战于钜鹿下。今吾每饭意未尝不在钜鹿也。父知之乎？"唐对曰："尚不如廉颇、李牧之为将也。"上搏髀曰："嗟乎，吾独不得廉颇、李牧为将！吾岂忧匈奴哉！"唐曰："陛下虽得廉颇、李牧，弗能用也。"

汉文帝说，我在代国时，负责我饮食的高祛好几次提起，赵国有个大将叫李齐，特别能干。秦将王离围困巨鹿时，就是李齐带着赵军去抵抗他，打得非常漂亮。

冯唐说，李齐我知道，但是他作为将军不如廉颇、李牧。汉文帝拍着大腿叹了一口长气说，为什么我就没有廉颇、李牧这样的将军呢？如果我有廉颇、李牧，我还怕匈奴吗？我还怕胡人吗？我还怕胡兵吗？

通常情况下，一个霸道总裁找一个中层干部谈谈家常，而且表现出非常沉迷于工作的状态，以国为怀，以社稷为怀。如果是你，会怎么反应？可能会说一些漂亮话，但是当时的冯唐直接跟汉文帝说，陛下，即便有了廉颇、李牧，您也不会用他们。您用不了名将。这句话伤害性不大，侮辱性极强。汉文帝当时就怒了，起身就走，回宫去了。

2. 始终把事放在第一位

上怒，起，入禁中，良久，召唐，让曰："公奈何众辱我，独无间处乎！"唐谢曰："鄙人不知忌讳。"上方以胡寇为意，乃卒复问唐曰："公何以知吾不能用廉颇、李牧也？"

汉文帝大怒，起身回到了宫里，待了好久，把冯唐召来，数落他说，你为什么要当众让我下不来台？难道不能等没人的时候，找一个让我脸面好受一点的地方，再数落我吗？冯唐谢罪说，非常抱歉，是我不懂得忌讳回避。但这个时候，汉文帝正为胡人侵犯而闹心，为边境问题而闹心，最后还是又问了冯唐，你为什么说我没有用廉颇、李牧的本事？你为什么觉得廉颇、李牧出现了，我也用不了？

简简单单几十个字里，汉文帝已经做了绝大多数霸道总裁做不到的事，一退再退，一忍再忍。他退得那么自然，忍得那么舒服，并没有太多的难受，这才是真胸襟。而且事在人先，哪怕冯唐已经讲了汉文帝用人无能，哪怕两人已经聊了两次，他还是想知道如何用名将去抵抗匈奴。哪怕自己是霸道总裁，哪怕贵为皇帝，还是以事为先，非常了不起。

唐对曰："臣闻上古王者之遣将也，跪而推毂，曰：'阃以内者，寡人制之；阃以外者，将军制之。'军功爵赏皆决于外，归而奏之，此非虚言也。臣大父言：李牧为赵将，居边，军市之租，皆自用飨士；赏赐决于外，不从中覆也。委任而责成功，故李牧乃得尽其智能；选车千三百乘，彀骑万三千，百金之士十万，是以北逐单于，破东胡，灭澹林，西抑强秦，南支韩、魏；当是之时，赵几霸。其后会赵王迁立，用郭开谗，卒诛李牧，令颜聚代之，是以兵破士北，为秦所禽灭。"

冯唐回答，我听说上古一把手、上古国王派遣将领，会跪下帮他推车轮，跟将领说，国门之内我来管，国门之外交给将军了，军功爵赏都听将军的，回来之后您报备，让我知道一声就好。这不是虚话，这是真实发生的，好的君主和将军之间的关系就应该如此。

我爷爷说，李牧当时做赵国的将军，在边疆戍边，收的租子都用来犒劳将士，收的赋税也都用来犒劳将士，赏赐完全由李牧自己决策，不用向中央汇报，不用向君王汇报。赵王任命他，希望他成功，所以李牧能用尽他的脑力和体力，用一千三百乘战车、一万三千骑兵、十万精兵把单于赶到北面，破了东胡，灭了澹林，抑制了西边的强秦，向南打败了韩国和魏国。那个时候赵国几乎天下称霸。

之后，赵王迁继承王位，听信了郭开的谗言，杀了李牧，让颜聚替代李牧，之后兵败，被秦朝所灭。

"今臣窃闻魏尚为云中守，其军市租尽以飨士卒，私养钱五日一椎牛，自飨宾客、军吏、舍人，是以匈奴远避，不近云中之塞。虏曾一入，尚率车骑击之，所杀甚众。夫士卒尽家人子，起田中从军，安知尺籍、伍符！终日力战，斩首捕虏，上功幕府，一言不相应，文吏以法绳之，其赏不行，而吏奉法必用。臣愚以为陛下赏太轻，罚太重。”

最近我听说魏尚做云中郡守，他收来的租税都用来犒劳士兵，跟李牧那时候一样。自掏腰包，五天杀一头牛，宴请宾客、军吏和周围重要的人。匈奴不敢前来，远远地躲着，不敢靠近云中。匈奴一旦侵犯云中，魏尚就带着车骑，自己身先士卒去打他。多数士卒都是百姓家的孩子，在田里洗洗泥，直起腰，就参加了军队，到了战场终日力战，杀敌，斩敌首，然后到幕府上报军功，如果一句话没说对，一句话说得跟实际情况有差异，那些文官、文吏就用法律制裁他们。而这些文官一旦有法，一旦有规定，他们一定会用。我认为，您的问题就是赏赐得太轻，惩罚得太严重。

“且云中守魏尚坐上功首虏差六级，陛下下之吏，削其爵，罚作之。由此言之，陛下虽得廉颇李牧，弗能用也。”

您看您罚云中郡守魏尚罚得多重，他犯了什么错呢？他所犯的错就是上报的斩首数和他真的提交上去的斩首数差了六个。就因为这样一件小事，您把他扔到监狱里，削去他的爵位，并且罚他做一年苦力。这就是我为什么说您没有用人的能力，赏太轻，罚太重。如果现在廉颇、李牧这样的将才站在您面前，您也不能用，用也用不好。用他们，他们也不会为您拼死作战，不会创造像之前那样的军功。

上说。是日，令唐持节赦魏尚，复以为云中守，而拜唐为车骑都尉。

文帝竟然很开心，被数落了一顿还很开心。当天就让冯唐拿着文书去赦免了魏尚，让魏尚重新担任云中郡守，同时任命冯唐为车骑都尉。

3. 作为一把手，价值观、业绩都需要平衡

站在管理学角度，我们来总结一下。

第一，冯唐常见，汉文帝不常见，千里马常见，伯乐不常见。

第二，作为一个 CEO，想把事做大、想要业绩，一定要想清楚三件事：

第一件事是放权。“将在外，君命有所不受”，如果不放权，效率一定会低。如果不放权，效率低到一定程度后，业绩一定不会特别好，至少比可能的业绩要差很多。所以如果想要好的成绩，想成事、持续成事、持续多成事，想让利润中心带来利润，第一件要做的事就是放权。

第二件事是要分钱，要让利。赏太轻，罚太重，会没人愿意干活。虽然放权干事爽，但如果不给钱，事情也持续不了多久，工作也持续不了多久。说到底，给钱是非常重要的一件事。不要吝啬，不要因为别人犯了一点小错就不给钱了，不要罚得那么重，要反过来，赏重罚轻，有利于业绩。

第三件事是“文武平衡”。建立一级利润中心，给一级利润中心的一把手配好班子，定好战略，给他放权，给他奖励机制，让他去干。可能你心里会有担心，自己是否选对人？他会不会贪污？会不会腐败？会不会自立山头？会不会尾大不掉？等等。这些问题古今中外都一样，都躲不开，现在管理公司也是一样。

基于以上考量，CEO 们常用的方式是“文武平衡”。在总部设立

职能部门、战略部、财务部、审计部、法律部、人事部来管控这些一级利润中心，来管控这些手握重权的一线 CEO。这种做法对不对？对，但一定要想到平衡，甚至要想到如何去管控。管控有战略管控，有财务管控，有运营管控，要想清楚到底哪种管控合适。

这三件事要通盘考虑，放权、给钱、“文武平衡”。“文官”坐在办公室里没有生死风险，没有业绩压力，他立了政策，立了法规，就要执行。宽一点执行、松一点执行，这个度很难把握。所以作为大 CEO，作为一把手，要试图平衡，平衡“文官”跟“武将”之间的力量对比，平衡“文官”和“武将”之间的利益关系。怎么做是合适，怎么做是中庸，没有一定之规，要根据自己的具体情况去判断、去处理。

4. 业绩不向辛苦低头，价值观不向业绩低头

在管理上，有两方面内容要强调。

一方面，要业绩，则需要放权，放权就有可能尾大不掉，就有可能被反噬。所以底层逻辑是什么？要靠什么？靠的最终还是董事长的控制力。

董事长对一线一把手的控制力，就像皇帝对边疆元帅的控制力。放权怎么放，放到什么程度？分钱怎么分，分到什么程度？“文武平衡”怎么平衡，平衡到什么程度？最底层的逻辑都是董事长的控制力，董事长对一线一把手的控制力。控制力沿着前面提到的三件事去安排，就能起到很好的效果。如果控制力弱，那业绩也很难产生，而权放下去就收不回来，切记。

你可能还会有疑惑，如何增加对一线利润中心一把手的控制力？建议在最开始不明白的时候，先派自己信任的人去，一点点来，不着

急，成为霸道总裁的路是一条漫长的路。

最后，说三个核心词，以及它们之间的关系。

第一个核心词是辛苦。所有人都辛苦，所有人都卖力干活，在公司里很有可能所有人看上去都很忙碌。

第二个核心词是业绩。所有人辛苦不见得所有人都有业绩，有些人能有成绩，有些人没有成绩。

第三个核心词是价值观。辛苦的人不见得没有价值观。有业绩的人有可能有价值观，也可能没有价值观。

我想强调的一个主题是业绩不向辛苦低头，价值观不向业绩低头。也就是说，有苦劳，但是没有业绩，就是没有业绩。自己说自己苦、累，不是做不出成绩的借口，至少不是充分借口。但是，即使有业绩，价值观不向业绩低头。也就是说，哪怕有业绩，如果诚信和价值观出问题，那企业、团队还是不能容。

这是我笃定相信的话，再重复一遍，业绩不向辛苦低头，价值观不向业绩低头。低头，如果换个更文雅的词，就是业绩不向辛苦妥协，价值观不向业绩妥协。

新垣平事件：不折腾、不追究是 CEO 应该具备的素质

历史上有一个著名的“神棍”叫新垣平。新垣平在文帝面前装神弄鬼，屡屡得逞。后来有人上书汉文帝，状告新垣平所说没一句是真的。汉文帝就把他交给廷尉张释之。审问之下，新垣平无法抵赖，只好将前后欺骗的经过和盘托出。最终，新垣平被判欺君之罪，被灭三族。

从此之后，汉文帝对于改变历法、服色和祭祀鬼神的事，不那么起劲儿了。但这件事开了一个坏头，之后问鬼神的皇帝络绎不绝。

其实在好多公司里，特别是中小型平台，信鬼神、问鬼神的情况比比皆是。借着“莫问鬼神”这个案例，我们聊聊鬼神为什么能够流行？为什么不必问鬼神？对鬼神应该持有一个什么样的态度？

1. 往前看，不追究，不折腾

问自己，问团队，问天，问地，但不要问鬼神，做好本职工作，其他尽待天命。这句话非常好理解，非常好跟着做，但俗话说“狗改不了吃屎”，人总是重复历史，总是做不到，能一直做到的人令人佩服。

赵人新垣平以望气见上，言长安东北有神，气成五采。于是作渭阳五帝庙。

祖籍赵国的一个叫新垣平的人，据称会望气。望什么气？望云气、望山气、望成事之气、望地气、望天气。一些人不知道但鬼神知道的事情，他会看，他比 X 光还强，比 NMRI（磁共振成像）还强。

赵人新垣平用自己望气的功夫见了汉文帝，讲给汉文帝听。汉文帝非常认同和相信他的话，这是一切的开始。汉文帝不仅信，还按他说的做，建了渭阳五帝庙。

夏，四月，上郊祀五帝于渭阳五帝庙。于是贵新垣平至上大夫，赐累千金；而使博士、诸生刺《六经》中作《王制》，谋议巡狩、封禅事。又于长门道北立五帝坛。

建了庙，事情只是刚刚开始。一旦问了鬼神，一旦相信了新垣平这样的人，那接下来就会没完没了。有了五帝庙，他就开始让汉文帝去祭拜五帝。新垣平被封为上大夫，赏赐了千金。之后做巡狩、封禅事，又设五帝坛等，汉文帝做了一系列跟鬼神相关的事。

秋，九月，新垣平使人持玉杯上书阙下献之。平言上曰：“阙下有宝玉气来者。”已，视之，果有献玉杯者，刻曰“人主延寿”。平又言：

“臣候日再中。”居顷之，日却，复中。于是始更以十七年为元年，令天下大酺。平言曰：“周鼎亡在泗水中。今河决，通于泗，臣望东北汾阴直有金宝气，意周鼎其出乎！兆见，不迎则不至。”于是上使使治庙汾阴，南临河，欲祠出周鼎。

秋天，九月，新垣平让人拿了玉杯等在宫殿内，要进献给汉文帝。在此之前，他先对汉文帝说，在宫殿之内，有宝气飘来。话音刚落，他安排进献玉杯的人就走了出来献上玉杯，玉杯上刻着“人主延寿”，意思是皇帝长命百岁，福寿绵长。

新垣平又说，我预测今天会有两次中午。两次中午就是说日晷到了正午，太阳影子偏了之后又回来，在日晷上又显示了一次正午。新垣平又一次预言正确，正因为这种神奇的天象被预测对了，汉文帝第十七年被定为元年，普天同庆。

新垣平又说了第三点，他说周朝的青铜大鼎在泗水中。最近黄河决口，和泗水贯通了，我看到汾阴那个地方有金宝气，我想那一定是周朝的鼎。象征周朝国运，象征周朝权力的周鼎就在汾阴，就要出来了。这种吉兆一旦显现，就一定要去迎接，否则它不会到来。

于是汉文帝就像《皇帝的新装》里的皇帝一样，让使者去汾阴，开始建庙，庙宇临着黄河，想要通过祭祀仪式迎接周鼎。

冬，十月，人有上书告新垣平“所言皆诈也”，下吏治，诛夷平。是后，上亦怠于改正、服、鬼神之事，而渭阳、长门五帝，使祠官领，以时致礼，不往焉。

到了冬天，还没过一年，农历十月的时候，就有人上书状告新垣平，说他是个骗子，他说的都是假的，都是他安排的局、做的套。汉文帝把新垣平扔到监狱里，让官吏审讯。新垣平无法抵赖，只能招认，于是连同他的家室、宗族都被杀了。

有意思的是，之后汉文帝不再那么着迷地问鬼神了，但是已经做了的事，他也没再追究。不问鬼神，也不再追究，不折腾，这其实已经是非常难得的优秀品质。上了当，我认了，也就不折腾了，也是CEO应该具备的素质。CEO也是人，CEO也可能吃亏、上当、受骗。上当之后，受骗之后，能认识到就已经是一种进步，认识到之后，往前看，不生气，并且不追究、不折腾，如果能做到这一点，那就是更强悍、更强大的CEO。

2. 算一卦是一种实际需求

管理，相对复杂，未来总是不可预知，人心更是难测，所以我非常理解参与管理的那些职业经理人，他们常常会有一种想算一命、打一卦、问问鬼神的原始冲动。因为想不清楚，数据不够或者脑力不够，总会有太多未知因素，太多不可控因素。如果自己会打卦，就自己打；如果自己不会打，就找个大仙或者大神，算一算。

这种心情和需要我都理解，CEO有时候也想算一卦，这是有原因的。

第一点，这种需要，甚至成为某种刚需，自己想不清楚，但又一定要做出决策。作为一把手，下边那么多人等自己做决策，之后采取相应的行动，怎么办？如果自己算不了卦，总得找一个顾问，显得很气派，确实是有这么一种刚需。

第二点，为了配合这种刚需，就有相关的供给，就有类似的人用各种方式冒出来，绝大多数是新垣平这类人，看着能说会道、能掐会算，其实更多是能骗、敢骗、厚颜无耻去骗的人。这种人冒出来主要是因为有需要，有时候甚至硬想给他钱，硬想通过他来判断未来。那么多人都判断不了未来，忽然有一个人说他能判断未来，就会希望他能帮自己一把。

第三点，跟鬼神相关的服务线还有很多，能够提供的服务和产品不止一种。我也接触过一些类似的人，问过他们，他们说通常有三类诉求：第一类是升官、发财，不劳而获，获得一些世俗的名、利、权；第二类是延命；第三类是与祖先对话。问鬼神基本上就是这么一种状态，有实际需求，在需求下有供给，供给提供中有好产品。

3. 做好本职工作，静待天命

应该用什么态度面对鬼神这件事，面对未知、面对未来？我的个人意见是尽职尽责，尽心尽力，莫问鬼神。

做好本职工作，本本分分、扎扎实实地做工作。做完工作，好好洗个澡，好好吃，好好喝，好好睡，静待天命，尽人力，天命随。但也有可能天命不跟着自己的心意走。我想说，天命不跟着心意走，从长久来讲可能是好事。我总的态度就是：但做好事，莫问前程；但尽本职，莫问天命；尽人力，天命随。

如果实在非要做决策，又实在没有足够的信息，没有足够的能量来做决策，该怎么办？扔个色子，拿个简单的六爻，我也不完全反对。

你我都是一般人，我们这种普通人算什么命？如果没有那么着急，决策暂且先别做，先别急着拿主意，过段时间再看，或许应该怎么做就更清晰了。

我们都是普通人，我们挪不动山，我们要向山走去；我们拧不过命，我们可以等命来，等风来。大家都喜欢吉利话，都喜欢江山稳固，都喜欢基业长青，但是做好本职工作，就做到了百分百，剩下的交给天，莫问鬼神。

细柳阅兵：

作为一把手，要善于找到平衡点

公元前 158 年，汉文帝二十二年，匈奴进犯北部边界，汉文帝紧急派三路军队到长安附近抵抗守卫。宗正卿刘礼驻守霸上，祝兹侯徐厉驻守棘门，河内太守周亚夫则守卫细柳。文帝为了鼓舞士气，亲自到三路军队犒劳慰问。他先到霸上，再到棘门，两处都因为他皇帝的身份，可以直接进营，无须通报，但是到了细柳营情况发生了变化。

劳军完毕，文帝说，周亚夫才是真正的将军，另外两处的军队就像儿戏。一个月后，匈奴兵退去，文帝命三路军队撤兵，升周亚夫为中尉，掌管京城兵权，负责京师的警卫。周亚夫治军极严，打造了一支纪律严明的铁军。

这个故事有两个主角：善于治军、制定规则的周亚夫和宽容大度、敢于放权的汉文帝。如果手下制定的规则切实可行且便于管理，那么作为集团的霸道总裁，就要懂得放权、尊重。当企业可以正常运行的时候，也许无为而治才是最好的管理方法。

1. 心胸开阔，才能成大事

先讲一段插曲，这个插曲虽然跟周亚夫的细柳营关系不大，但也能够凸显汉文帝的人格、人品、人性。

而高帝时大臣，余见无可者。御史大夫梁国申屠嘉，故以材官蹶张从高帝，封关内侯；庚午，以嘉为丞相，封故安侯。嘉为人廉直，门不受私谒。

汉文帝执政接近二十年之后，和高祖刘邦同时期的老臣几乎都已经身故。不仅开国功臣没了，开国的老臣也没剩下几个，剩下唯一一个有能力有才干的人，叫申屠嘉，最开始是御史大夫，后来被任命为丞相，封故安侯。

申屠嘉是个非常廉洁正直的人。从不在自己家接受私人拜访，公事就要去朝堂上谈，去办公室谈，别到家里来谈。

是时，太中大夫邓通方爱幸，赏赐累巨万。帝尝燕饮通家，其宠幸无比。

汉文帝有个宠幸的弄臣叫邓通。邓通有汉文帝的无限宠爱，汉文帝赐给他很多钱财，甚至给过他一座铜山，山里有铜矿，挖出来的铜都是质量最好的铜。

邓通和申屠嘉之间，发生了什么冲突？

嘉尝入朝，而通居上旁，有怠慢之礼，嘉奏事毕，因言曰："陛下幸爱群臣，则富贵之；至于朝廷之礼，不可以不肃。"上曰："君勿言，吾私之。”

申屠嘉上朝，邓通在文帝旁对申屠嘉不敬，有怠慢。申屠嘉奏事完毕，没有放过邓通，在朝廷上就和文帝说，您如果爱谁、宠谁，您给他钱，让他富有，金银绸缎、珍珠玛瑙您随便给，跟我没关系，我不会说什么。但是朝廷之礼，当我们说公事、说正事、说大事的时候，请您的宠臣回避。朝堂上不可以不严肃，宠臣不能干政。

申屠嘉没给汉文帝面子，话都是当着大家的面儿说的。汉文帝说，你不要说了，我偏爱他。

罢朝，坐府中，嘉为檄召通诣丞相府，不来，且斩通。通恐，入言上；上曰："汝第往，吾今使人召若。"通诣丞相，免冠、徒跣，顿首谢嘉。嘉坐自如，弗为礼，责曰："夫朝廷者，高帝之朝廷也。通小臣，戏殿上，大不敬，当斩。吏！今行斩之！"通顿首，首尽出血，不解。上度丞相已困通，使使持节召通而谢丞相："此吾弄臣，君释之！"邓通既至，为上泣曰："丞相几杀臣！"

下朝后，申屠嘉召邓通到丞相府，威胁说如果敢不来，当即就要杀了他。邓通很害怕，跟皇帝说，申屠嘉要杀我，他召我去丞相府，没安什么好心，我这一去凶多吉少。皇帝说，你先去，我会派人召你回来。丞相有权召你，但是我可以保你。

邓通到了丞相府，脱了帽子，脱了鞋，赤着脚，连连叩头认错说，对不起，丞相我错了。申屠嘉不还礼，还责骂邓通说，你以为现在的朝廷是汉文帝的朝廷吗？朝廷是刘邦的朝廷，是刘邦跟我们用鲜血打下来的。你一个弄臣在朝廷上跳来跳去，毫无恭敬之心，应该斩首。来人哪，斩他。邓通听到自己要被杀，疯狂磕头，把头都磕出血了。

汉文帝估摸着时间差不多了，派使者持着使节去把邓通召回来，同时跟丞相道歉说邓通是我的弄臣，是我的亲信，请您放了他。邓通回到宫中，见到皇上，痛哭流涕说，您要是再晚来一步，我就被丞相杀了。

重新梳理下这个故事，申屠嘉骂邓通，让邓通下不来台，实际上也是不给汉文帝脸色。汉文帝非常了不起，能容申屠嘉，能尊重开国皇帝刘邦剩下的为数不多的老人，心胸足够大，也只有心胸这么大的一把手，才能撑起汉初这么一家巨大的“公司”。

2. 懂得放权是一个本事

插曲讲完了，说回细柳阅兵的主角——汉文帝和周亚夫。周亚夫是周勃的儿子，亲儿子。他与汉文帝的一次重要碰撞发生在细柳营。

冬，匈奴三万骑入上郡，三万骑入云中，所杀略甚众，烽火通于甘泉、长安。以中大夫令免为车骑将军，屯飞狐；故楚相苏意为将军，屯句注；将军张武屯北地；河内太守周亚夫为将军，次细柳；宗正刘礼为将军，次霸上；祝兹侯徐厉为将军，次棘门；以备胡。

汉文帝后元六年，也就是公元前 158 年，匈奴三万骑打上郡，三万铁骑打云中，长安城顿感兵荒马乱。匈奴如此凶残，皇帝赶快调集最得力的将军率领精锐军队保卫长安。周勃的儿子周亚夫驻扎在长安西——细柳，刘礼驻军霸上，徐厉驻军棘门，这些都是距离长安非常近的地方，驻军在此正是为了防备骑着胡马的匈奴人进犯长安周边。

上自劳军，至霸上及棘门军，直驰入，将以下骑送迎。已而之细柳军，军士吏被甲，锐兵刃，彀弓弩持满，天子先驱至，不得入。先驱曰："天子且至！"军门都尉曰："将军令曰：'军中闻将军令，不闻天子之诏！'"

汉文帝也不是吃素的，也是见过场面的，他亲自去劳军。到了霸上和棘门，直驰而入，马都没停。霸上和棘门的将军以及他们的核心团队知道皇帝来了，骑着马送迎，非常有礼貌，非常尊重汉文帝。但到了周亚夫在的细柳，情况大变。那里的士兵都披着铠甲，拿着兵刃，拉满弓，就算天子的先遣部队到了也不让进。先遣部队说，天子就要来了。守着军门的军官说，周将军有令，军中只能听将军的，不能听天子的；军中只知道将军，不知道天子。

居无何，上至，又不得入。于是上乃使使持节诏将军："吾欲入营劳军。"亚夫乃传言"开壁门"。壁门士请车骑曰："将军约：军中不得驱驰。"于是天子乃按辔徐行。至营，将军亚夫持兵揖曰："介胄之士不拜，请以军礼见。"天子为动，改容，式车，使人称谢："皇帝敬劳将军。"成礼而去。

等了一会儿，皇帝到了，依旧被拦在门外，没能进去。汉文帝派使者拿着信物跟周将军说，我要入营慰劳将士。周亚夫这才下令打开营门。管营门的士兵告诫皇帝的车队，将军有令，在营盘里不能放马，不能快骑，不能任意驱驰。汉文帝听后，拉着缰绳慢慢前行。

进了军营，周亚夫没有下跪，也没有欢呼，只是作了个揖说，我身上穿着铠甲，我是战士，不能给您下跪，我就用军礼给您问好。汉文帝被感动了，脸色为之一变，非常严肃，也让人告谢说，将军辛苦了。劳军礼仪完毕后离开。

既出军门，群臣皆惊。上曰："嗟乎，此真将军矣！曩者霸上、棘门军若儿戏耳，其将固可袭而虏也。至于亚夫，可得而犯耶！”称善者久之。月余，汉兵至边，匈奴亦远塞，汉兵亦罢。乃拜周亚夫为中尉。

汉文帝离开细柳营后，群臣纷纷不满，认为周亚夫的态度过于傲慢，实在是犯上、欺上、欺君。汉文帝没有跟着说，反而说这才是真正的将军。之前在霸上、棘门，那些军队就像儿戏一样，如果有人假冒皇帝，随时可以偷袭他们，可以瞬间把他们变成俘虏。而周亚夫的兵营固若金汤，我去都得按规矩行事，其他人更别想轻易冒犯。这样的军队谁能撼动？周亚夫才是真正的将军。

一个多月后，汉军抵达边境，匈奴远远地躲开了，汉兵也就撤兵了，汉文帝任命周亚夫为中尉。

3. 一把手的管理秘诀是平衡

对军队的掌控一直是一把手的头等大事，刘邦如此，汉文帝也不例外。但汉文帝跟刘邦不一样，刘邦对军队必须做到百分之百的掌控，而汉文帝虽然对军队也有控制，却能容忍周亚夫，能容忍周亚夫在细柳营中的地位比自己还大，这叫无为而治。只要把事给办了，事在人先，事在面子先。

从这个角度看，刘邦跟汉文帝的风格不一样，采用的方式不一样，但核心词都是“平衡”。刘邦如果在当年采取汉文帝的方式，很有可能活不到看到大汉成立那一天。而汉文帝如果采用刘邦的方式，很有可能自己早早就被累死了，很有可能把汉朝管得鸡飞狗跳。

想要无为而治，其实要求并不低。

第一，一把手要有掌控全局的能力。选的人要对，选的人要有足够的忠诚，要足够靠得住、要可信，不会频繁出现尾大不掉的现象。

第二，一把手能给下属足够的信任。让他能够订立合适的规章制度和流程，这些流程能够管用，能够在管理上、运营上达到很好的效果，能让人尊重他，能让人尊重他设立的这些规章、制度、流程。

第三，即使下属占了细柳营，在细柳营中的地位非常高，你也能放心，毕竟他最多就是细柳营中的皇帝，天下的皇帝还是你。凭什么这么想？凭什么能这么想？凭什么敢这么想？你手上要有底牌。

4. 某种意义上，无为而治是最好的管理办法

从公司的治理角度看邓通、申屠嘉和汉文帝的故事，以及周亚夫和汉文帝的故事，对我们有什么启示？

第一，总部与一级利润中心，特别是强力一级利润中心之间，矛盾是不可避免的。总部一直想管一级利润中心，强力一级利润中心一直不想被管。

第二，两者之间管和被管，控制与被控制应该形成某种平衡。总部不能完全放任不管，而一级利润中心，特别是强力一级利润中心，也不能完全不服管，在两个极端之间要形成某种平衡。这种平衡的实现程度，要看总部的一把手和一级利润中心的一把手，他们的性格，他们对彼此的信任，他们的能力，他们的靠山，他们的权力基础，综合考虑形成平衡。走任何一个极端都可能无法取得最佳效果。如果总部完全控制，一级利润中心没有任何活力；如果一级利润中心完全独立，就会尾大不掉，对整个集团构成威胁。

第三，重点中的重点，人还是最重要的。汉文帝、申屠嘉、邓通，彼此之间的关系要有一个合适的平衡，信与被信，让与被让，大家都不要过度，确保彼此能够共同协作。

天子德化：真正的领导者，总能在关键时刻做出正确决策

任何肉身必有一死，汉文帝也不例外。在汉文帝的遗诏中，他没有说很多“大”的事情，反而都是对自己死这件事的态度，以及葬礼前后应该如何安排，全是小事，全是细节。但是读完这些话，你会觉得这真是一个非常厉害的人。在生死大事面前，看得如此明白；在生死大事面前，依旧不扰民，依旧秉持着让世界更美好一点，让周围人民过得更舒服一点的思路去筹划一切。

天子以不贪为美，CEO以不贪为美，特别是以不贪自己有多牛为美，以不折腾为美，以不扰民为美。不给别人添麻烦，自己的事情尽量自己做。我死我的，大家该干什么就干什么。

1. 合格高层管理者的三点共性

从汉文帝的遗诏中，我们可以体会到什么是真正的明君。是拥有

疆域最大的吗？是杀人最多的吗？是活得最长的吗？是留下金银财宝最多的吗？是陵墓建得最大的吗？都不是。

真正的明君，是让百姓过上好日子的君主。真正的明君，不是拥有疆土面积最大的人，不是战功最卓绝的人，不是杀人最多的人，不是创造了艺术辉煌的人，不是留下无数金银财宝的人，也不是把陵墓建得比山还高的人，而是让数量最多的百姓，最长时间过上好日子的皇帝。

其实公司也一样，最好的霸道总裁并不是让公司销售额最高、利润最高、市场份额最大、公司员工数目最多的人。不是的，这些都不是最佳总裁的评判标准。

最佳评判标准可能有两项：

第一，真正好的霸道总裁，能让员工过上好日子。好日子的意思，如果打深一层说，就是本事得到了长足增长，长足提升；钱，自己的财富，得到了相当的保障和积累。简单地说，学到本事，挣到钱，这就是员工的好日子。如果霸道总裁能让更多的员工都过上好日子，那他就是一个好的霸道总裁。

第二，在让员工长本事、有钱花的基础上，还能让世界变得更美好一点，能让他的顾客享受到更好的产品、更好的服务，这样的总裁就是一个好的霸道总裁。

所以，评判标准有两个维度：一是员工维度，二是市场维度。如果员工因为这个霸道总裁的领导而提升了智慧和个人财富，如果世界因为这个霸道总裁领导的公司所提供的产品和服务变得更美好，那这样的霸道总裁就是一个好的、了不起的霸道总裁。

汉文帝享年四十七岁，在遗诏中，他说自己并不聪明，天赋有限，因为得到祖宗的庇护，才可以登上帝王之位，也正因为如此，他不希望自己死后打搅百姓的生活。简单地说，我死我的，各位过各自的，不禁止婚丧嫁娶、祭祀鬼神等活动，也不需要百姓哭丧，不折腾，不扰民。那些折腾、扰民，是给活人看的，自己已经死了，看不见了，别人做，是为了他们自己心安，以及满足私欲和盘算。因为自己是受上天的庇佑，才有机会称皇帝，死后也要回归上天，陵墓要保持山川原貌，不要改变自然环境，一切能省就省。陵墓越小，盗贼想挖的想法就越少。

汉文帝几乎拥有所有作为一把手的美德：大度、善于纳谏、不折腾。在企业中，能做到这三点，也可以说是一个很合格的高层管理者了。

2. 值得反复阅读的汉文帝遗诏

夏，六月，己亥，帝崩于未央宫。

公元前 157 年，汉文帝在未央宫驾崩了。

遗诏曰："朕闻之：'盖天下之万物之萌生，靡有不死。死者，天地之理，物之自然，奚可甚哀！'"

我听说，天下万物有生必有死。死是天地之理，是万物自然而然的事，没什么可哀痛的。这是平淡无奇的一句话，说的是常识，但是从一个皇帝口中说出来，了不起。他能够想到，人就像草木，就像花草，有生有死，不眷恋，不难受，向死而生，在古往今来能干的人中，能意识到并做到这一点的，少之又少。

"当今之世，咸嘉生而恶死，厚葬以破业，重服以伤生，吾甚不取。且朕既不德，无以佐百姓；今崩，又使重服久临，以罹寒暑之数，哀人父子，伤长老之志，损其饮食，绝鬼神之祭祀，以重吾不德，谓天下何！”

虽然我认为死是很自然、很平常的事，但当今世人都喜欢长生，不喜欢死亡，喜欢厚葬。但厚葬劳民伤财，我觉得不值当，我不想这么做。

我马上要死了，如果让大家穿着很重的丧服，长期哭泣，要是还在这种状态下遭遇寒冬，或者酷暑，父子痛哭，老人难受，少吃少喝，让鬼神断了祭祀，只能加重我的无德。这种事我不想干，不想因为我的死让天下不方便。

“朕获保宗庙，以眇眇之身托于天下君王之上，二十有余年矣。赖天之灵，社稷之福，方内安宁，靡有兵革。朕既不敏，常惧过行以羞先帝之遗德，惟年之久长，惧于不终。今乃幸以天年得复供养于高庙，其奚哀念之有！”

我是一个渺小的人，因为命好，当了皇帝，获保宗庙的权力，如今已经在位二十多年了。有赖上天保佑，有赖社稷托福，内外安宁，四方无事，没有大的战争。我本身不聪明，经常担心自己做了什么不对的事，让我的祖先圣德蒙羞。我活了这么久，当了这么久的皇帝，常常担心我没办法善终，在年老时做出一些人神共愤的事。现在我得了善终，安享天年，老天愿意给我四十六岁就给我四十六岁，愿意给我四十七岁就给我四十七岁。我还能被大家供养，还能进高庙，有什么可哀伤的呢?

“布告天下，使明知朕意，霸陵山川因其故，毋有所改。”

让天下人都知道，我死我的，你们该干吗干吗。我的陵墓在霸陵，不要破坏山川，也不要破坏自然，保持它们原有的面貌，千万别兴师动众，因为葬我，而改变山川地貌。

最后一句：

"归夫人以下至少使。"

妻妾之外全走。已经封了的皇后、嫔妃，可能不太容易嫁别人了。但是，其他女子都回家去，该嫁人嫁人，该终老终老，不要在宫里终老一生，也不要跟我走进霸陵的陵墓，没必要。我担不起这份责任，我不想领这份埋怨。

以上就是汉文帝的遗诏。

3. 真正的霸道总裁，总是看上去很普通

帝即位二十三年，宫室、苑囿、车骑、服御，无所增益；有不便，辄弛以利民。

汉文帝在位二十三年，宫室、花园、车骑、衣服，都没有增添，他说："继承下来的东西就够我使用了。"如果有不利于百姓的情况，就不方便自己，不生事，不扰民，让老百姓得利。

尝欲作露台，召匠计之，直百金。上曰："百金，中人十家之产也。吾奉先帝宫室，常恐羞之，何以台为！"

曾经，有人建议建造露台，汉文帝把工匠召来询问，搭建露台需要多少钱？工匠说百金。

汉文帝一想，百金是十户中等人家的家产总和，却只能造这样一个露台。我继承了先帝的宫殿，已经足够富丽堂皇，宫室众多，已经很不好意思了，而且这些宫殿修修补补，已经很耗钱了。为什么还要再建造一个露台？

身衣弋绨，所幸慎夫人，衣不曳地；帷帐无文绣，以示敦朴，为天下先。

汉文帝自己穿着粗布衣服，他宠爱的慎夫人，裙子不拖地，帷帐没有花纹和绣花。他跟大家说，我们喜欢淳朴，让天下以淳朴为追求。

治霸陵，皆瓦器，不得以金、银、铜、锡为饰，因其山，不起坟。

把自己的坟墓建在霸陵，用瓦器，不用金银铜锡，不装饰。顺山势而为，不起高坟。

吴王诈病不朝，赐以几杖。

吴王假装生病，不来长安，不朝拜。汉文帝不仅不迁怒吴王，还赐他手杖，说，您年岁大了，走路要小心。

张武等受赂金钱，觉，更加赏赐以愧其心；专务以德化民。

张武等大臣因为受贿被揭发，汉文帝不仅没罚他们，反而还赏他们一些小钱，让他们自己都觉得不好意思，都羞愧到觉得自己不是人。

汉文帝以德服人，而不是以缺德服人。

是以海内安宁，家给人足，后世鲜能及之。

所以海内安宁，百姓衣食丰足。这样的皇帝，这样的盛世，后代很少有。可以说，在春秋战国以后，汉文帝创造了中国历史上第一个盛世。所谓盛世，定义就是，多数百姓能吃饱穿暖。

4. 真正的霸道总裁总是“不要脸”

真正的霸道总裁，不是整天想着自己有多霸道，有多牛，不要总是关注“自己”。真正的霸道总裁“不要脸”，不要自己的脸面，要的是务实、求真。不要自己的牛，要的是团队、公司牛，要的是客户受益。

看这些真正霸道总裁的举措，你有可能会在一瞬间发现，好像没什么惊天动地的地方，没什么出彩的地方，甚至没什么口才，没什么文采，说话做事都没有“惊天地泣鬼神”，很是平平常常。但是时间久了，你就会发现，他说的都切中要害，做的都平衡周到。不扰民，不折腾，不给别人添麻烦。该放权的时候，他放权，不该担心的时候，他不担心，该手狠的时候，他不退让，不放松，不㞞。

他为什么看似普通，却非常了不起？这一点，从汉文帝身上，我们就能深有体会。

冯唐

诗人、作家、战略管理专家

1971 年生于北京

1998 年，获协和医科大学临床医学博士学位

2000 年，获美国埃默里大学 MBA 学位

2000—2008 年，麦肯锡公司全球董事合伙人

2009—2014 年，华润集团战略管理部总经理、华润医疗集团创始 CEO

2015—2021 年，中信资本高级董事总经理

现为成事不二堂创始人、董事长

已出版作品

长篇小说

《欢喜》《十八岁给我一个姑娘》《万物生长》《北京，北京》《女神一号》

短篇小说集

《安阳》《搜神记》

散文集

《活着活着就老了》《三十六大》《在宇宙间不易被风吹散》《春风十里不如你》

成事系列随笔

《无所畏》《有本事》《了不起》

诗集

《冯唐诗百首》《不三》

管理作品

《冯唐成事心法》《成事》《金线》